가족복지론

홍봉수
길태영 · 박영애 · 송운용 · 최윤선 · 황지현

가족복지론

홍봉수
길태영 · 박영애 · 송운용 · 최윤선 · 황지현

KNOWLEDGE COMMUNITY 공동체

머리말

현대사회에서 가족복지란 가족구성원의 인간다운 생활을 보장하는 사회적 모든 노력으로 가족의 행복을 위하여 필요한 지원을 하는 복지를 의미한다. 따라서 사회 적응상의 문제를 가지고 있는 가족뿐만 아니라 가족 전체를 대상으로 지원하며, 가족의 사회적 기능을 향상시키기 위하여 공공기관이 제공하는 제도적 정책과 민간의 후원으로 제공하는 복지서비스를 가족복지로 이해할 수 있다.

역사적으로 볼 때 가족은 자연스럽게 형성된 집단이며, 대부분의 사람들이 가족생활을 하는 만큼 주거를 함께하는 집단을 가족이라 말할 수 있다.

우리에게 가족은 삶의 원천이요 희망이다. 가족은 가족구성원에게 친밀하고 지속적인 상호작용을 통하여 개인의 발달과 성장을 위한 환경체제를 제공해 왔으며, 사회는 끊임없이 가족의 행복을 수행하는 데 일정한 영향을 미치고 있다고 볼 수 있다.

그러나 우리의 전통적인 가족제도와 가족의식은 급격히 변화하기 시작했고, 새로운 가족원리가 우리들의 일상생활에 많은 영향을 미치게 되었다.

양성평등의식의 확대와 여성의 사회진출 증가 등 가족을 둘러싼 제반 환경의 변화로 가족기능이 약화되면서 가정폭력, 이혼, 가족해체 등의 문제가 사회문제로 대두되고 있다.

머리말

또한 오늘날 가족이 전통사회의 가족과 비교했을 때 현저하게 변화되었다고는 하지만, 아직도 우리들의 가족생활 속에는 전통적인 요소가 남아 있어서 서구적인 가족원리와 공존하고 있다고도 볼 수 있다.

이러한 가족변화는 다양한 형태의 가족 등장과 가족 고유의 기능 약화, 가족구조의 변화 등과 관련하여 학계나 지역사회의 가족복지에 관한 관심 또한 확대되고 있는 실정이다.

본 서는 가족의 변화와 가족을 둘러싼 사회 변화에 따른 지식 및 사회적 욕구에 부응하기 위해 저술하였으며, 사회복지교재편찬위원회의 전반적인 교육적 요구에 맞추는 것을 기본으로 하였다. 사회과학 도서로서 독자가 가장 읽기 편하게 편집하였는데 구체적인 구성을 보면,

제1장부터 제6장은 가족의 개념과 기능 등 가족복지 관련 이론 및 가족복지 관련법과 정책을 다루었으며,

제7장부터 제11장까지는 가족의 문제로서 역기능가족과 빈곤가족, 중독가족 및 폭력가족 그리고 이혼, 독신, 노인가족 등에 대하여 설명하였다.

그리고 제12장은 갈수록 증가추세에 있는 한부모가족과 조손가족 그리고 외국인 여성 혹은 남성과 결혼하여 우리나라에 거주하는 다문화가족에 대하여 기술하였다.

특히 전체 12장으로 구성된 본 교재는 각 장(Chapter)마다 마무리에 핵심적인 키포인트(Key point : 요점정리)를 선정하여 비교・설명함으로써 학습에 필요한 요점들을 보다 쉽게 이해할 수 있도록 최선을 다하였다.

본 서는 사회복지를 공부하는 학생, 사회복지현장의 실천가, 사회복지 전담공무원은 물론 사회복지와 관련된 모든 분들에게 도움이 되도록 하는 동시에, 사회복지영역 학문연구자들의 학습효과 향상에도 기여하고자 하였다.

집필상 부족한 부분과 한계점 등에 대해서는 독자 제현의 아낌없는 충고를 바라면서 앞으로 지속적으로 사회의 욕구와 현실의 변화에 맞게 수정보완하는 데 최선을 다할 것을 다짐한다.

끝으로 사회복지에 관한 남다른 열정과 관심을 가지고 많은 양서들을 출판하고 있는 도서출판 공동체 김동훈 사장께 깊은 감사의 마음을 전하고 싶다.

학문을 연마하기에 바쁜 일정에도 교정에 참여한 제자들을 비롯하여 다양한 분들의 도움으로 결실을 이루게 되어 고마움을 표한다.

아무쪼록 많은 분들의 정성으로 출간된 본 교재가 사회복지학분야의 학문 연구와 실무에 작은 도움이라도 되길 바라는 마음이다.

2025년 7월

대표저자 홍 봉 수

차 례

Contents

차 례

Chapter 07 역기능가족

Chapter 08 빈곤가족

Chapter 09 중독가족

Contents

01 Chapter

가 족

01 Chapter 가 족

| 제1절 | 가족의 개념

사람은 이 세상에 태어남과 함께 가족이라는 집단에 속하게 되며, 일상생활에서 가장 친밀하게 이 집단에서 상호작용을 하며 규범과 가치를 형성해 왔다. 가족은 개인의 인성 형성에 강한 영향력을 미치며 사회 공통의 행동 특징, 문화 규범을 습득시키는 사회화 과정을 담당하는 사회의 가장 기본 집단이다.

가족은 인간의 제도 중에서 가장 오래된 것으로 사회의 변천에 따라 여러 가지 영향을 받으며 꾸준히 지속되어 온 기본적 사회제도이다. 그런데 개인이 경험하는 가족은 역사와 민족, 시대적 변천에 따라 다양하므로 한 마디로 정의하기는 어렵다.

기본적으로 가족의 실체에 관해서는 두 개의 상이한 시각이 있다. 하나는 인류사회 보편적 제도로서 "자녀양육의 기능을 중심으로 특정한 공간(가정)과 특정한 애정의 유대(사랑)로 연결된 사람들의 집합체(핵가족)"로 개념화될 수 있다는 시각이다.

이렇듯 가족의 개념은 가족이 여성의 영구불변한 역할, 즉 양육·결합·재생산 역할에 의해 규정된다는 신념을 전제하고 있다.

이러한 의미에서 가족은 인간 양육 및 교육을 담당하는 가장 강력한 제도체계이다. 따라서 국가를 이루는 근원이 가정이라 할 때, 건강한 가정을 이루는 것은 국가발전의 원동력이 된다.

다른 하나의 시각은 가족을 편재하는 생물학적 욕구에 대한 보편적 반응이라기보다 특정한 사회질서 안에서 나타나는 도덕적·철학적·이념적 구성단위로 파악하는 것이다. 예컨대, 가족은 혈연관계로 이루어진 자연적 집단이 아닌 가정 내부에서 인간관계를 조직하고 고려하는 방식으로 인식된다.

또한 가족은 개인이 재산을 소유하고 보호와 복지를 제공, 특히 자녀양육을 하는 단위이며, 국가에 의해 형성된 영역, 즉 현대정치와 경제를 지배하는 비인격적 규범과 대립되는 사랑과 친밀의 범주로 개념화된 영역이다.

앞에서 살펴본 가족에 대한 개념들은 어느 정도 정형화되어 있는 가족을 염두에 두고 규정한 것들이다. 이는 현대사회에 나타나고 있는 독신주의 가족이나 단독가족·동성애가족·동거가족 등의 새로운 유형의 가족생활을 설명할 수 없다는 한계를 지닌다.

이상에서 보듯이 가족이 정형화되어 있다고 보는 것과 달리 다소 진보적인 입장에 있는 가족이론가들은 가족에 대한 정의를 가족의 이념적 측면으로 구성된 'family'와 경제적 측면을 강조하고 있는 'household'를 합쳐서 가족가구체계(family household system)로 정의하기도 한다.

따라서 최근에 급변하는 가족구조의 변화는 가족에 대하여 전통적으로 지니고 있던 개념을 수정해서 좀 더 포괄적으로 정의할 필요성이 제기되고 있다.

또한 이혼과 재혼으로 이어지는 가족해체와 이러한 과정에서 복잡하게 나타나는 개인의 가족생활경험에 대한 편견과 낙인을 배제하고, 가능한 한 모든 가족유형이 가족복지의 대상이 되어야 한다는 점에서 가족에 대한 정의가 적극적이어야 할 필요성이 있다.

'가족'의 사전적 정의는, 가족은 대체로 혈연이나 입양·결혼 등으로 관계되어 같이 생활하는 사람들의 집단(공동체) 또는 그 구성원을 말한다.

집단을 말할 때에는 가정이라고 하며, 그 구성원을 말할 때에는 가족이라고 한다.

따라서 가족의 개념을 다양하게 정의할 수 있다. 학자로 머독(Murdock)과 레비-스트라우스(Levi-Strauss)의 정의 그리고 버게스(Burgess)와 록크(Locke)의 정의를 순차적으로 살펴보고자 한다.

1. 머독(Murdock)의 정의

가족에 대한 고전적인 정의를 내린 학자는 머독(Murdock)이 대표적이다. "가족은 부부와 그들의 자녀로 구성되고, 주거와 경제적 협력을 같이 하며, 자녀의 출산을 특징으로 하는 집단으로, 사회적으로 인정받는 성적 관계를 유지하는 최소한의 두 명의 성인 남녀와 한 명 이상의 자녀를 포함한다"라고 정의하였다. 이와 같이 머독(Murdock)은 공동의 거주와 경제적 협동, 인정받은 성관계, 자녀의 출산 등을 강조하여 우리가 보편적으로 생각하고 있는 가족의 정의와 일치한다.

다시 말하면 가족은 혈연·입양·결혼 등에 기반을 둔 특수한 관계를 지닌 사람들로 반드시 동거할 필요는 없으며, 생활공동체로서의 연대의식을 가짐으로써 동거를 기대할 수 있는 관계라고 정의하였다.

이러한 관점은 부부와 자녀를 가족의 핵으로 파악하고 있어 핵가족적 정의라고 하는데, 가족을 너무 좁은 의미로 한정했기 때문에 다양한 가족을 보편적으로 정의하는 데는 부적합하다는 문제점이 제기되고 있다.

2. 레비-스트라우스(Levi-Strauss)의 정의

"가족은 결혼으로 시작되며 부부와 그들 사이에서 출생한 자녀로 구성되지만, 이들 외에 가까운 친척이 포함될 수 있고, 가족구성원은 법적 유대 및 경제적·종교적인 것 등의 권리와 의무, 성적 권리와 금기·애정·존경 등의 다양한 심리적 정감으로 결합되어 있다"고 하였다.

이 정의는 머독(Murdock)의 정의보다 확대된 범위를 가족으로 보고 가족구성원의 유대·관계·결합의 운명공동체적 성격을 강조했으며, 이러한 가족의 정의는 확대가족제도를 취하고 있던 사회의 가족을 정의하는 데 보다 적합하다.

따라서 가족에는 다른 가까운 친척이 포함될 수 있으며 가족구성원은 다양한 여러 형태로 결합된 것으로도 정의하였다.

3. 버게스(Burgess)와 록크(Locke)의 정의

버게스(Burgess)와 록크(Locke)는 가족을 "혼인 · 혈연 또는 입양에 의해 결합한 집단으로 하나의 가구를 형성하고 남편과 아내, 아버지와 어머니, 아들과 딸, 형제와 자매라는 각각의 사회적 역할 속에서 상호작용하며 의사소통하고 공통의 문화를 창조 · 유지하는 집단"이라고 정의하였다.

이러한 정의는 가족구성원 간의 내적 상호작용관계를 강조한 것으로 가족의 전통적 정의로 볼 수 있다.

즉, 가족의 전통적 정의는 혈연 · 결혼 · 입양으로 관계를 맺은 두 사람 혹은 그 이상의 사람으로 구성된 단위로서 함께 살고, 경제적 단위를 형성하며, 자녀를 출산 · 양육하는 것이라고 할 수 있으나 이러한 가족의 전통적 정의는 다양한 집단을 포괄하지 못하는 한계점이 있다.

이 외에 좀 더 포괄적이고 현대적인 정의로서 칠만(Chilman)은 가족이란 "친밀 · 헌신의 관계에 있는 사람들이 하나의 집단에 속해 있다는 정체성을 의식하고 그 집단의 고유한 정체성을 수립하여 정서적 · 이성적으로 부모-자녀 관계를 유지하는 것"으로 정의하였다.

굳맨(Goodman)은 개인이 가족구성과 해체 그리고 재구성을 연속적으로 할 수 있다는 의미를 암시하는 "혈통 · 결혼 · 입양에 의해 이어진 개인의 영속적인 사회적 집단"으로 가족을 정의하였다.

이러한 학자들의 정의를 종합해 보면, 전통적인 가족의 개념은 일반적으로 혼인과 자녀의 출생을 중심으로 이루어진다. 법적으로 인정된 결혼을 통해 부부가 형성되고, 이들 사이에서 자녀가 태어나며, 자녀 역시 성장 후 결혼하여 새로운 가정이 형성되는 방식으로 가족이 이루어진다.

이러한 유래는 혈연을 중심으로 가족이 구성되어 지속된다는 개념은 대부분의 학자들의 정의이다.

| 제2절 | 가족의 기능

가족은 개인에게 친밀하고 지속적인 상호작용을 통하여 개인의 발달과 성장하는데 여러 환경체계를 제공하여 왔다.

즉, 가족은 개인의 성장·발달과 사회의 유지·발전을 위해 다양한 기능을 수행하고 있다. 이러한 가족의 기능은 산업의 발달과 도시화의 영향으로 많은 변화를 겪었다.

가족기능의 일부가 다른 사회기관에 의해 수행됨으로써 그 기능이 축소·약화된 반면 자녀를 사회화시키는 기능이나 가족구성원의 긴장과 피로를 회복시키기 위한 기능, 사회발전에 기여할 수 있는 기능은 오히려 확대·강화되고 있다.

따라서 가족의 기능이란 가족이 수행하는 역할·행위를 의미하는 것으로 사회와 가족이 변화되면서 가족의 기능도 변화되고 있기 때문에 일괄적으로 정의하는 것은 어려우나 학자들의 다양한 가족의 기능을 살펴보면 다음과 같다.

머독(Murdock)은 가족의 주요 기능을 성적 기능, 경제적 기능, 생식의 기능, 자녀의 사회화와 양육의 기능으로 보았는데, 이 중 어느 한 기능이라도 제 역할과 기능을 감당하지 못하면 인류사회의 균형된 가족 존속이 어렵다는 고정적 가족 기능설을 주장하였다. 자스트로(Zastrow)는 현대사회에서 가족이 유지되기 위해 필요한 기본적 기능을 인구생산기능, 아동양육기능, 사회구성원의 사회화기능, 성적 행동의 통제기능, 가족애정의 원천기능을 제시하였다.

일반적으로 가족의 기능은 가족 내 기능과 대사회적 기능으로 분류할 수 있는데, 가족 내 기능으로는 성·자녀출산 기능, 자녀양육과 사회화 기능, 경제적 기능, 보호와 돌봄의 기능, 종교적 기능, 휴식 기능, 오락 기능 등이 있다.

대사회적 기능으로는 성을 통제하는 기능, 사회구성원을 충원시키는 기능, 노동력을 제공하고 생활을 보장하는 기능, 사회 전통과 문화를 계승하는 기능, 사회를 안정시키는 기능 등을 들 수 있다.

1. 가족 내 기능

1) 성·자녀출산의 기능

가족은 남녀의 사랑을 기초로 하여 이루어지므로 가족구성의 중심이 되는 부부간의 성적 욕구를 충족시키는 기능을 한다. 또한 부부간의 성생활의 필연적 결과로 자녀를 출산하며, 자녀를 출산하는 생식의 기능은 사회의 다른 집단에서 대신할 수 없는 가족만의 고유한 기능인 만큼 가장 중요한 기능이다. 따라서 가족은 결혼에 의해 형성되고 그로 인한 출산의 기능은 국가적으로도 대단히 중요한 기능이다.

2) 자녀양육과 사회화의 기능

아이들은 출생하면서부터 가족의 보호를 받으며, 가족생활을 통해 교육을 받는다. 가정에서는 그들이 사회에서 잘 적응하고 바람직한 인간으로 성장하도록 돕는 역할을 하며, 자녀의 인격형성에 많은 영향을 끼쳐 건강한 사회인으로 길러내는 기능을 한다.

3) 경제적 기능

경제적 기능은 가족 구성원들에게 안정된 생활을 제공하는 주요한 역할을 한다. 이러한 기능은 가족 내의 수익 활동, 재무 관리, 자원분배, 소비 패턴, 집안일과 가정 내 노동 분배, 그리고 경제 관련 지식과 기술의 전달 등 여러 부분으로 나뉜다. 가족의 경제적 기능은 구성원들에게 필요한 물질적 지원을 제공하며, 안정감과 생활의 질을 높이는데 기여한다. 자원의 획득부터 관리, 그리고 활용에 이르는 모든 과정은 가족의 경제적 복지와 직결되며, 이를 통해 가족 간의 유대감과 협력을 강화시킨다.

4) 보호와 돌봄의 기능

보호와 돌봄에는 물리적 안전 확보, 감정적인 안정감 제공, 건강 관리와 필요한 의료 지원, 일상의 생활 도움, 그리고 외부적인 사회적 지원 네트워크와 연결 등이 포함된다. 가족 간의 이런 상호 도움과 연대는 강한 결속력과 책임감을 기르게 하며, 사랑과 존중의 가치를 내재하게 만든다.

5) 종교적 기능

종교는 가족 구성원들에게 삶의 방향과 목적을 제시하며 도덕적 가치와 영성을 함께 나누고 실천하는 토대를 마련한다. 이런 기능은 가족 간의 정신적 연결과 문화적 유산이 세대 간에 전달되는 측면에서도 중요한 역할을 한다.

6) 휴식 기능

가족은 가족구성원에 대하여 심신의 긴장이나 피로를 회복시켜 주는 휴식 기능을 갖는다. 사회생활로 지친 몸과 마음을 가정에 돌아와 쉬며 긴장을 풀고 다음 날 노동을 할 수 있도록 노동력을 재생산하게 한다. 이러한 면에서 가정은 단순한 거주지가 아니라 심신의 긴장과 피로를 회복시켜 주는 중요한 기능을 한다.

7) 오락 기능

가족이 단위가 되어 여가를 즐길 때 부모와 자녀가 한 자리에 모이게 되므로 교육적 의미도 수반될 수 있으며, 가족구성원이 함께 모여 시간을 보내는 그 자체로 마음이 열리고 대화를 하게 되므로 가족이 지니는 오락 기능은 그 의의가 크다.

2. 대사회적 기능

1) 성을 통제하는 기능

우리 사회에서 성폭력 문제를 해결하기 위하여 부부간의 적절한 성적 상호작용이 중요하다. 사회의 승인을 받은 공인된 결혼이라는 제도가 어느 정도 전체 사회의 성관계를 질서 있게 통제해 주며, 대외적으로 사회의 성을 통제하는 역할을 한다.

2) 사회구성원을 충원하는 기능

가족이 지닌 자녀출산의 기능은 사회를 존속·발전시키는 데 크게 기여하고 있으며, 나아가 인간이라는 종을 유지시키고 있다. 따라서 출산이 국력과 연관되므로 대부분의 나라들이 출산율 조정과 관리에 노력하고 있다.

3) 노동력을 제공하고 생활을 보장하는 기능

가족의 소비기능은 의식주와 같은 일상생활을 중심으로 이루어지는데, 이것은 대사회적으로 개개인의 생활보장을 뜻하며, 가족의 소비적 기능을 얼마나 합리적으로 수행하고 있는가는 바로 국민경제의 건전한 발전과 직결되므로 국민경제순환에 있어서 가계가 차지하는 비중은 매우 크다.

4) 사회의 전통문화를 계승하는 기능

가정에서의 양육과 교육을 통하여 이루어지는 자녀의 사회화 측면에서 보면 자녀양육을 통하여 자녀가 그 사회에 적합하게 기능하도록 사회화가 이루어지고, 교육을 통하여 사회생활을 원만하게 해나갈 수 있도록 지식·규범·도덕을 익히는 것이므로 가정은 그 사회가 유지·발전할 수 있도록 하는 전통과 문화의 계승을 돕는다.

5) 사회안정화 기능

가족이 인간을 보호하고 휴식하도록 할 때, 개인은 심리적·신체적으로 안정을 취할 수 있다. 개인의 심신안정은 재생산의 원동력이 되고, 그것은 다시 사회 안정을 도모한다. 즉, 가족이 개인에게 심신의 보호와 휴식을 제공하는 것은 바로 가족이 사회의 안정화를 촉진시키는 것이라고 할 수 있다.

3. 가족기능의 변화

우리 사회에서 가족의 기능은 과거 가족의 중요 기능인 생산기능이 약화되고 소비, 교육 기능이 점차적으로 강화되고 있다. 사회가 다양하게 분화되고 전문화되면서 가족의 기능에 많은 변화가 나타나게 되었다.

가족의 기능은 시대와 지역 및 문화적 배경에 따라 다르게 나타나며, 같은 시대 같은 국가에 속한 경우라도 개인차와 생활환경 등에 따라 달라질 수 있다. 오늘날 가족기능은 경제, 정서, 자녀교육, 친척관계, 휴식, 종교·도덕 등이 중요하게 되었다.

특히 사회가 산업화·전문화된 체제로 변화되어 감에 따라 가족의 기능 중 일부가 국가, 교육기관, 종교단체, 기타 산업기관으로 이전되어 산업화에 따른 자본주의 경제에 크게 영향을 받게 되었다.

1) 양육·보호 기능

발전된 국가나 사회에서는 유아·노인·환자를 위한 사회보장과 복지제도가 충실하게 마련되어 있어 아동의 보호와 양육, 노인의 부양적 기능을 사회가 맡는다. 또한 사회활동에 참여하는 취업여성가족은 아이돌봄서비스·어린이집·유치원 이외에 노인주·야간보호센터, 요양원 및 노인돌봄서비스 등의 사회적 시설과 제도를 활용하여 가족의 보호기능을 충족시키고 있다.

2) 교육 · 사회화 기능

교육전담기관인 학교나 학원 · 도서관 · 박물관 등에 의하여 교육 기능이 수행되고 가족의 사회화도 각종 사회활동을 위한 조직체가 담당하므로 가족의 교육적 기능과 사회화의 기능이 축소되었다.

3) 휴식 · 오락 기능

현대의 대중화사회는 가족적 여가활동을 감소시켜 가족을 분산시키고, 가족의 관심을 가정 밖으로 돌리게 하며, 자녀가 부모의 지배와 간섭에서 점점 벗어나도록 촉진시킨다. 또한 직업에 관계되는 동아리 · 모임 · 동창회 등 각종 사교적 모임이 늘어남에 따라 가족의 휴식 및 오락의 기능은 점차 사회로 옮겨 가고 있다.

4) 종교적 기능

가족단위로 이루어지던 종교행사는 교회나 절 등의 종교단체로 이양되었으며, 종교는 가족집단의 공동관심사라기보다는 개인문제화 되어 부부간이나 부모 · 자녀 간에 서로 다른 종교를 갖는 경우가 많아졌다. 따라서 가족의 종교적 유대는 약화되어 가고 있으며, 이러한 기능은 점차 종교기관과 사회조직으로 옮겨가고 있다.

이와 같이 가족의 여러 기능이 전문기관에 이전되고 점차 그 기능이 쇠퇴되어 가고 있기는 하지만 이것이 가족의 쇠퇴를 의미하는 것은 아니다.

전문기관과 같은 비혈연조직이 수행하지 못하는 애정의 기능은 가장 중요한 기능으로 계속 유지되고 있으며, 자녀의 출산과 양육 및 가정적이고 따뜻한 분위기를 제공하는 기능 등은 오늘날 그 중요성이 더욱 부각되고 있다.

4. 현대가족의 바람직한 기능

1) 가족 간의 애정 도모

애정은 가족생활의 중요한 소산이다. 가족이 함께 사는 것은 의무 때문이 아니라 서로 간의 영속적 애정 때문이며, 자녀는 정서적 분위기에서 사랑을 받고 자라야 한다. 부부와 자녀가 건강하게 발달하기 위해서는 서로 간에 애정적 분위기가 형성되도록 노력해야 한다.

2) 안정감 부여와 수용

가족은 경쟁관계가 아닌 상호보완 관계를 증진시키고 누릴 수 있는 관계로 가족구성원의 안정감과 지속성을 발달시킬 수 있는 관계가 되어야 한다.

3) 만족감과 목적의식 부여

사람은 누구나 나름대로 걱정과 갈등이 있기 마련이다. 가족은 기본적 만족감과 보람을 가족구성원 서로에게 충족시켜 줄 수 있어야 한다.

| 제3절 | 가족의 형태

1. 가족의 형태 분류

가족의 형태를 분류하는 가장 기본적인 방법은 가족구성원의 범위를 따져 보는 것이다.

1) 소가족 · 대가족

대소의 구별이 단순히 식구 수가 많고 적음을 의미하기도 하지만, 때로는 혈연관계의 범위와 관련지어 사용되기도 한다. 가족구성원의 수를 기준으로 5인 이하를 소가족, 6인 이상을 대가족이라 한다.

2) 핵가족 · 확대가족

핵가족(nuclear family)은 부부와 그들의 미혼 직계자녀로 구성된 가족으로서 자녀는 결혼함에 따라 부모의 집을 떠나 새살림을 시작하는 것이 원칙이다. 가족구성은 부모와 자녀의 2세대로 한정되는 가장 간단한 형태로 개별가족 · 단순가족 · 요소가족 · 부부가족(conjugal family)이라고도 표현한다.

확대가족(extended family)은 핵가족이 확대되거나 복합된 형태, 즉 핵가족이 종적 또는 횡적으로 연결되어 형성되는 형태로 자녀가 결혼 후에도 부모와 동거하는 가족형태를 말한다. 가족이 종적으로 확대된 가족을 직계가족(stem family)이라고 한다.

최근에는 핵가족과 확대가족이 내용적으로 변형된 수정핵가족과 수정확대가족의 개념이 나타나고 있다. 전자의 경우는 결혼한 자녀가족과 부모가 같은 집에서 거주하지만 각 세대의 사적 공간을 확보하여 독립적으로 생활하는 가족형태인 반면, 후자의 경우는 부모와 결혼한 자녀의 가족이 근거리에 거주하면서 서로 자주 왕래하며 상호 호혜적인 관계를 유지하는 유형이다.

한편 가족이 횡적으로 확대되어 다른 세대뿐만 아니라 세대의 형제들이 결혼한 후에도 그들의 부모와 동거하는 가족을 방계가족(collateral family)이라 한다.

또한 확대가족의 한 변형으로 확대가족의 제일 윗세대가 사망하여도 그의 아들들이 계속하여 한 가족을 이루고 사는 경우가 있는데 이를 복합가족(joint family)이라고도 한다.

2. 결합형태에 따른 분류

1) 부부가족

자녀가 결혼하여 부모로부터 독립·분가하여 가족을 구성하는 형태로, 핵가족과 외형적으로 동일한 형태이다.

2) 직계가족

핵가족이 종적으로 확대된 형태로서, 전통적인 한국의 가족이나 일본의 가족과 같이 원칙적으로 맏아들만 본가에 남아 부모를 모시고 가계를 계승하며 그 이외의 아들은 분가하는 형태이다.

3) 방계가족

핵가족이 횡적으로 확대된 형태로서 같은 세대의 형제들이 결혼한 후에도 부모와 동거하는 형태로, 중국의 가족유형이 이에 속한다.

4) 과도기적 가족

생활형편에 따라 잠정적인 기간이지만 조부모나 부모 없이 형제나 남매 등으로 구성된 1세대 가족을 과도기적 가족이라 한다.

3. 세대수에 따른 분류

가족을 구성하고 있는 세대수에 따라 1세대 가족·2세대 가족·3세대 가족·4세대 가족 등으로 분류할 수 있고, 남매나 형제로 구성된 과도기적 가족은 1세대 가족이며, 부모와 미혼자녀로 구성된 핵가족은 2세대 가족이다. 또한 조부모와 부모·자녀로 구성된 직계가족과 방계가족은 3세대 가족이다.

산업혁명과 근대화 과정은 현대 모든 사회구조에 변화를 일으켰으며, 가족생활의 의식과 형태에도 많은 변화를 가져왔다.

즉, 자본주의 산업구조는 노동인구의 대이동과 도시화를 촉진시켰고, 가족생활 단위는 이에 따라 부부중심의 핵가족으로 점차 변화하였으며, 좋은 일자리와 더 높은 사회적 지위를 찾아 옮겨 다닐 수 있도록 이동성 있는 핵가족이 요구되고 있다.

이러한 도시사회의 성격은 개인의 부모 및 친족에 대한 의존성을 감소시키고 가족형태를 더욱 단순화시키고 있다.

따라서 가족원이라고 해서 모두 함께 생활하는 것은 아니다. 학업과 취업 등 여러 가지 이유로 가족원의 일부가 일시적으로 떠나 있거나, 고용인이나 내객 등 가족원이 아닌 자가 함께 생활하기도 한다.

일부 가족원이 출타하여 일시적으로 다른 가구를 형성하거나, 다른 가족(가구)의 비가족원이 되어 있는 경우라도 그들이 생계를 공동으로 하며 한 가족의 가족원이라는 의식이 있는 한 동일 가족의 구성원으로 간주해야 한다.

제4절 현대사회의 가족변화와 특성

1. 현대사회의 가족변화

오늘날 가족은 전통적인 가족의 개념과 매우 상이하다. 급격한 복지환경의 변화에 따라 가족의 형태 및 구성 변화가 달라지고 있는 현실이다.

현대사회의 가족변화 영향요인은 사회문화적 환경과 산업화·도시화 등 다양한 요인들을 들 수 있지만, 많은 학자들은 산업화·도시화의 영향력에 더욱 큰 비중을 두고 있다. 산업화 이후 가족에 있어서 급속한 변화를 가져온 것은 부인할 수 없는 사실이다.

그러나 비교문화적 연구와 가족사적 연구에서는 현재의 가족유형이 과거 가족유형의 연속이라는 점을 지적하면서 산업화가 가족변화의 분기점이라는 것에 합의하지 않기도 한다.

이것은 산업화가 가족의 변화를 수반했다는 앞의 주장을 반박하는 근거가 된다. 따라서 현대의 가족유형은 적어도 자신의 과거와 그 가족이 처해 있는 경제적 상황에 따라 결정되는 것으로 파악해야 한다.

한국 가족의 변화 추세를 살펴보면, 인원수가 감소하고 세대수가 적어지며 구성범위가 축소되는 경향을 나타내고 있다. 반면에 독신(비혼)과 이혼・재혼의 증가로 인하여 1인 가구, 한부모가족, 복합가족 등의 다양한 유형이 나타나고 있다.

혼인・이혼・재혼 등 개인적인 선택 중시와 당사자 의견의 반영 증가, 가장 권위의 약화, 이혼율의 상승, 노인문제와 청소년문제의 증가, 세대 간 단절의 문제 등이 나타나고 있는데, 이러한 여러 가지 가족행동에 있어서의 변화의 방향은 서구의 핵가족에서 이미 나타나고 있는 것과 같은 방향이다. 여기에 곁들여서 친족과의 관계에 있어서도 변화가 일어나고 있다.

특히 여성의 탈가족화 현상으로 성역할 분담의 변화가 일어나고 있으며, 노인인구의 급증과 맞물려 아동양육과 부모부양 행동에도 변화가 감지되고 있다.

그러나 가족가치 및 태도의 변화는 형태와 행동의 변화에 비해 지체되고 있는 형편이다. 한편에서는 전근대적 가치가 지속되는 반면에 다른 한편에서는 근대를 넘어 탈근대적 가치까지 비동시적인 것의 동시적 공존 현상이 나타나고 있다.

급격한 사회변동을 겪으면서 유교적 가족이념이 지속되는 가운데 도구주의 가족이념, 서정주의 가족이념, 개인주의 가족이념 등이 혼재하는 양상을 보이는 것이다.

그러나 대체적인 변화 경향은 근대적 가치의 확산으로 볼 수 있으며, 형태와 행동과의 일치 경향으로 나아가고 있다. 가족 변동의 내용을 종합해 보면, 한국의 가족은 그 제도 면에서 핵가족화되고 있는 것으로 볼 수 있다.

2. 한국가족의 변화적 특성

오늘날 한국가족은 다양한 사회구조적 요인에 의해 변화하고 있다. 특히 낮은 혼인율(비혼)과 높은 이혼율, 저출산·고령화 등의 인구학적 요인, 남성중심 가족제도의 변화 요인, 여성에게 유리한 정보화 요인 등이 큰 영향을 미치고 있다.

2008년부터 시행된 개정 가족법에 의하여 호주제를 폐지하고 금혼 범위를 합리적으로 축소하며, 자녀의 성을 변경할 수 있도록 하고, 이혼 후의 양육과 친권문제에 있어서 국가의 후견인 기능을 강화하며, 친양자제도를 신설한 것 등의 변화가 나타났는데, 이로 인하여 가부장적이고 부계혈통중심인 기존의 가족제도는 크게 변화하고 있다.

한국의 가족은 저출산의 영향으로 규모가 축소되고, 핵가족 원리의 확산으로 구성이 단순화되는 방향으로 변화하고 있다. 그러나 이처럼 형태가 단순화되고 규모가 축소되는 한편, 질적으로는 다양한 새로운 가족(독신가족, 한부모가족, 재혼가족, 통크가족, 다문화가족, 분거가족, 동거가족 등)이 등장하고 있다.

또한 출산율 감소, 이혼율 증가, 독신과 만혼 현상, 여성의 탈가족화 등 개인의 자발적 선택에 의한 유연한 가족 구성과 행동의 가능성이 크게 높아지고 있다.

따라서 가족 변화를 바라볼 때, 단선적으로 해석하기보다는 복잡성과 다양성, 그리고 다원화된 가족구조로 변화하고 있다고 볼 수 있다.

KEY POINT

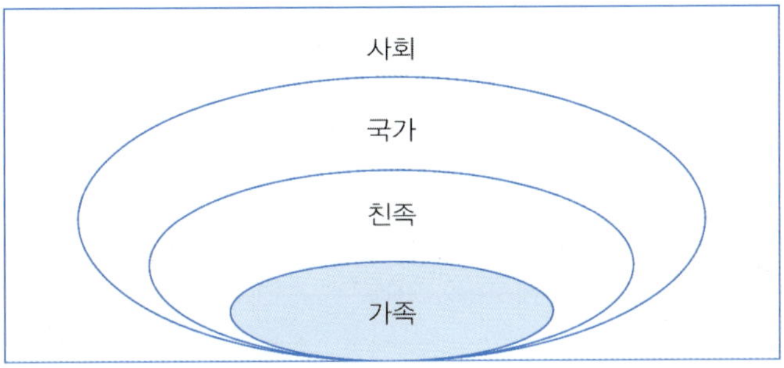

가족

① 자신 및 자신의 배우자, 형제자매, 직계혈족(부모와 자녀)
② 생계가 같을 경우 : 직계혈족의 배우자, 배우자의 직계혈족, 배우자의 형제자매

친족

8촌 이내의 혈족, 4촌 이내의 인척, 인척의 배우자

가족의 기능

① 생물학적 : 수직적 내력의 종의 유지 기능
② 심리학적 : 애정적 욕구 충족을 위한 기능
③ 경제학적 : 물질적 욕구 충족을 위한 기능
④ 사회・문화적 : 사회의 도덕이나 관습에 대한 적응 기능

확대가족・핵가족

① 확대가족 : 부부, 자녀 외에 조부모 등이 함께 사는 가족
② 핵가족 : 부모와 그들의 자녀들

국적

① 속인주의 : 혈통 기준, 즉 부모 국적 기준(한국)
② 속지주의 : 출생지 기준, 즉 태어난 나라 기준(미국)

법적 미보호가족

사실혼 관계, 즉 혼인신고 없이 동거생활하면 가족의 진지성이 있어도 국가의 각종 법적 보호 받기 어려움(상속권 및 기타 법적 미보호)

가족 레질리언스

기능적 단위로서의 가족 안에서 경험하는 대처와 적응의 과정

부부 역할의 변천

전통적 부부	동반자적 부부
가문계승, 규범, 제도적 결혼	사랑의 결실, 행복, 본질적 결혼
여성의 시가에의 혼입	남성과 여성의 새로운 가족 창조
시가 위주 친척관계	시가, 처가와의 동등한 관계
남편은 지배, 아내는 순종	상호존중, 협동, 친밀감, 평등
남자다움, 여자다움, 성별 역할분리	양성성, 역할의 융통성 및 공유

가족주기에 따른 가족의 발달

부부만의 시기	• 임신과 부모 됨에 적응 • 친족관계 형성
자녀출산 및 양육기	• 자녀를 낳고, 영아발달을 촉진 • 부모와 영아 모두를 위한 가정
학령전기	• 취학 전 아동의 욕구와 관심에 적응 • 부모는 에너지의 소모와 사생활 부족의 적응
학동기	• 학동기 아동을 위한 건설적인 가족공동체 형성 • 아동의 교육적 성취를 고무
청소년기	• 청소년으로서의 책임감 • 성숙한 부모로서의 자질과 능력 필요
진수기	• 적절한 의식이나 사회의 도움으로 취직·군 입대 • 자기기반으로서의 가정의 기능을 유지
중년기	• 결혼관계에 다시 초점을 맞춤 • 신·구세대 간의 친족결속력을 유지
노년기	• 사망하거나 혼자 남게 됨 • 가족이 해체되거나 가족의 종말에 적응

02 Chapter

가족복지의 기본이론

Chapter 02

가족복지의 기본이론

| 제1절 | 가족복지의 개념

우리는 세상에 존재하면서부터 모습만 달랐을 뿐 집단을 이루어 살아왔으며, 그 집단 중의 하나를 우리는 가족이라고 부르고 가족 내에서 또는 가족 밖에서 인간은 서로 도우며 살아왔다.

사회의 기본 단위로서 인간의 성장과 발달은 물론, 문화전달에 필요한 모든 것을 전수하고 양육하는 1차 집단인 가족은 위대한 생존가치와 능력을 보유하고 있지만, 가족의 기능과 구조가 축소되면서 가족을 중심으로 일어나는 사회문제를 해결하기 위하여 가족복지가 요구되고 있다.

가족복지는 가족의 욕구를 충족할 수 있도록 그 잠재력을 개발시켜 주거나 가족문제의 예방 및 해결, 가족구성원의 사회적 기능수행의 활성화와 생활의 질적 향상 등에 관심을 두는 과정으로 이는 가족구성원의 만족스러운 생활의 이상(理想)상태를 의미하는 개념인 동시에, 그 이상상태를 지향하는 구체적 실천활동까지 포함하는 개념이다.

제2절 가족복지의 기능

가족복지와 관련한 가족의 기능이란 시대와 문화권에 따라 다르며, 동일한 시대와 문화권이라 하더라도 각각의 가족이 처한 여건에 따라 다르다. 따라서 가족의 고유기능을 일반화하기에는 다소 무리가 있으며, 또한 사회가 급속도로 변화해서 어떠한 기능이 과연 가족의 고유기능인가에 대해서도 명확히 규정하기에 어려운 점이 있다.

그러나 아무리 시대가 바뀌고 사회가 다르다고 하더라도 가족은 인간 본능의 한 결집체이며, 사회의 기초 단위이다. 따라서 가족의 유지와 발전은 가족이 존속하는 한 매우 중요한 의미를 갖는 영원한 과제라 할 수 있다.

가족복지의 기능은 가족이 처하고 있는 상황에 따라 다르다. 따라서 오늘날 가족복지의 기능을 명료하게 이해하기 위해서는 변화된 가족기능에 주목할 필요가 있다. 전통적으로 가족이 수행해 왔던 기능으로는 부부의 성적 기능, 자녀출산의 기능, 생산과 소비를 함께하는 경제적 기능, 양육(보호)의 기능, 교육(사회화)의 기능, 부양의 기능, 휴식과 오락의 기능, 종교적 기능 등으로 크게 나누어 볼 수 있다.

그러나 산업화 이후에 핵가족화됨에 따라 상공업을 중심으로 한 생업현장에서 거의 1~2세대로 구성된 적은 수의 가족이 생활하게 되었고, 이로 인해 전통적 기능은 점점 변화되기 시작하였다. 즉, 자녀의 보호와 양육·교육 및 사회화의 기능, 노부모나 일가친척의 보호와 부양 기능, 가족 내에서의 오락 기능은 약화되었고, 가정을 중심으로 한 생산기능과 소비기능도 점점 분리되기 시작하였다.

따라서 가족은 이전의 경제공동체적 기능보다는 애정공동체적 기능을 강하게 띠게 되었다. 그런데 이러한 변화에서 주목해야 할 것은 약화되거나 강화된 여러 기능이 새로운 여러 가지 가족문제를 발생시키는 요인으로 작용하고 있다는 점이다.

아울러 이렇게 변화된 기능은 변화된 상태로 방치해도 좋은 기능이 아니라, 오히려 가족 내외의 자원을 동원하여 가족의 기능을 지지·보완·대리해야 하는 기능이라는 것이다.

가족복지의 기능에 관한 여러 학자들의 견해는 몇 가지 공통점을 지니고 있는데, 이러한 공통점은 다음과 같다.

1. 의뢰적 기능

가족문제의 진단에 기초해서 가족복지기관이 직접적으로 어떤 구체적 서비스를 제공하는 것이 아니고 그 문제에 대해서 가장 효과적인 서비스를 줄 수 있는 지역사회의 자원을 발견하여 사례를 소개하고 활용하도록 돕는 것이다.

2. 조정적 기능

가족복지기관은 가족 전체를 서비스단위로 하고 가족 전체가 가족으로서의 기능을 발휘하는데 목적을 두고 원조한다. 한 가족에 대해서 하나의 가족복지기관 이외에 다른 전문기관인 의료기관, 아동상담소, 여성상담소, 보건소, 학교, 직업안정기관 등의 지원이 통합적으로 이루어질 수 있도록 조정하는 기능이 요구된다.

3. 개발적 기능

지역사회활동이나 소집단활동, 그리고 개별활동을 통하여 각 가족에 있어서 모든 가족구성원이 그 지위에 맞는 역할을 수행하는 기회・능력・태도를 발전・촉진시키는 기능이다. 즉, 그 지역사회 내에 여러 가지 사회적 자원, 예컨대 사회보장제도・주택문제・복지시설・교육시설・법제의 개선 등을 사회행동 및 지역주민의 자발적 협력을 보조해서 이룩하게 하는 것을 의미한다.

4. 회복적 기능

가족이 정상적 기능을 발휘하도록 그 장애요인인 빈곤, 실업, 질병, 신체적·정신적 장애, 중독, 열악한 근로조건 등의 환경적 요인을 개선하고, 부부불화, 형제간의 갈등 등 인간관계의 문제를 가진 가족구성원과 가족을 직접 원조함으로써 가족역할이나 책임을 수행하여 가족기능을 회복시킨다.

이러한 회복적 기능은 공공부조에 의한 원조나 아동상담지도, 직업지도 및 알선, 가임보조, 가정지도 및 가족계획지도, 가족진단 및 가족치료를 통해서 달성할 수 있다.

앞에서 살펴본 네 가지 기능 이외에도 학자에 따라 가족복지의 기능을 다양하게 분류하고 있다. 우선 가족복지의 기능을 예방·치료·재활로 나누어 설명하고 있는 것으로, 가족구성원이 가지고 있는 잠재력을 최대화시켜 그들의 생활주기에서 부딪힐 위험과 긴장에 잘 대처할 수 있는 능력을 증진시키는 예방적 기능, 발생한 문제를 해결하는 치료적 기능, 그리고 파괴 또는 손상된 가족의 기능을 이전의 형태로 환원시키기 위한 재활적 기능이 바로 그것이다.

그 밖에도 가족복지의 기능을 가족개발기능·가족보호기능·자원개발기능으로 나눌 수 있는데, 가족개발기능은 건전가정 육성을 위한 가족교육·역할개발·생활개선·가족보건 등을 들 수 있다. 가족보호기능으로는 가족결손 예방과 치료를 위한 가족상담 및 가족치료·역할지원·재활지원 등을 들 수 있고, 독립적 사생활이 어려운 가족의 생활보호·건강보호·시설보호 등의 사업이 포함된다. 마지막으로 자원개발기능은 지역사회 내의 복지여건 조성을 위한 기금조성·조직개발·인력활용 등이 있다.

| 제3절 | 가족복지의 역사

사회복지는 초기발달과정에서 사회적 빈곤을 극복하기 위해 빈곤가족을 주된 대상으로 삼았다. 빈곤에 대한 연구나 해결을 위한 단위로서 가족을 중심으로 접근하였기 때문에 사회복지정책 안의 가족복지를 명확히 구분하기는 힘들다.

이에 사회복지의 발달사 속에서 특히 가족복지를 강조한 정책이나 사건을 중심으로 영국과 미국, 그리고 우리나라의 상황을 살펴보고자 한다.

1. 영 국

1) 구빈법 시기

사회복지정책의 역사는 영국에서 1601년에 제정된 엘리자베스(Elizabeth) 구빈법(Poor Law)에서 시작되었다고 볼 수 있다. 구빈법은 국가 서비스의 대상으로서 빈민들을 규정하였는데, 특히 공공부조를 할 만한 가치 있는 빈민과 가치 없는 빈민으로 나눈 점이 특징이다.

가치 있는 빈민이란 과부·고아·장애인·고령자 등 불가피한 이유로 빈곤층이 된 사람들로서 국가는 이들과 이들의 가족을 돌보아야 한다는 것이다.

반면 가치 없는 빈민이란 노동능력이 있음에도 불구하고 구걸을 일삼는 대상을 말한다.

가족복지 측면에서 주목할 만한 구빈법의 내용은 빈민을 포함한 모든 사람들에게 가족부양의 의무를 명시하고 있다는 점이다. 즉, 무능력자나 빈민도 자신의 부모·자녀·조부모를 책임지고 부양해야 한다는 내용이 의무로 규정되어 있다.

이러한 구빈법의 내용은 국가가 빈곤의 문제를 적극적으로 책임지기보다는 가족에게 전가하는 것으로 해석할 수 있다. 구빈법은 가족복지정책보다는 단순한 빈곤대책으로 평가할 수 있으며, 빈곤층을 통제하기 위한 요소가 강하다.

그러나 국가가 빈곤문제에 대처하기 위해 가족을 중심으로 대책을 수립하려 시도한 점은 중요한 의미가 있다. 엘리자베스 구빈법은 이후 1834년에 개정되는데, 가족의 노동력 제공이라는 기능을 강조하는 내용을 담게 된다.

2) 자선조직협회 및 인보관운동

가족복지에 있어 자선조직협회와 인보관운동은 가족문제에 대한 최초의 과학적이고 체계적인 접근으로 평가될 수 있다.

먼저 자선조직협회(Charity Organization Society)는 1869년에 영국 런던에서 자선구호 및 구걸방지조직협회라는 이름으로 처음 창설된 후 자선조직협회로 개칭되었다.

자선조직협회의 목적은 기존에 무분별하게 반복 또는 중복되어 온 구빈사업과 자선활동을 통합하고 조직화하는 것으로서, 특히 가정방문을 통해 빈곤층에 대한 개인단위 접근뿐 아니라 가족생활 전반을 조사하고, 이를 통해 보다 합리적이고 체계적인 자선활동을 시도하였다.

한편 인보관운동(The Settlement House Movement)은 1884년 영국 런던의 빈곤문제 해결에 관심을 갖는 대학생들이 중심이 되어 시작된 운동이다.

이들은 부유층 엘리트임에도 불구하고 런던의 슬럼지역에 빈민들과 함께 거주하면서 인보관운동을 펼쳤다.

인보관운동은 빈민들이 일상에서 매일 직면하는 진정한 문제를 파악하고 그 해결을 위해 노력했다는 점에서 시사하는 바가 크다. 인보관운동은 자선조직운동과는 달리 가족의 문제를 사회적·구조적 환경에서 이해하고자 하였다.

즉, 가족문제의 책임을 개별가족이나 그 구성원에게 묻기보다는 사회의 구조적 변화가 필요한 것으로 본 것이다. 인보관운동은 가족이 처한 맥락을 강조함으로써 후에 생태학적 시각에 영향을 미치게 된다.

3) 빈곤가족에 대한 연구

19세기 중반부터 영국에서는 빈곤가족에 대한 사회실태조사가 진행되었다. 이러한 사회실태조사는 경제적 수준에 따라 어떻게 계층을 합리적으로 나눌 것인지, 준거에 따라 나눈 계층별 비율은 얼마나 되는지, 이들이 빈곤하게 된 원인은 무엇인지 등에 대한 과학적이고 합리적인 결과를 도출하게 된다.

빈곤층에 대한 지속적인 사회조사는 빈곤가족의 문제를 이해하고 해결하는 데 기초자료가 되었으며, 나아가 빈곤이 단순히 개인의 문제가 아니라 사회적·국가적·구조적 문제라는 인식을 확산시켰다.

빈곤가족에 대한 과학적 조사결과들을 통해 영국은 1908년에 노령연금법(The Old Age Pension Act), 1909년에 최저임금법, 1911년에 국민보험법(The National Insurance Act)을 제정하게 된다.

국민보험법은 의료보험과 실업보험을 포괄하고 전 가족을 대상으로 한다는 점에서 의의가 크다. 1921년에는 실업노동자부양법(The Unemployment Workers Dependent Act)을 통해 실업노동자를 부양하는 가족에게 실업급여를 지급하게 되었다.

1925년에는 과부·고아·노인들을 위한 기여연금법(The Widows, Orphans, & Old Age Contributory Pension Act)이 실시되었고, 1931년에는 국민경제법(The National Economy Act)을 통해 신청자뿐만 아니라 가구원들의 소득을 고려한 급여지불을 규정하게 되었다. 1933년에는 아동 및 청소년법(The Children and Young Persons Act)이 제정되어 아동 및 청소년을 위한 현대적 의미의 복지 서비스를 제공하게 되었다.

4) 베버리지 보고서

1942년 영국에서는 베버리지(Beveridge) 보고서가 발표된다. 이 보고서는 당시까지 국가중심적이고 선별주의였던 구빈법제도에서 벗어나 국가의 책임과 의무를 강조함으로써 복지국가로 나아가는 기본적인 시각과 틀을 제공하게 되었다. 즉, 사회보험의 문제를 지적하면서 사회복지제도의 개혁을 주창한 것이다.

가족복지 측면에서 주목할 것은 가족의 경제부양자에 대한 임금은 개인의 노동력에 대한 대가이기는 하지만 그가 부양하고 있는 가족을 고려하여 보편적인 급여나 수당으로 지불하는 것이 필요하다고 본 점이다.

즉, 임금을 개인노동에 대한 단순한 대가로만 치부한 것이 아니라 부양가족의 규모와 상황을 유지하기 위한 수단으로 본 것이다. 베버리지 보고서의 공헌으로 1945년에는 가족수당법(The Family Allowances Act)이 제정되고, 1946년에는 산업재해 국민보험법(The National Assistance Act)이 나오게 된다.

이 시기부터 영국에서는 모든 개인이 가족과 불가분의 관계이므로 모든 사회복지도 가족과 분리해 생각할 수 없다는 인식이 보편화되었다.

5) 가족수당

제2차 세계대전 후 북유럽에 도입된 가족수당제도는 사회의 핵심단위로서 가족을 보호하고 지원하는 데 목적을 둔 보편주의적 제도이다. 가족수당은 1930년대에 벨기에·프랑스·이탈리아·스페인·네덜란드에서 처음 도입되었으며, 영국에서는 1945년에 도입되었고, 이후 1950년대까지 대부분의 유럽 국가에 도입되었다.

가족수당은 인구학적 특성이라는 일반적 기준에 의해 급여를 제공하는 보편성을 특징으로 하지만, 점점 더 많은 국가에서 저소득이나 자산조사를 통해 차별적인 급여를 제공하는 형태로 변화하고 있다.

영국은 1970년에 가족소득보조제도(FIS)와 아동급여제도(CB)를 도입하여 가족문제에 대한 국가적 지원을 적극 장려하였다. 또한 중산층도 가족복지제도에 편입되어 보편적 복지의 혜택을 누리게 되지만, 결국 과도한 재정지출로 '복지국가의 위기'를 초래하게 된다.

이후 전반적인 사회복지의 축소가 불가피하게 되면서 복지재정의 삭감, 각종 가족복지제도의 축소, 급여의 감소 등이 발생하게 되었다.

2. 미 국

미국의 가족복지발달 역시 영국과 마찬가지로 빈곤문제에 대한 대응책을 중심으로 발달해 왔다. 그러나 미국과 영국은 역사·문화·규범이 다른 만큼 근본적인 차이가 있다.

미국은 신대륙으로의 이주·개척·독립의 역사를 가지며 청교도윤리를 바탕으로 하기 때문에 개인 각자가 스스로를 책임져야 한다는 의식이 강하다. 즉, 영국이나 기타 유럽국가와 달리 미국에서는 개인이나 가족이 스스로의 문제나 어려움을 극복해야 한다는 자립의식을 강조한다는 것이다.

따라서 미국의 가족복지는 국가 차원의 발달보다는 사적 영역인 민간의 실천이 활성화되었다.

1) 자선조직운동 및 인보관운동

영국에서 본격적으로 추진된 자선조직운동과 인보관운동은 미국으로 건너가 1870년대 후반부터 뉴욕주(New York 州)에서 시작된다. 이 시기에 산업혁명이 본격적으로 진행되었던 미국은 인구의 도시집중화로 인한 각종 사회문제들을 겪기 시작했고, 사회복지실천의 욕구를 절감하게 된다.

가족복지 측면에서 중요한 것은 자선조직운동에서 우애방문원(Friendly Visitor)의 활동이었다. 이들은 자선조직협회에 소속된 일원으로서 초기 사회복지사의 역할을 수행한 것으로 평가된다. 우애방문원은 빈민층 가정을 직접 방문하여 이들의 생활실태를 조사하고 자료를 체계적으로 분류하기 시작하였다.

이들이 내린 결론은 빈곤이 개인의 문제가 아니라 개인이 소속된 가족과 깊은 연관이 있다는 것이었다. 그러므로 빈곤층에 대한 서비스 제공은 개인뿐만 아니라 그 가족을 단위로 제공되어야 한다고 주장했다.

자선조직협회의 활동은 이후 가족복지실천의 전문화로 이어졌다. 1909년에 사회적 지원이 필요한 과부 및 요보호 아동의 어머니에 대한 연금법이 제정되고, 아동의 보호와 복지향상을 위한 전국 자선단체의 설립이 인정된다. 또한

1911년에 미국가족서비스협회가 결성되기에 이른다.

미국의 자선조직운동과 인보관운동은 초기 사회복지사업의 전문화가 가족을 중심으로 시작되었다는 점을 시사한다. 특히 미국의 자선조직활동을 통한 가족복지는 영국 및 유럽과 달리 민간지역사회조직이 중심이 되어 실천되었다는 점에서 그 의의가 크다.

2) 사회보장법

미국은 1920년대 말부터 시작된 대공황으로 각종 사회문제를 겪게 되었다. 이에 따라 국가가 가족의 복지를 위해 공적으로 개입해야 할 필요성이 제기되고, 1935년에는 사회보장법(Social Security Act)이 제정되기에 이른다.

사회보장법은 공적부조제도, 사회보험제도, 사회서비스의 세 가지 영역으로 구성되는데, 그 의의는 빈곤에 대해 국가가 일정 부분 책임이 있음을 인정하고 연방정부가 보다 적극적으로 사회복지에 관여하게 된 점이다.

그 이후 1930년대 말 식품교환권(food stamp) 제도가 시작되어 1974년에는 미국 전역에서 실시되기에 이른다. 또한 1962년에는 아동부조제도(AFDC)가 시행되고, 1960년대에 "빈곤과의 전쟁(War on Poverty)"이 선포되면서 가족복지와 관련된 다양한 정책들이 마련되었다.

1969년에는 아동부조제도(AFDC) 프로그램이 개편되어 가족원조계획으로 시행되었고, 1972년에는 사회보장법의 개정과 함께 보완적인 소득보장제도(SSI : Supplemental Security Income)가 신설되었다.

그러나 다양한 가족복지정책의 시행에도 불구하고 빈곤과의 전쟁은 성공하지 못한 것으로 평가되었다. 이후 1980년대에 들어와 사회복지예산이 삭감되면서 가족복지사업도 타격을 받게 되었다.

3) 빈곤가족에 대한 연구

빈곤가족의 문제를 이해하기 위한 미국 사회복지분야의 실증적 연구는 20세기에 들어 와서 이루어졌다. 특히 이 시기에 빈곤선을 어떤 기준으로 판단할 것인지에 대한 관심이 집중되었고, 한 가족이 경제적으로 생존하기 위해 필요한 최소한도의 수입을 기준으로 빈곤선이 개념화되었다.

이후 노동통계국에 의한 빈곤선연구가 공식적으로 진행되면서 국가기관에 의한 빈곤가족 구분이 시작되었다.

미국은 건국 초부터 빈곤을 개인의 책임으로 보는 시각이 강했다. 이는 미국의 국가 정체성을 규정하는 개인주의 및 자유주의와 관련되기 때문이다.

그러나 1950년대에 들어 와서 체계이론 및 생태학이론이 확산되면서 가족을 바라보는 관점에 변화가 오기 시작했다. 즉, 개인의 문제는 그가 상호작용하는 가족과 분리해 다룰 수 없으며, 가족 역시 그 가족이 처한 환경의 영향을 받는다는 관점이 가족복지 분야에 새로운 변화를 일으키게 되었다.

이러한 변화는 미시적 차원의 가족상담 및 거시적 차원의 가족복지서비스에 도입되어 가족을 단위로 하는 접근을 강화시켰다.

3. 한 국

한국에서 가족복지 개념이 구체화된 것은 최근의 일이다. 전통적으로 농경사회를 중심으로 가족주의를 강화시켰기 때문에, 가족보호에 대한 책임은 국가보다는 확대가족에게 지워졌다.

근대적인 개념의 사회복지사업은 일제강점기에 시작되었고, 여기에서 가족복지와 관련된 내용을 부분적으로 찾을 수 있다.

일제강점기의 기록에 의하면 인보사업분야에 3개의 기관, 아동복지분야에 26개 기관, 직업소개분야에 8개 기관, 그리고 빈민구호분야에 28개의 기관이 운영되었다.

그러나 일제강점기에 이루어진 복지 서비스들은 일본 식민통치를 정당화하고 우리 국민을 통제하려는 목적이 강했다고 평가할 수 있다.

한국의 가족복지발달에서 주목할 사건은 1921년에 태화여자관이 설치되어 가족을 위한 복지사업이 부분적으로 시작된 것이다. 태화여자관은 여성에 대한 교육과 선교사업을 목적으로 설치된 일종의 사회복지관으로 볼 수 있다.

이곳에서는 소외된 여성들을 대상으로 복지서비스를 제공했으며, 특히 탁아소 및 아동을 위한 놀이터를 설치하여 함께 운영하였다.

한편 6·25전쟁 이후 혼란스러운 상황에서 다양한 외국원조기관의 구호사업이 시작되었다. 특히 종교단체나 봉사회는 가족중심의 사회사업 프로그램을 개발하고 실천하고자 노력하였다. 이후 1960년대부터 시작된 태화사회관의 가족상담사업은 가족복지에 있어서 큰 의미를 지닌다.

이 가족상담사업은 상담자가 도움이 필요한 가족을 정기적으로 방문하는 형태로 진행되었다. 이는 전문가들이 가족의 복지를 증진시키기 위해 노력한 것으로 서구의 자선조직활동이나 인보관활동과 비견할 수 있을 것이다.

1960년대부터 국가 주도에 의해 급격히 진행된 산업화와 도시화는 이후 가족생활을 변화시켰다. 핵가족화로 인해 전통적인 가족의 기능은 약화되었고, 가족가치관의 변화는 산업화속도를 따라잡지 못해 혼란을 유발하였으며, 결국 다양한 가족문제가 야기되었다.

이에 따라 가족문제의 해소를 위해 1980년대 이후 사회복지관들이 전국적으로 설치되었고, 대부분의 사회복지관에서 가족복지 프로그램이 운영되기 시작하였다.

제4절 가족복지의 접근방법

가족복지의 접근방법은 거시적 측면에서의 가족복지정책과 사회복지사가 직접 만나서 개입하는 미시적 측면에서의 가족복지서비스와 가족치료 등으로 나눌 수 있다. 여기서 가족복지의 정책적 접근방법이란 가족이 전체 사회와의 관계 속에서 하나의 제도로서 잘 존속하거나 기능할 수 있도록 사회적 조건 혹은 환경을 조성해 가는 것으로, 가족에게 직접적으로 개입하기보다는 간접적으로 혹은 법과 제도를 통해 거시적인 방법으로 접근하는 것을 의미한다.

이에 비해 가족복지서비스적 접근이나 가족치료는 가족문제나 가정생활에 직접적으로 개입하여 심리적 서비스를 제공하고 지역사회정보와의 연계를 활성화시켜 미시적이고 개별적인 방법으로 개입하는 것을 말한다.

위의 접근방법을 종합해 볼 때, 어떤 수준에서 출발하느냐 하는 시각상의 차이일 뿐 가족의 사회적 기능수행 향상 및 행복을 도모한다는 점에서는 상호보완적 관계에 있다고 볼 수 있다.

1. 가족복지의 정책적 접근

저출산·고령화 사회에서 가족의 문제는 개인이나 한 가족의 문제가 아니라 우리 사회 전체의 문제이다. 65세 노인인구의 증가는 가속화되고 있으며, 저출산 문제도 실질적이고 현실적인 대책을 마련해야 한다. 따라서 현 시대에 맞는 새로운 가족복지의 구성 틀을 마련할 필요가 있다.

가족복지의 정책적 접근이란 그 대상을 가족 전체, 즉 국민으로 보고 사회구조적 문제를 개인의 책임이 아닌 사회적 책임 내지 국가책임으로 보면서 접근한다. 이 접근은 정부가 어떻게 대응해야 하는가에 대한 논의에서 시작되지만, 세 가지 시각(보수주의적, 진보주의적, 여성주의적)에 따라 가족복지정책의 방향이 달라지는데, 그 세 가지는 다음과 같다.

1) 보수주의적 시각

보수주의적 시각에서는 현재의 변화하는 가족형태를 병리적 가족해체로 보고 전통적 가족유형이 붕괴되는 것에 대해 두려워하는 입장을 취하고 있다. 이들은 가족이 사회통제를 하는 가장 중요한 제도이기 때문에 가족이 붕괴되면서 사회도 위협받는다고 보고 다양한 가족을 위한 가족복지정책은 오히려 가족붕괴를 조장한다고 본다. 따라서 정부가 마련한 제반 정책 프로그램이 국민을 빈곤하게 하는 원인이라고 보고 있다.

2) 진보주의적 시각

진보주의적 시각에서는 현재 가족은 변화하고 있는 것이지 쇠퇴하는 것이 아니라고 본다. 그러면서도 가족은 계속해서 일차적이고 친밀한 관계를 유지하는 조직이므로 변화하는 가족의 욕구에 대응해서 현존의 가족복지정책을 바꿀 필요가 있다고 보는 시각이다.

따라서 가족을 위한 국가적·사회적 지원이 있어야 한다는 것이다. 또한 이들의 주된 관심은 아동의 이해와 성인의 이해가 균형을 이루도록 정책이 개발되어야 하며, 특히 여성의 경제적 자립을 인정해야 하고, 그러기 위해서는 남성이 가사노동과 육아책임을 분담하는 등 권리와 책임을 공평하게 분배하는 정책이 필요하다고 보고 있다.

2. 가족복지의 서비스적 접근

가족복지서비스 접근방법에는 가족상담, 가족치료, 가족사례관리 등이 포함된다. 가족복지의 대상은 한 단위로서의 가족과 가족성원 개개인으로 가족 개인의 문제를 인간관계의 조정기술로 보고 문제의 원인을 심리적·사회적 원인에서 찾는다.

인간욕구에 대한 부러움·불만·갈등이 문제의 초점으로 개인의 정신병·마약중독·청소년비행 등과 같은 탈선행위의 원인·치료·예방 등의 실천과정에 전문적 기술과 지식을 가진 사회복지사가 개입하여 사례관리 등 사회복지실천방법과 기술로 활용하여 접근한다.

가족복지서비스와 관련하여 가족에 대한 연구의 역사는 오래되었다. 리치몬드(Richmond)로 대표되는 개별사회사업에 대한 연구가 나온 이래 가족은 사회복지의 중요한 대상영역으로 파악되어 왔다.

1960년대를 기점으로 가족을 하나의 유기체로 접근하는 시도가 활발해졌는데, 이로써 가족복지서비스가 윤곽을 갖추게 되었다.

미국사회복지사협회(NASW)는 가족복지서비스의 내용으로 가족상담과 가족치료에 관한 것, 자아심리학의 응용, 가족과 가족구성원의 역할에 관한 것, 다양한 가족의 문제, 그리고 위기가족의 개입 등에 관련된 서비스를 포함하고 있다.

먼슨(Munson)은 가족행동을 사회제도적 측면, 집단 상호작용적 측면, 개인 심리적 측면의 세 부분으로 구성하였으며, 그것들이 상호 관련되어 가족행동으로 나타난다고 보았다. 즉, 가족복지서비스란 이 세 측면과 이들의 상호 연관성에 관련된 서비스를 말한다.

다양하게 가족복지서비스의 영역이 언급되고 있지만, 가족사례관리, 가족치료 및 가족상담, 가족옹호 등은 가족에 대한 직접적 개입이 중심이 된다.

1) 가족사례관리

가족사례관리란 가정의 기능 강화 및 건강성 증진을 목적으로 사회와의 관계에서 자원을 연계하고 관리하여 가족의 잠재된 역량을 개발함으로써 가족기능을 원활히 수행하도록 돕는 것을 말한다. 가족사례관리 접근방법에는 다음의 세 가지가 있다.

첫째, 역할중심 접근은 가족의 욕구에 대응할 수 있는 서비스들을 조정하고 통합하는 데 중점을 두는 접근이다.

둘째, 자원획득 접근은 사례관리자가 가족의 욕구를 확인하고 그 욕구를 해결하는 데 자원을 동원하고 연계하는 데 초점을 두고 있다.

셋째, 역량강화 접근은 가족 스스로 욕구를 확인하여 자원을 찾고 동원하는 능력 증진에 초점을 두고 있다.

가족의 자립적 문제해결을 위해서는 역량강화 접근을 기본으로 가족상황에 따른 역할중심 접근과 자원획득 접근의 활용을 보완하는 것이 필요하다.

이러한 가족사례관리를 통해 가족의 기본적 욕구 충족과 가족기능 강화, 가족관계 증진, 가족문제 해결 등을 도모하고자 한다.

2) 가족치료 및 가족상담

가족치료(family therapy)는 가족체계 관점에 있는데, 가족구성원의 역기능은 그 개인의 문제가 아니라 가족 전체의 역기능이며, 그 구성원은 단지 '가족의 문제를 지니고 있는 사람'으로 간주된다.

즉, 가족치료는 가족사정을 기초로 가족문제를 해결하여 정상적 기능을 수행할 수 있도록 원조하는 전문적 개입활동으로, 그 개입의 초점을 문제가 있는 가족구성원에서 가족 전체로 옮겨 가족이 변화에 참여할 수 있도록 유도한다.

가족치료는 개인을 하나의 독립된 존재로 인식하기보다는 환경과 상호작용하는 연대적 맥락 안에서 이해하기 위한 방법이며, 이를 뒷받침해 주는 이론으로는 일반체계이론 · 구조이론 · 상호작용이론 · 발달이론 · 의사소통이론 · 역할이론 등이 있다. 가족치료는 개인보다는 가족체계에 초점을 두는 상담방법이므로 개인상담에 비해 인간의 문제를 좀 더 포괄적으로 이해할 수 있으며, 관계와 상황을 중시함으로써 다양한 접근 방법이 가능하다.

가족상담(family counseling)은 가족치료와 동의어 또는 같은 맥락에서 파악하고 있는 편이므로 명확히 정의하기에 어려운 점이 있으나, 문제의 심각성 내지 개입의 수준 및 방법에 따라 그 차이를 어느 정도 구분할 수 있다.

가족상담은 개인중심의 문제해결 과정에서 벗어나 가족을 한 단위로 보고 가족 내에 존재하는 문제를 해결하고자 하는 접근방법이다.

3) 가족옹호

가족옹호(family advocacy)는 지역사회에 필요한 변화를 일으키기 위하여 사람들로 하여금 사회행동의 사명을 가지고 가족욕구에 대한 직접적이고 전문적인 지식을 이용하게 함으로써 가족의 생활조건을 향상시키도록 계획된 전문적 서비스이다.

이 서비스의 목표는 현존의 공공 및 민간 서비스와 그 전달체계의 향상뿐만 아니라 더 나아가 그 지역사회에 적합한 새롭고 변화된 형태의 서비스를 개발하는 데 있다.

또한 지역사회 내의 많은 가족에게 영향을 미치는 약물중독, 알코올중독, 지적장애 및 인권의 남용과 같은 공통의 문제해결을 위해 그 지역의 가족이 협동적 사회행동을 하도록 하는 데 목표를 두고 있다.

KEY POINT

가족복지의 목표

① 가족의 안녕 도모
② 가족원 간의 권리보장과 평등 증진
③ 새로운 가족형태의 인정
④ 사회문제의 근본 해결

가족복지의 필요성

① 가족과 사회관계의 변화
② 가족에 대한 개입의 관점 변화
③ 다양한 가족형태의 등장과 욕구 변화
④ 가족문제에 대한 가족단위의 접근 변화

가족복지의 기능

① 의뢰적 기능
② 조정적 기능
③ 개발적 기능
④ 회복적 기능

가족복지 변화

① 시설복지 → 재가복지
② 서비스 공급주체의 획일화 → 다양화・다원화・다변화
③ 대상자의 심리측면의 원조 → 대상자의 환경조정 지향
④ 서비스 체계의 중앙집권화 → 지방분권화

탈시설화

탈시설화는 시설에서 지역사회 또는 가정으로 클라이언트를 복귀시키는 것이며, 그것은 가장 제약이 적은 환경의 생활과 관련이 깊은 의미

엘리자베스구빈법

1601년 이전의 빈민법 제도를 집대성하여 체계화시킨 법으로 빈곤구제에 대한 국가 책임을 명시한 법(세계 최초 공공부조)

가족수당제도

1795년 제정된 제도로 빈민의 임금을 보충하기 위하여 최저생계비에 부족한 부분을 보조해 주는 일명 스핀햄랜드법(세계 최초 가족수당제도)

자선조직협회(COS)

중복구호를 방지·조정하고 환경조사와 적절한 원조제공을 목적으로 영국에서 1869년 조직된 협회, 지역사회조직사업 발전의 기초가 됨

인보관 운동

빈민의 환경과 제도의 결함에 관심을 갖고 빈민지역의 사회문제를 해결하기 위한 운동
① 영국의 인보관 : 1884년 런던의 토인비 홀(Toynbee Hall)
② 미국의 인보관 : 1889년 시카고 헐 하우스(Hull House)

C.O.S · 인보관 운동(영국)

구 분	C.O.S(1869)	인보관 운동(1884)
문 제	개인문제	사회문제
구성원	상류층 · 중류층	중산층 · 지식층
강조점	사회 유지	사회 개혁
관 점	선별주의 관점	보편주의 관점

베버리지 보고서(Beveridge Report)

1942년 영국의 경제학자 Beveridge가 5대 사회악(궁핍, 질병, 불결, 무지, 나태)을 해결하기 위해 제시한 복지 보고서

03
Chapter

가족복지 관련법

Chapter 03 가족복지 관련법

|제1절| 민법(가족)

1. 제정의 배경

가족 및 친족의 공동생활이나 이에 기초한 재산의 승계관계를 규율하는 법으로 일반적으로 민법 제4편 친족법과 제5편 상속법을 통칭하여 가족법이라 부른다.

친족법은 친족의 정의와 범위 등을 규율하는 좁은 의미의 친족법을 말하며, 호주와 가족관계를 규율하는 좁은 의미의 가족법 · 혼인법 · 친자법 · 후견법 · 부양법 · 호주승계법 등으로 구성된다.

상속법은 재산상속 · 유언 · 유류분에 관하여 규정하고 있다.

서구와는 달리 아직도 우리나라에서는 친족관계에 대한 의식이 많이 남아 있으며, 이것은 우리나라의 민법이 광범위한 친족의 범위를 법률로 인정하고, 가족의 범위를 규정하고 있기 때문이다.

다만, 가족법에서 광범위한 영향을 미치던 호주제도가 2005년 헌법재판소에 의해 헌법불합치 결정으로 호주제 폐지를 주요 내용으로 하는 '민법 일부개정법률'이 2008년부터 시행됨으로써 그러한 경향은 크게 완화되었다.

예를 들면 성(姓)과 본(本)을 변경할 필요가 있을 때에는 부(父), 모(母) 또는 자녀의 청구에 의하여 법원의 허가를 받아 이를 변경할 수 있도록 하였다.

2. 친족의 내용

친족이란 혼인과 혈연을 기초로 하여 상호 간에 관계를 가지는 사람으로

① 친족의 정의 : 배우자와 혈족 및 인척을 친족으로 한다.

② 혈족의 정의 : 자기의 직계존속과 직계비속을 직계혈족이라 하고 자기의 형제자매와 형제자매의 직계비속, 직계존속의 형제자매 및 그 형제자매의 직계비속을 방계혈족이라 한다.

③ 인척의 계원 : 혈족의 배우자, 배우자의 혈족, 배우자의 혈족의 배우자를 인척으로 한다.

④ 인척관계 등의 소멸 : 인척관계는 혼인의 취소 또는 이혼으로 인하여 종료되며, 부부의 일방이 사망한 경우 생존 배우자가 재혼한 때에도 종료한다.

⑤ 친족의 범위

㉠ 8촌 이내의 혈족

㉡ 4촌 이내의 인척

㉢ 배우자

⑥ 가족의 범위

㉠ 배우자와 직계혈족 및 형제자매

㉡ 직계혈족의 배우자와 배우자의 직계혈족 및 배우자의 형제자매
(생계를 같이하는 경우에 한한다)

3. 친 권

부모가 미성년인 자에 대하여 가지는 신분상·재산상의 여러 권리와 의무를 말한다.

1) 친권의 효력

① 보호・교양의 권리의무 : 친권자는 미성년자를 보호, 교양할 의무가 있다.

② 거소지정권 : 미성년자는 친권자의 지정한 장소에 거주하여야 한다.

③ 미성년자의 특유재산과 그 관리 : 미성년자가 자기 명의로 취득한 재산은 그 특유재산으로 하고, 법정대리인인 친권자가 이를 관리한다.

④ 친권자의 동의를 갈음하는 재판 : 가정법원은 친권자의 동의가 필요한 행위에 대하여 친권자가 정당한 이유 없이 동의하지 아니함으로써 자녀의 생명, 신체 또는 재산에 중대한 손해가 발생할 위험이 있는 경우에는 자녀, 자녀의 친족, 검사 또는 지방자치단체의 장의 청구에 의하여 친권자의 동의를 갈음하는 재판을 할 수 있다.

2) 친권의 소멸

(1) 소멸

친권이 절대적으로 소멸하는 경우에는 자녀가 성년이 된 경우, 자녀가 사망한 경우, 자녀가 혼인한 경우이다. 반면, 친권이 상대적으로 소멸하는 경우에는 친권자가 사망하거나 자녀가 다른 사람의 양자가 된 경우, 부모 일방이 친권자가 된 경우, 법원의 심판으로 인하여 친권자가 변경된 경우, 친권상실의 선고를 받는 경우 등이 이에 해당한다.

(2) 친권박탈의 의의

민법상 친권상실이란 아동에 대한 거소지정권 및 재산관리권 등 자녀가 만 19세 성년이 되기 전까지 부모가 갖는 권리를 박탈하는 것이다.

친권(親權)이란 부모가 미성년인 자(子)에 대하여 가지는 신분상・재산상의 여러 권리와 의무의 총칭으로, 친권자는 자(子)를 보호하고 교양할 권리・의무가 있다고 규정하고 있다. 또 민법의 친권의 상실 또는 일시 정지의 선고는 이에 대한 의무를 저버린 부모에 한하여 친권을 상실하도록 규정하고 있다.

| 제2절 | 건강가정기본법

1. 제정의 배경

기존의 노인복지법·아동복지법·영유아보육법·장애인복지법·국민기초생활보장법 등의 사회복지 관련법이 있으나 이러한 법들은 가족을 건강하게 유지하고 발전시키기 위한 것이라고 보기 어렵다.

왜냐하면 가족을 단위로 하고 있지 않으며, 나아가 변화하는 가족환경을 고려한 제도로 볼 수 없는 한계를 지니고 있기 때문이다. 이에 따라 가족 및 가정과 관련된 새로운 사회입법이 요구되었다.

따라서 건강한 가정생활의 영위와 가족의 유지 및 발전을 위한 국민의 권리·의무와 국가 및 지방자치단체 등의 책임을 명백히 하고, 가정문제의 적절한 해결방안을 강구하며, 지원정책을 강화함으로써 건강가정 구현에 기여하기 위해 2004년에 건강가정기본법이 제정되었다.

2. 내 용

1) 목 적

건강한 가정이란 구성원의 욕구가 충족되고 인간다운 삶이 보장되는 가정으로 가족구성원은 부양·자녀양육·가사노동 등 가정생활의 운영에 동참해야 하며, 서로 존중하고 신뢰해야 한다.

따라서 국가와 지방자치단체는 출산과 육아의 사회적 책임을 인식하고 모성보호와 태아의 건강보장 등 적절한 출산환경을 조성하는 데 적극적으로 지원해야 한다. 가정의 중요성을 고취하고 개인·가정·사회의 적극적인 참여 분위기를 조성하기 위해 매년 5월을 가정의 달로, 5월 15일을 가정의 날로 정한다.

여성가족부장관은 관계 중앙행정기관의 장과 협의하여 건강가정기본계획을 5년마다 수립하여야 한다. 관계 중앙행정기관장 및 시·도지사는 매년 기본계획에 따라 시행계획을 세워 시행해야 한다.

국가 및 지방자치단체가 개인과 가족의 생활실태를 파악하고, 건강가정 구현 및 가정문제 예방 등을 위한 서비스의 욕구와 수요를 파악하기 위하여 3년마다 가족실태조사를 실시하고 그 결과를 발표하여야 한다.

자녀양육의 지원을 강화하고, 가족의 건강증진, 가족부양의 지원, 민주적이고 양성평등한 가족관계의 증진 등에도 힘써야 한다.

이 밖에 가사·육아·산후조리·간병 등을 돕는 가정봉사원을 지원할 수 있다. 이혼조정을 내실화하고, 이혼의 의사가 정해진 가족이 자녀양육·재산·정서 등의 제반 문제를 준비할 수 있도록 지원해야 한다.

특별시·광역시·도 및 시·군·구에 가족센터를 두고 전문가로서 건강가정사를 두어 가정이 원활한 기능을 수행하도록 도와야 한다.

2) 기본 이념

가정은 개인의 기본적인 욕구를 충족시키고 사회통합을 위하여 기능할 수 있도록 유지·발전되어야 한다. 건강가정의 발전을 위해 국가 및 지방자치단체는 그에 대한 지원정책을 수립하여야 한다.

그 주요 내용은 다음과 같다.

① 가정에 대한 지원(가족구성원의 정신적·신체적 건강지원, 소득보장 등 경제생활의 안정지원 등)

② 자녀양육지원의 강화(보육·방과후 서비스, 양성이 평등한 육아휴직제 등)

③ 가족단위의 복지증진(사회보험·공공부조 등 사회보장제도)

④ 가족의 건강증진(영·유아, 아동, 청소년, 중·장년, 노인 등 생애주기에 따르는 가족구성원의 종합적인 건강증진 등)

⑤ 가족부양의 지원(영·유아 혹은 노인 등 부양지원, 전문보호시설, 가족간호를 위한 휴가 등)
⑥ 민주적이고 양성평등한 가족관계의 증진(부모교육·가족상담·가정폭력피해자와 피해자가족에 대한 체계적인 개입과 서비스 등)
⑦ 이혼예방 및 이혼가정 지원(이혼 전 상담, 이혼 후 자녀양육·재산·정서 등의 제반 문제를 준비할 수 있도록 도움을 주는 지원서비스, 양육비에 대한 집행력의 실효성 강화 등)
⑧ 건강가정교육(결혼준비교육, 부모교육, 가족가치실현 및 가정생활 관련 교육 등)

이상의 내용은 가족단위의 역할 증진 및 양성평등한 가족문화, 건강한 의식주 문화, 합리적인 소비문화, 지역사회공동체 활성화 등 다양한 가정 문제의 예방과 함께 가족의 기능과 역할을 보호·강화하여 가족의 잠재력과 자립 능력을 개발하고, 가족 공동체 문화를 조성하는 통합적인 가족지원서비스를 제공하기 위함이다.

3) 용어의 정의

건강가정기본법에서 사용하는 용어의 정의는 다음과 같다.

① "가족"이라 함은 혼인·혈연·입양으로 이루어진 사회의 기본 단위를 말한다.
② "가정"이라 함은 가족구성원이 생계 또는 주거를 함께하는 생활공동체로서 구성원의 일상적인 부양·양육·보호·교육 등이 이루어지는 생활단위를 말한다. 또한 "1인 가구"라 함은 1명이 단독으로 생계를 유지하고 있는 생활단위를 말한다.
③ "건강가정"이라 함은 가족구성원의 욕구가 충족되고 인간다운 삶이 보장되는 가정을 말한다.
④ "건강가정사업"이라 함은 건강가정을 저해하는 문제의 발생을 예방하고 해결하기 위한 여러 가지 조치와 가족의 부양·양육·보호·교육 등의 가정기능을 강화하기 위한 사업을 말한다.

4) 주체와 책임

(1) 국민의 권리와 의무

헌법 제36조에 '혼인과 가족생활은 개인의 존엄과 양성의 평등을 기초로 성립되고 유지되어야 하며, 국가는 이를 보장한다.'로 규정하고 있다.

따라서 모든 국민은 가정의 구성원으로서 안정되고 인간다운 삶을 유지할 수 있는 가정생활을 영위할 권리를 가진다. 그리고 가정의 중요성을 인식하고 그 복지의 향상을 위하여 노력하여야 한다.

(2) 국가 및 지방자치단체의 책임

국가 및 지방자치단체는 건강가정을 위하여 필요한 제도와 여건을 조성하고 이를 위한 시책을 강구하여 추진하여야 한다. 국가 및 지방자치단체는 시책을 강구함에 있어 가족구성원의 특성과 가정유형을 고려하여야 한다. 그리고 민주적인 가정 형성, 가정친화적 환경 조성, 양성평등한 가족가치 실현 및 가사노동의 정당한 가치평가를 위하여 노력하여야 한다.

5) 가족의 가치 및 가족의 보호

가족구성원은 부양·자녀양육·가사노동 등 가정생활의 운영에 함께 참여하여야 하고 서로 존중하며 신뢰하여야 한다.

또한 모든 국민은 혼인과 출산의 사회적 중요성을 인식하여야 하며, 국가 및 지방자치단체는 출산과 육아에 대한 사회적 책임을 인식하고 모·부성권 보호 및 태아의 건강보장 등 적절한 출산·육아환경을 조성하기 위하여 적극적으로 지원하여야 한다.

무엇보다도 가족구성원 모두는 가족해체를 예방하기 위하여 노력하여야 하며, 국가 및 지방자치단체는 가족해체를 예방하기 위하여 필요한 제도와 시책을 강구하여야 한다.

| 제3절 | 모자보건법

1. 제정의 배경

1960년대 경제개발 5개년계획하의 가족계획사업과 연계되어 1973년 제정된 「모자보건법」은 인구의 자연증가율을 둔화시켜 가정의 행복은 물론 경제성장과 사회·문화발전을 도모하려는 정부의 인구 억제 정책을 수반한 것이었다.

1986년 법이 개정되면서 모성과 영유아의 건강을 증진시키는 데 좀 더 비중을 둔 내용으로 변화하기에 이르렀다. 모성과 영유아의 생명과 건강을 보호하는 것은 국민보건을 향상시키는 데 핵심적인 사항으로 모자보건법의 개정을 통하여 이를 법적으로 뒷받침해 왔다.

2010년 개정된 법은 출산 장려라는 변화된 환경에 따라 임신 및 출산 신고제도, 임산부의 산전·후 건강관리, 미숙아 등의 치료 지원, 난임 극복 지원, 산후 조리업 관리 등 새로운 내용들이 첨가되었다.

현재 모자보건법상의 규정은 낙태 허용 범위가 극히 좁아 현실과 괴리가 크다는 비판이 있으며, 태아의 다발성 기형과 그 외 심각한 기형이 태아의 생존에 영향을 미치는 경우, 미성년자의 원치 않는 임신 등을 포함하여 어느 정도 낙태 허용 사유를 확대해야 할 필요성이 제기되고 있다.

2. 용어 정의

① "임산부"란 임신 중이거나 분만 후 6개월 미만인 여성을 말한다.

② "모성"이란 임산부와 가임기 여성을 말한다.

③ "영유아"란 7세 이하인 사람을 말한다.

④ "신생아"란 출생 후 28일 이내의 영유아를 말한다.

⑤ "미숙아"란 신체의 발육이 미숙한 채로 출생한 영유아로서 대통령령으로 정하는 기준에 해당하는 영유아를 말한다.

⑥ "선천성이상아"란 선천성 기형 또는 변형이 있거나 염색체에 이상이 있는 영유아로서 대통령령으로 정하는 기준에 해당하는 영유아를 말한다.

⑦ "인공임신중절수술"이란 태아가 모체 밖에서는 생명을 유지할 수 없는 시기에 태아와 그 부속물을 인공적으로 모체 밖으로 배출시키는 수술을 말한다.

⑧ "모자보건사업"이란 모성과 영유아에게 전문적인 보건의료서비스 및 그와 관련된 정보를 제공하고, 모성의 생식건강 관리와 임신·출산·양육 지원을 통하여 이들이 신체적·정신적·사회적으로 건강을 유지하게 하는 사업을 말한다.

⑨ "산후조리업"이란 산후조리 및 요양 등에 필요한 인력과 시설을 갖춘 곳에서 분만 직후의 임산부나 출생 직후의 영유아에게 급식·요양과 그 밖에 일상생활에 필요한 편의를 제공하는 업(業)을 말한다.

⑩ "난임"이란 부부(사실상의 혼인관계에 있는 경우를 포함한다)가 피임을 하지 아니한 상태에서 부부간 정상적인 성생활을 하고 있음에도 불구하고 1년이 지나도 임신이 되지 아니하는 상태를 말한다.

⑪ "보조생식술"이란 임신을 목적으로 자연적인 생식과정에 인위적으로 개입하는 의료행위로서 인간의 정자와 난자의 채취 등 보건복지부령으로 정하는 시술을 말한다.

3. 주요 내용

1) 국가와 지방자치단체의 책임

국가와 지방자치단체는 모성과 영유아의 건강을 유지·증진하기 위한 조사·연구와 그 밖에 필요한 조치와 모자보건사업에 관한 시책을 마련하고, 모성과 영유아의 보호자에게 적극적으로 홍보하여 국민보건 향상에 이바지하도록 노력하여야 한다.

2) 모성 등의 의무

모성은 임신·분만·수유 및 생식과 관련하여 자신의 건강에 대한 올바른 이해와 관심을 가지고 그 건강관리에 노력하여야 한다. 또한 영유아의 친권자·후견인이나 그 밖에 영유아를 보호하고 있는 자는 육아에 대한 올바른 이해를 가지고 영유아의 건강을 유지·증진하는 데에 적극적으로 노력하여야 한다.

3) 사업계획의 수립 및 조정

보건복지부장관은 대통령령으로 정하는 바에 따라 모자보건사업에 관한 시책을 종합·조정하고 그에 관한 기본계획을 세워야 한다. 또한 관계 중앙행정기관의 장과 지방자치단체의 장은 위의 기본계획을 시행하는 데에 필요한 세부계획을 수립·시행하여야 한다.

4) 모자보건기구의 설치

국가와 지방자치단체는 모자보건사업에 관한 다음 각 호의 사항을 관장하기 위하여 모자보건기구를 설치·운영할 수 있다. 지방자치단체가 모자보건기구를 설치할 때에는 그 지방자치단체가 설치한 보건소에 설치함을 원칙으로 한다.

① 임산부의 산전(産前)·산후(産後)관리 및 분만관리와 응급처치에 관한 사항
② 영유아의 건강관리와 예방접종 등에 관한 사항
③ 모성의 생식건강 관리와 건강 증진 프로그램 개발 등에 관한 사항
④ 부인과질병 및 그에 관련되는 질병의 예방에 관한 사항
⑤ 심신장애아의 발생 예방과 건강관리에 관한 사항

⑥ 성교육·성상담 및 보건에 관한 지도·교육·연구·홍보 및 통계관리 등에 관한 사항

5) 임산부의 신고

보호를 받고자 하는 임산부는 본인 또는 보호자가 의료기관 또는 보건소에 임신 또는 분만의 사실을 신고하여야 한다. 의료기관의 장 또는 보건소장은 당해 의료기관이나 보건소에서 임산부가 사망하거나 사산한 때, 또는 신생아가 사망한 때에는 특별자치시장·특별자치도지사 또는 시장·군수·구청장에게 보고하여야 하며, 미숙아 또는 선천성이상아가 출생한 때에는 보건소장에게 보고하여야 한다.

6) 모자보건수첩의 발급 및 미숙아 등의 정보 기록·관리

특별자치시장·특별자치도지사 또는 시장·군수·구청장은 모자보건수첩을 발급하며, 미숙아 등의 출생 보고를 받은 보건소장은 보건복지부령으로 정하는 바에 따라 미숙아 등에 대한 정보를 기록·관리하여야 한다.

7) 난임극복지원사업

국가와 지방자치단체는 난임 등 생식건강 문제를 극복하기 위한 지원을 할 수 있다. 지원내용은 난임 치료를 위한 시술비 지원, 난임 관련 상담 및 교육, 난임 예방 및 관련 정보 제공, 그 밖에 보건복지부장관이 필요하다고 인정하는 사업 등이다.

| 제4절 | 저출산 · 고령사회기본법

1. 제정의 배경

2000년 고령화사회 진입을 시작으로 2018년 고령사회에 이어 2025년 초고령사회 진입이 예상되는 우리사회의 인구고령화 현상은 압축고령화로 묘사될 만큼 빠르게 가속화되고 있다. 압축고령화는 평균수명의 증가와 출산율 저하의 합작품이라 할 수 있다.

이러한 저출산 및 인구의 고령화는 향후 노동력 부족, 재정수지 악화, 사회복지비용의 부담을 둘러싼 세대 간 갈등, 경제성장률의 둔화 등 사회경제적인 안정성을 해치고, 국가의 지속적인 성장을 위협하는 요인이 될 것으로 전망되고 있다.

이와 같은 배경에서, 우리정부는 출산율을 안정화하고 노인인구가 생산성 있는 사회적 주체로 생활할 수 있도록 보장함으로써 국민의 삶의 질을 향상하고 국가의 지속적인 발전에 이바지하고자 2005년 저출산 · 고령사회기본법을 제정하게 되었다.

2. 용어의 정의

① "인구의 고령화"라 함은 전체인구에서 노인의 인구비율이 증가하는 현상을 말한다.

② "저출산 · 고령사회정책"이라 함은 저출산 및 인구의 고령화에 따른 변화에 대응하기 위하여 수립 · 시행하는 정책을 말한다.

③ "지방자치단체"라 함은 기초지방자치단체(시 · 군 · 구) 및 광역지방자치단체(시 · 도)를 총칭하는 의미이다.

3. 국가 및 지방자치단체의 책무

국가는 종합적인 저출산·고령사회정책을 수립·시행하고, 지방자치단체는 국가의 저출산·고령사회정책에 맞추어 지역의 사회·경제적 실정에 부합하는 저출산·고령사회정책을 수립·시행하여야 한다. 또한 국가 및 지방자치단체는 다른 법률의 규정에 의하여 중·장기계획 및 연도별 시행계획 등 주요정책을 수립하는 경우 저출산·고령사회기본계획을 고려하여야 한다.

4. 국민의 책무

국민은 출산 및 육아의 사회적 중요성과 인구의 고령화에 따른 변화를 인식하고 국가 및 지방자치단체가 시행하는 저출산·고령사회정책에 적극 참여하고 협력하여야 한다.

5. 저출산·고령사회기본법의 기본방향

1) 저출산 대책

(1) 인구정책과 인구교육

국가 및 지방자치단체는 적정인구의 구조와 규모를 분석, 인구변동을 예측하여 인구정책을 수립·시행하여야 한다. 또한 국민이 저출산 및 인구의 고령화 문제의 중요성을 이해하고, 결혼·출산 및 가족생활에 대한 합리적인 가치관을 형성할 수 있도록 하는 인구교육을 활성화하여야 한다.

(2) 자녀의 출산과 보육 등

국가 및 지방자치단체는 모든 자녀가 차별받지 아니하고 안전하고 행복한 생활을 영위하며, 교육과 인성함양에 도움을 주는 사회환경을 조성하기 위한 시책을 강구하여야 한다. 또한 자녀를 임신·출산·양육 및 교육하고자 하는 자가 직장생활과 가정생활을 병행할 수 있도록 사회환경을 조성·지원하며 자녀를 양육하려는 자에게 양질의 보육서비스를 제공하기 위한 시책을 강구하여야 한다.

(3) 모자보건의 증진 등

국가 및 지방자치단체는 임산부·태아 및 영유아에 대한 건강진단 등 모자보건의 증진과 태아의 생명존중을 위하여 필요한 시책을 수립·시행하여야 하며, 임신·출산·양육의 사회적 의미와 생명의 존엄성 및 가족구성원의 협력의 중요성 등에 관한 교육을 실시하여야 한다. 임신·출산 및 양육에 관한 정보의 제공, 교육 및 홍보를 실시하기 위하여 필요한 기관을 설치하거나 그 업무를 관련 기관에 위탁할 수 있다.

(4) 경제적 부담의 경감

국가 및 지방자치단체는 자녀의 임신·출산·양육 및 교육에 소요되는 경제적 부담을 경감하기 위하여 필요한 시책을 강구하여야 한다. 여기에 따른 시책의 강구 및 지원을 위하여 자녀의 임신·출산·양육 및 교육에 소요되는 비용의 통계조사를 실시할 수 있다.

2) 고령사회정책

(1) 고용과 소득보장

국가 및 지방자치단체는 일할 의욕과 능력이 있는 고령자가 최대한 일할 수 있는 환경을 조성하여 연금제도 등 노후소득보장체계를 구축하고 노인에게 적합한 일자리를 창출하는 등 국민이 경제적으로 안정된 노후생활을 할 수 있도록 필요한 조치를 강구하여야 한다.

(2) 건강증진과 의료제공

국가 및 지방자치단체는 성별·연령별 건강상의 특성과 주요 건강위험요인을 고려하여 국민의 건강증진을 위한 시책을 강구하여야 하며, 노인을 위한 의료·요양 제도 등을 확립·발전시키고 필요한 시설과 인력을 확충하기 위하여 노력하여야 한다.

(3) 생활환경과 안전보장

국가 및 지방자치단체는 노후생활에 필요한 기능과 설비를 갖춘 주거와 이용시설을 마련하고 노인이 안전하고 편리하게 이동할 수 있는 환경을 조성하는 등 쾌적한 노후생활환경을 조성하고 재해와 범죄 등 각종 위험으로부터 노인을 보호하기 위하여 필요한 시책을 강구하여야 한다.

(4) 여가·문화 및 사회활동의 장려

국가 및 지방자치단체는 노후의 여가와 문화 활동을 장려하고 이를 위한 기반 조성과 자원봉사 등 노인의 사회활동 참여를 촉진하는 사회적 기반을 조성하여야 한다.

| 제5절 | 기타 가족 관련법

1. 남녀고용평등과 일·가정 양립 지원에 관한 법률 (약칭 : 남녀고용평등법)

1) 제정의 배경

우리 사회의 변화는 저출산·고령화 사회로의 진입, 경력단절로 인한 여성의 낮은 경제활동 참여율, 그리고 가족관계와 기능의 변화를 초래하였다. 특히 아동양육이나 노인부양 문제가 더 이상 가족 내 책임과 의무만으로는 해결되지 못하는 한계에 다다르고, 이들 책임과 노동을 양립할 수 있는 제도와 지원이 필요하였다.

따라서 일 중심에서 가정과의 균형을 중시하는 근로자들의 의식변화에 대응하고, 저출산·고령화 시대에 여성 인력의 경제활동 참여를 늘리기 위하여 일·가정의 양립을 위한 정책을 강화하고, 이에 따라 법 제명을 「남녀고용평등법」에서 2007년에 「남녀고용평등과 일·가정 양립 지원에 관한 법률」로 변경하였다.

2) 일·가정 양립 정책의 유형

일·가정 양립정책은 취업과 임신, 출산, 양육의 가족책임을 병행할 수 있는 제반 조치를 의미하며, 일선 현장에서 가장 많이 활용하고 있는 일·가정 양립정책은 육아휴직 제도와 유연근무제, 그리고 보육시설 이용이며, 이에 더해 조세정책 정도를 언급할 수 있다.

(1) 휴가정책

일반적으로 일·가정 양립 휴가정책은 출산휴가와 육아휴직으로 구분한다. 최근의 정책적 특성은 휴가기간 및 급여대체 등의 제도적 수준을 높이고, 휴가사용에 있어서 부모의 선택권과 유연성을 강조하고 있다. 또한 남성들의 휴가사용을 장려하는 제도(부성휴가제도의 도입, 부모휴가 내 남성할당제 등)를 도입하였다. 우리나라의 경우 육아휴직을 중심으로 휴가정책이 발전해 왔다.

(2) 근무시간 정책

직장에서의 업무시간이 변화하지 않으면 가족과 함께할 수 있는 시간을 확보할 수 없기 때문에 근무시간 정책은 매우 중요하다. 일·가정 양립 지원을 위한 근무시간 정책은 크게 2가지로 구분될 수 있다. 첫째, 전반적인 업무시간 단축이다. 둘째, 유연한 근무시간 정책들이다. 사용자는 취업규칙에서 정하는 바에 따라 육아가 필요한 시기 등 특정 기간 동안 근무시간을 단축할 수 있는 유연근무제, 시간선택제 등이 이에 해당된다.

(3) 보육정책

자녀양육과 같은 가족 내 육아 노동의 부담은 일·가정 양립의 장애요소로 지적되어 가족 내 육아부담을 완화하기 위하여 보육시설 확충이나 다양한 보육서비스 프로그램을 마련하는 등 정책적인 노력을 해왔다. 일·가정 양립을 위한 직장 내 보육시설 설치와 소득과 관계없이 전 계층의 아동에 대하여 만 0~5세 보육료 및 3~5세 유아학비를 지원하고 있으며 7세 이하의 모든 아동에게 아동수당을 지급하고 있다.

(4) 조세정책

조세정책은 일·가정 양립 지원의 경제적 지원정책으로 분류할 수 있다. 조세를 통한 현금지원정책으로 연말정산 시 부양가족 공제를 해주는 조세정책을 채택하고 있다. 배우자와 경로우대, 장애인 우대공제가 있으며, 자녀가 있는 경우 세액공제를 추가로 받을 수 있다. 다자녀 우대정책 등도 있다.

3) 출산전후휴가 급여, 유산·사산휴가 급여

(1) 제도의 의의

출산전후휴가 급여 등은 소정의 수습요건을 갖춘 피보험자에게 지급하는 재직자 급부제도이다. 출산전후휴가 급여, 유산·사산휴가를 부여받은 근로자는 사업주가 지급하는 급여 및 고용보험에서 휴가급여를 지급함으로써 휴가 중 생계의 안정 및 고용의 불안을 해소할 수 있고 충분한 휴식을 통하여 여성노동력의 손상방지 및 미래노동력에 대한 보장을 받는다.

(2) 제도의 목적

① 여성근로자의 고용안정

출산전후휴가 급여, 유산·사산휴가 급여를 지급하는 가장 큰 목적은 근로자가 출산·육아를 이유로 고용불안에 처했을 경우 일정 기간 동안 그 가족의 생활안정 및 그 근로자의 고용유지를 도모하기 위한 것이다.

② 노동시장의 인력수급지원

우리나라도 저출산 국가로서 머지않아 인구감소 현상마저 나타나는 등 산업 인력 공급에 차질이 예상되는바, 취업하고 있는 기혼여성이 임신·출산 등으로 노동시장에서 빠져나가는 것을 예방하여 여성인력의 노동시장 참여를 강화하고, 산업인력확보를 뒷받침하기 위한 것이다.

③ 모성보호 비용의 사회분담

종래의 모성보호문제는 개인에게 책임이 있는 것으로 보았고, 그 비용도 사업주·근로자가 전액 부담하였다. 그러나 모성보호 3법(「남녀고용평등과 일 · 가정 양립 지원에 관한 법률」, 「근로기준법」, 「고용보험법」, 이 3가지 법률을 흔히 '모성보호 3법'이라고 부름)의 개정을 통하여 우선지원대상자의 경우, 휴가 전 기간에 소요되는 비용을 사회적으로 분담하도록 하였다.

2. 가족친화 사회환경의 조성 촉진에 관한 법률 (약칭 : 가족친화법)

1) 제정의 배경

여성의 사회적 진출 증대에서 오는 경영환경변화에 대응하고, 근로자의 삶의 질 향상 요구와 함께 최근 맞벌이 가구 증가 및 저출산·고령화 사회로의 진입에 따라 일－삶 균형정책의 중요성이 강조되고 있다.

따라서 가족친화지원사업은 2007년에 제정된 제도로서 저출산·고령화 사회 및 여성경제활동 증가 등 사회 환경의 변화에 따라 일과 가정생활을 조화롭게 병행하여 근로자와 근로자 가족의 삶의 질을 높이고, 기업의 경쟁력을 향상시키고자 마련된 제도이다.

2) 가족친화제도의 개념 및 유형

(1) 가족친화제도의 개념

가족친화(family friendly)는 경제발전과 생활수준의 향상으로 일·가족생활의 조화가 중요해짐에 따라 근로자가 가족에 대한 책임과 일에 대한 책임을 조화시킬 수 있도록 기업이 제공하는 공식적·비공식적 제도이다.

가족친화란 직장에서의 요구와 가정에서의 요구 사이의 조정, 조화, 양립 등을 의미하는 것으로 '일-가정 양립(work-family balance)', '일-생활 균형(work-life balance)' 등의 용어들과 혼용되어 사용되어 왔다. 즉, 가족친화는 직장에서의 요구와 가정에서의 요구가 양립되지 못함으로 인하여 발생하는 갈등을 해결하고, 일과 삶의 조화를 추구한다.

가족친화경영이란 남녀 근로자들이 직장과 가정생활에서의 역할을 조화롭게 수행하고, 출산과 양육에 따르는 여러 가지 문제들을 최소화하기 위한 제도로서 저출산·고령화 프로그램 등을 통해 새로운 기업 문화를 만드는 경영 전략을 말한다.

(2) 가족친화제도의 유형

현재 우리나라의 기관 및 기업에서 시행되고 있는 가족친화제도의 유형을 살펴보면 다음과 같다.

① 근로자 지원제도

근로자 본인 건강관리 및 생애 주기별 지원제도이다. 건강관리 지원제도, 근로자 상담제도, 상담실 운영, 부부교육/부모교육 제도, 은퇴지원 제도, 근로자에게 '일과 가정의 조화'에 관한 교육프로그램(워크숍, 세미나) 등이다.

② 자녀의 출산·양육 및 교육 지원제도

자녀출산 및 양육 지원제도이다. 법정기준 초과 휴가 및 휴직제도, 출산 축하금제도, 임신 중 태아 검진 관련 지원제도, 산전산후 휴가, 복직보장 무급휴직, 유사산 휴가지원 제도, 불임부부지원제도, 임신근로자 야간휴일 근로 금지, 산모휴게실, 수유편의시설, 출산 장려금 지원, 자녀학자금 지원제도 등이다.

③ 탄력적 근무제도

유연근무제도이다. 이 제도는 시차 출퇴근제, 재택근무제, 시간제 근무활용, 스마트 워크, 정시퇴근제 등을 말한다.

3. 가정폭력방지 및 피해자 보호 등에 관한 법률

1) 제정의 배경

이 법은 가정폭력을 예방하고 가정폭력의 피해자를 보호·지원함을 목적으로 1997년에 제정되었다.

국가와 지방자치단체는 가정폭력의 예방과 피해자 보호를 위하여 법적·제도적 장치를 마련하여야 하며, 가정폭력상담소와 가정폭력피해자보호시설을 설치·운영할 수 있도록 하고, 민간이 설치·운영하는 가정폭력상담소는 신고제로 하는 한편, 가정폭력피해자보호시설은 사회복지법인 기타 비영리법인이 인가를 받아 설치·운영할 수 있도록 하였다.

2) 상담소 및 보호시설의 설치

(1) 설치

① 국가나 지방자치단체는 가정폭력 관련 상담소 및 가정폭력피해자 보호시설을 설치·운영할 수 있다.

② 국가나 지방자치단체 외의 자가 상담소를 설치・운영하려면 특별자치시장・특별자치도지사・시장・군수・구청장(구청장은 자치구의 구청장을 말하며, 이하 "시장・군수・구청장"이라 한다)에게 신고하여야 한다.

(2) 상담소의 업무

상담소의 업무는 다음 각 호와 같다.

① 가정폭력을 신고받거나 이에 관한 상담에 응하는 일, 가정폭력을 신고하거나 이에 관한 상담을 요청한 사람과 그 가족에 대한 상담
② 가정폭력으로 정상적인 가정생활과 사회생활이 어렵거나 그 밖에 긴급히 보호를 필요로 하는 피해자 등을 임시로 보호하거나 의료기관 또는 가정폭력피해자보호시설로 인도(引渡)하는 일
③ 행위자에 대한 고발 등 법률적 사항에 관하여 자문하기 위한 대한변호사협회 등에 대한 필요한 협조와 지원의 요청

(3) 보호시설의 업무

① 보호시설은 피해자 등에 대하여 다음 각 호의 업무를 행한다. 다만, 피해자가 동반한 가정 구성원에게는 숙식의 제공 외의 업무 일부를 하지 아니할 수 있고, 장기보호시설은 피해자 등에 대하여 아래 ㉠~㉣까지에 규정된 업무(주거편의를 제공하는 업무는 제외한다)를 하지 아니할 수 있다.
   ㉠ 숙식의 제공
   ㉡ 심리적 안정과 사회적응을 위한 상담 및 치료
   ㉢ 질병치료와 건강관리(입소 후 1개월 이내의 건강검진을 포함한다)를 위한 의료기관에의 인도 등 의료지원
   ㉣ 법률구조기관 등에 필요한 협조와 지원의 요청
   ㉤ 그 밖에 피해자 등의 보호를 위하여 필요한 일
② 장애인보호시설을 설치・운영하는 자가 ①의 각 호의 업무를 할 때에는 장애인의 특성을 고려하여 적절하게 지원할 수 있도록 하여야 한다.

〈표 3-1〉 가족복지 관련 주요 법

영 역	관련법
아동 · 청소년복지	• 영유아보육법 • 아동복지법 • 청소년기본법 • 청소년복지지원법 • 아동 · 청소년의 성보호에 관한 법률
장애인복지	• 장애인복지법 • 장애인고용촉진 및 직업재활법 • 장애인연금법 • 장애인활동지원에 관한 법률
여성복지	• 남녀고용평등과 일 · 가정 양립 지원에 관한 법률 • 성폭력방지 및 피해자보호 등에 관한 법률 • 성매매방지 및 피해자보호 등에 관한 법률 • 모자보건법 • 양성평등기본법 • 여성폭력방지기본법
노인복지	• 노인복지법 • 노인장기요양보험법 • 기초연금법 • 치매관리법 • 고독사 예방 및 관리에 관한 법률
가족복지	• 가정폭력방지 및 피해자보호 등에 관한 법률 • 저출산 · 고령사회기본법 • 건강가정기본법 • 한부모가족지원법 • 다문화가족지원법

KEY POINT

친권자

① 부모 또는 양부모가 친권자가 된다.
② 이혼의 경우 부모 의견이 다를 때는 법원이 정한다.

친권의 효력

① 보호와 교양의 권리 의무
② 재산 및 기타 법률행위 대리권과 동의권

친권 자동부활 금지제

미성년의 부모 중 한 명이 사망의 경우 가정법원이 친권자를 선정하는 제도로 일명 최진실법이라고도 함

친양자제도

생모가 재혼했을 때, 재혼 전 자녀는 생부와의 관계를 단절하고 입양부의 성을 따르며, 호적에도 친생자로 기재하는 제도

세계 최초 복지 관련법

연 도	제 도	국 가	관련법
1601	공공부조	영 국	엘리자베스구빈법
1795	가족수당	영 국	스핀햄랜드법
1883	사회보험	독 일	질병보험법
1935	사회보장	미 국	사회보장법

증여세 면제 한도(10년간 합계/ 받는 사람 기준)

① 배우자 상호 : 6억 원
② 부모 자녀 상호 : 5천만 원(미성년자녀 : 2천만 원)

가족복지 관련 법적 연령

영유아보육법	영유아	8세 미만 취학 전 아동
아동수당법	아 동	8세 미만 아동
아동복지법	아 동	18세 미만의 자
한부모가족지원법	아 동	18세 미만(취학 중에는 22세 미만)
근로기준법	연소자	18세 미만
청소년보호법	청소년	19세 미만의 자
아동·청소년의 성보호에 관한 법률	아동·청소년	19세 미만의 자
민 법	미성년	19세 미만

법적 상속 순위

1순위 : 배우자 및 직계비속(자녀)
2순위 : 직계존속(부모)
3순위 : 형제자매
4순위 : 4촌 이내의 방계혈족

상속세 면제 한도(사망인 기준)

① 사망인의 배우자가 있으면 10억 원
② 사망인의 배우자가 없으면 5억 원

상속재산 명시신청

1회 신청으로 부동산, 금융, 보험, 연금, 자동차 등 모든 상속재산 파악 가능
① 신청자격 : 상속자 또는 위임받은 사람
② 신청방법 : 안심상속 원스톱서비스(행정관서 서비스)
(생존자 재산은 파악 못 함, 재판으로만 파악 가능)

상속포기·한정승인

① 상속포기 : 어느 한 상속인이 포기하고 다른 상속인이 받는 제도(3개월 시효)
② 한정승인 : 상속받는 재산 범위 내에서 상속 채무를 변제하는 제도(3개월 시효)
(한정승인은 상속채무를 변제하고 남는 재산은 상속 가능)

Chapter 04

가족복지정책

04 Chapter 가족복지정책

| 제1절 | 정책의 개념

정책의 개념 또한 가족복지정책과 마찬가지로 학자마다 조금씩 다르게 정의하고 있다. 티트머스(Titmuss)는 정책을 '주어진 목적을 지향하는 행동을 결정하는 원칙'으로, 프레스맨과 윌다브스키(Pressman & Wildavsky)는 '목표 및 그것을 실천하기 위한 행동지침'으로, 길버트와 스펙트(Gilbert & Specht)는 '공·사의 기관에 있어 행동의 방향이나 계획의 기초를 이루는 결정과 선택'으로 정의하고 있다.

이러한 여러 정의들을 종합해 보면 정책이란 '공공문제를 해결하거나 목표 달성을 위해 정부에 의해 결정된 행동방침'이라고 할 수 있다. 정책의 의미는 다음의 다섯 가지로 정의될 수 있다.

① 정책결정과 집행의 주체는 정부이다. 이때 정부란 단순히 행정부만을 가리키는 것이 아니라 나라를 다스리는 것과 관련해서 국민들로부터 어떠한 형태로든 권위를 부여받은 모든 국가기관을 말한다. 최근에는 준정부기관, 시민단체, 자발적 조직 등이 정책결정 및 집행에 참여하는 경향이 있다.

② 정책은 '권위 있는 결정'의 산물이다. 이 권위는 주권자들에 의해 여러 형태로 부여되는데 법에 의하거나 투표에 의해 혹은 묵시적 승인에 의해 부여된다. 이런 권위는 개인이나 민간조직에서는 갖지 못한 합법적 강제력을 수반한다.

| 제2절 | 가족복지정책의 개념 및 필요성

1. 개 념

가족복지정책은 가족복지를 현장에서 실천하는 제도적·법적인 틀을 제시하고 다른 영역과의 상호관계를 통해 가족복지의 효율성을 높이는 정책으로 가족의 실체를 어떻게 인식하는가에 따라 달라질 수 있다. 일반적으로 가족을 바라보는 시각은 세 가지로 구분될 수 있다.

① 남성과 여성이 만나 자녀를 낳고 생활하는 개념의 가족인 개인중심 가족
② 사회구성원을 양육하는 역할을 담당하는 개념의 가족인 사회적 가족
③ 사회변화에 따른 정치적 도구로서의 공공개념의 가족인 공공가족

가족에 대한 공공개념에 기초한 가족정책은 가족구성원들의 삶의 질을 높이기 위해 사회가 가족구성원이 원하는 바가 무엇인가를 묻고 원하는 것과 현재 가지고 있는 것을 구별함으로써 필요로 하는 것의 획득 실현을 추구하는 의도적인 정책을 의미한다.

1) 캐머만과 칸(Kamerman & Kahn)의 정의

캐머만과 칸(Kamerman & Kahn)은 정부가 가족을 위해 행하는 모든 것을 가족정책이라고 보고 사회정책의 한 분야로서의 가족정책, 사회가 추구하는 목표를 성취하기 위한 수단으로서의 가족정책, 사회정책의 선정기준 및 평가기준으로 시행되는 관점으로서의 가족정책으로 분류한다.

① '사회정책의 한 분야로서의 가족정책'이란 가족과 관련해 일정한 목표를 설정해 놓은 정책분야로 출산율 증대나 아동건강 증진, 양육부담의 감소, 양성평등 증진 등의 목표를 달성하기 위한 가족계획이나 현금급여

프로그램, 고용정책, 주택정책, 영양 및 건강정책, 사회적 서비스, 아동보호 및 발달 관련 서비스, 여성정책 등 다양한 가족복지정책이 있다.

② '수단으로서의 가족정책'이란 사회의 목표를 성취하기 위한 수단 또는 통제하기 위한 수단으로서 가족의 행위를 변화시키는 것으로 더 넓은 사회적·정치적 목적을 달성하기 위한 일종의 사회통제 수단으로 보는 것이다.

이와 같이 가족정책은 국가의 잠재적 목표달성을 위해 그럴듯한 대의명분을 제시하는 합리화의 수단이 되기도 한다.

따라서 가족복지정책은 가족을 대상으로 하며, 가족복지와 관련이 있는 국가의 모든 정책적 활동과 계획이라고 할 수 있다. 가족복지정책이 궁극적으로 추구하는 목표는 가족성원의 안정과 복지를 강화하기 위한 것으로 사회 전반의 삶의 질을 높이기 위한 것이라고 할 수 있다.

2) 가족복지정책의 주요 요소

캐머만과 칸(Kamerman & Kahn) 그리고 윌렌스키(Wilensky)는 가족정책의 개념에는 정부가 가족복지를 위해서 의도적으로 목표를 세운 것이 포함되어야 한다고 주장하고 있다. 즉, 가족복지정책이란 가족복지에 관심을 두고 정부가 의도적으로 취하는 조치나 행동을 포괄하는 것으로 아동이나 노인·장애인·여성을 다루는 정책이라 할지라도 그것이 다른 가족구성원에게 영향을 미치는 경우에는 가족복지정책의 범주에 포함시킬 수 있다고 보았다.

이를 다시 세 가지로 구체화하여 분류하면 첫째, 가족이 수행하는 기능 중 재생산기능을 지원하는 제도로 자녀양육을 지원하는 아동양육 프로그램 및 서비스 등이다.

둘째, 경제적 기능을 지원하는 제도로 가족구성원들의 직업훈련, 가족수당(또는 아동수당)과 가족에 대한 소득공제 등이 있다.

셋째, 갈수록 증가하고 있는 노인인구에 대한 보호와 부양부담을 완화하고자 하는 노인부양 프로그램 및 서비스 등이다.

따라서 가족구성원의 복지를 증진하기 위한 수단으로서의 제반 정책은 가족과 관련된 협의의 가족복지정책으로 사회보험, 공공부조, 사회서비스가 있다.

그리고 광의의 가족복지정책으로 고용정책・조세정책・보건의료정책・주거정책 등을 포함하고 있다고 할 수 있다.

가족복지정책에 대한 구성요소를 살펴보면 다음 <표 4-1>의 내용과 같다.

〈표 4-1〉 가족복지정책의 주요 요소

구 분	사업내용
소득지원	가족/ 아동수당, 자산조사를 통한 가족수당, 식품보조금, 아동에 대한 조세 공제, 장애아동에 대한 급여, 기초연금
근 로	출산(육아)휴가, 유연한 근로시간, 시간제 근로, 유병아동을 위한 휴가, 아동보육시설
교 육	취학 전 교육시설, 교육보조금 및 대출을 포함하는 교육급여와 보조금
보 건	출산 전후 보호, 일반보건 서비스, 치과 서비스, 처방비용 환불, 가족계획 서비스, 예방접종 프로그램, 불임치료
주 택	월세보조금, 적절한 주거지공급, 저금리융자, 주택개량보조금
사회복지서비스	가족상담, 아동복지, 노인복지
가족법	이혼, 양육비, 아동지원, 입양, 가정폭력, 상속 등

2. 필요성

21세기에 들어오면서 우리나라는 급격한 출산율의 감소와 이혼율 및 독신가구의 증가 등으로 인해 가족복지의 중요성이 점차 강조되고 있다. 가족의 대내외적인 변화로 인해 다양하고 복잡한 가족문제에 직면하고 있으며, 이러한 가족문제의 증가는 개인과 사회 모두에게 많은 부담과 부작용을 낳고 있다.

가족을 대상으로 하는 정책이 뚜렷이 존재하지 않았던 과거에 비해 오늘날 가족복지정책에 대한 요구가 점점 증가하고 있는 원인을 크게 두 가지 측면으로 나누어 볼 수 있다.

① 사회와 경제구조의 변화에 따라 가족의 구조와 형태가 다양화되면서 기존에 수행해 온 가족기능 중 많은 부분이 사회로 이양되었다. 그러나 현대인의

삶에서 가족은 애정과 정서적 지지 기능을 가장 이상적으로 제공할 수 있으며, 또한 가정은 사회와 대비되는 휴식의 장이라고 할 수 있다. 그러므로 가족구성원들은 가정에서 몸과 마음을 휴식하고 에너지를 재충전하여 사회생활을 지속해 나가야 하는데, 국가는 이 기능들이 원활히 수행될 수 있도록 가족의 부담을 완화하고 지원해야 할 의무가 있다.

② 취업 여성의 증가는 가족 내 관계와 권력구조, 그리고 성 역할의 변화를 가져와 가족과 사회의 관계에 대한 인식에도 변화를 가져오고 있다. 대부분의 국가는 1970년대까지만 해도 가족 내 문제에 대해서는 가족이 책임을 져야 한다는 방임적 태도를 보였으나 가족의 위기가 사회문제로 대두되면서 다양한 복지 프로그램을 통해 가족을 지원하기 시작하였다.

1) 가족기능의 약화

가족은 사회에 노동력과 산업의 재생산기능을 제공하고 국가나 사회가 담당하지 못하는 사적인 기능을 수행하고 있기 때문에 사회유지에 근간이 된다고 할 수 있다.

그러나 1970년 이후 우리 사회의 급속한 산업화와 이에 따른 사회변화로 가족기능에도 많은 변화가 수반되었다. 가족기능에서 가장 중요한 역할인 가족의 보호와 부양 및 자녀출산·아동양육 등의 역할을 우리 사회에서는 전통적으로 여성이 주로 담당해 왔기 때문에 가족구성원의 복지를 위해서 그들의 역할은 상당히 많은 부분을 차지하고 있었다.

그러나 현대사회에 들어와 가족구조의 변화, 여성들의 가족에 대한 자기희생과 인내에 대한 가치관의 변화, 여성의 사회활동 참여가 증가함에 따라 여러 가지 가족문제가 대두되기 시작하였다.

또한 최근 들어 이혼·별거 등으로 인해 가족이 해체되고 이로 인해 가정 밖의 자녀들이 점점 늘고 있는데, 이는 부모의 자녀에 대한 책임의식 약화와 사랑과 보호·양육을 가장 우선시하던 가족기능이 점점 퇴색되고 있음을 보여주는 현상이라 할 수 있다.

현재 우리 사회는 여성의 경제활동 참여 확대와 가족 가치관의 변화로 말미암아 자녀양육 및 가족부양이 더 이상 여성의 일차적 책임으로만 간주될 수 없는 상황에 직면하게 되었다.

그럼에도 불구하고 현재 우리 사회는 가족문제를 구성원의 가족에 대한 개인적인 책임의식과 도덕적인 문제로 접근하고 있어 가족 내부에 많은 갈등과 긴장을 일으키고 있다.

다양한 사회적 변화에도 불구하고 가족의 존재는 미래에도 쉽게 사라지지 않을 것이며, 가족기능 중 어떤 측면의 기능은 오히려 예전보다 더욱더 강조될 수도 있을 것이다. 따라서 가족기능과 관련해 가장 큰 문제는 가족이 실제로 수행하고 있는 기능과 사회가 가족에게 기대하고 있는 기능상에 커다란 차이가 존재한다는 사실이다.

앞으로의 가족복지는 이러한 차이를 보충해 주고 가족이 좀 더 안정된 상태에서 사회변화를 수용 혹은 주도해 가면서 구성원의 복지를 보장해 줄 수 있도록 지원하는 방향으로 이루어져야 할 것이다.

2) 사회적인 변화

① 가족주기상의 변화가 현저히 나타나고 있다. 또한 가족주기에 진입하기 이전의 기간이 길어지고 있다.

가족주기의 제1단계인 결혼 이후 첫 자녀 출산까지인 '형성기'와 제2단계인 첫 자녀 출산에서부터 막내 자녀 출산 완료기까지의 '확대기'는 초혼연령의 상승과 출산율 저하 등으로 인해 그 기간이 점차 단축되고 있는 반면, 제3단계인 자녀 출산 완료 이후 첫 자녀의 결혼까지 자녀양육 및 교육기에 해당하는 '확대완료기'는 그 기간이 상당히 길어지고 있다. 제4단계인 자녀 결혼 시작부터 완료기까지인 '축소기'는 초혼연령의 상승에도 불구하고 출산자녀 수의 감소로 인해 그 기간이 단축되고 있다. 제5단계인 자녀 결혼 완료 이후 자녀 모두를 떠나보내고 부부만이 남는 '빈 둥지 시기'와 배우자의 사망까지인 '축소완료기' 역시 길어지는 추세이며, 가족주기의 최종단계에 해당하는 제6단계인 '해체기'도 평균수명의 연장으로 인해 점차 늘어나는 양상을 나타내고 있다.

이러한 가족주기상의 변화는 우리 사회의 가족관에도 많은 영향을 미치고 있으며, 노후생활에 대한 인식과 준비에도 변화를 가져오고 있다.

② 여성의 경제활동 증대와 가족부양기능의 약화이다. 여성취업 증가에 의해 맞벌이 부부가 증가하고 있으며, 취업 이외에도 경제적·사회적 분야의 다양한 영역에서 여성의 적극적인 활동이 증가하게 되었다. 가족의 부양을 책임지고 있었던 여성의 사회참여로 인해 가족의 부양기능은 점점 약화되어 가고 있다.

이와 같이 그동안 가족이 수행하던 많은 기능이 축소되고 있는 상황에서 가족복지서비스가 가족의 기능을 보완하고 대체하게 되어 가족복지정책의 필요성이 어느 때보다 부각되고 있다. 가족은 사회의 근간이 되며 사회안정에 가장 중요한 역할을 수행할 수 있는 능력을 가지고 있다.

그러므로 가족 내에 내재해 있는 다양한 문제들을 균형적으로 해결하기 위해서는 더 이상 가족에게만 책임을 전담시키는 소극적 태도는 사라져야 할 것이며, 국가와 사회의 책임하에 가족을 전체로 보고 가족문제에 더욱더 적극적으로 개입하는 태도가 요구된다.

| 제3절 | 가족복지정책의 발달과정

가족복지정책은 특정한 사회적 배경에 따라서 상이한 발달과정을 겪어 왔다. 이는 가족의 개념과 형태 그리고 가족의 문제양상에 따라 가족복지 대응책이 꾸준히 전개되어 왔음을 보여준다.

가족복지정책의 역사적인 변화에 대해 살펴보면, 1920년대 이후 유럽에서의 가족복지정책은 대가족을 지원하기 위해 소득을 재분배하는 가족수당

(family allowance)이나 데모그란트(demogrant) 및 조세정책 등을 의미하는 것으로 사용되었으며, 이후에는 출산장려를 위한 인구정책과 더불어 사용되었다.

이후 영국 · 미국 · 캐나다 등 국가에서의 가족복지정책은 고아 · 장애인 · 노인 · 빈자 · 노숙자 등의 의존적이거나 부적응적인 가족구성원을 지원하거나, 가족을 대체하는 돌봄(care) 서비스를 제공하는 공공정책으로 통용되었다.

이는 일상생활의 스트레스에 직면하는 일반가족에 대해 원조서비스를 제공하고 여러 사회문제를 예방하고자 하는 산업사회의 관심에서 등장하게 된 것이다.

최근 덴마크 등의 국가에서는 아동의 삶의 질 향상을 위해서는 가족을 원조하는 것이 보다 효과적이라는 전문가들의 인식에 의해 가족복지정책은 아동에게 영향을 미치는 공공정책을 의미하는 것으로 사용되고 있다.

또한 스웨덴 · 노르웨이 · 폴란드 등의 국가에서는 취업모나 전업주부를 위한 사회보험 급여, 아동양육 프로그램, 취업모지원 서비스, 조세와 사회보장에서의 성 평등적 조치, 시간제 고용지원 등 여성을 위한 여러 사회정책영역이 가족복지정책의 범주로 포함되고 있다.

이와 같이 가족복지정책의 내용은 시대와 국가에 따라 다른 모습을 보여 왔으나 역사적으로 가족복지정책이 발전한 과정을 살펴보면, 취약한 가족을 중심으로 한 제한된 국가개입으로부터 일반가족에 대한 보편적 국가개입으로 확대되어 왔다.

오늘날 가족복지정책은 모든 가족을 대상으로 포괄적인 현금 및 현물급여를 제공하고 있으며, 이는 출산율의 하락, 인구의 고령화, 한부모가족의 증가, 여성의 노동시장참여 확대 등 인구학적 변화가 가족복지정책의 변화를 요구하고 있기 때문이라고 할 수 있다. 서구 선진국에서 나타난 주요 변화에 대해 살펴보면 다음과 같다.

1. 1단계(1879~1929)

이 시기는 19세기 말에서 20세기 초로 급속한 산업화와 도시화가 진행되었기 때문에 일부 가족을 제외한 대다수 임금근로자 가족 내의 높은 빈곤율과 높은 영아사망률 등이 사회적인 문제로 대두되기 시작하였다.

그로 인해 모성휴가제도를 통해 일하는 여성의 보호, 여성복지센터 혹은 아동복지센터의 설립, 빈곤한 어머니·과부·고아 등에 대한 제한적 현금급여 지급 등을 통해 아동과 여성을 보호하고자 하는 공적 개입이 나타났다.

2. 2단계(1930~1944)

제2차 세계대전이 이루어졌던 시기로 세계대전으로 말미암은 엄청난 출산율의 하락으로 인구감소에 대한 사회적 우려가 지배적이었다. 또한 세계대전 속에서 가족의 불안정성 증가와 가족 내 부모의 권위 약화는 또 다른 사회적 위협이 되었다.

이러한 사회적 위협으로 인해 독일·이탈리아·스페인·프랑스·일본 등에서는 출산수당과 결혼자금 대부 등과 같이 결혼과 출산을 장려하는 조치들이 취해졌으며, 다른 일부 국가에서는 부양자녀를 거느린 남성노동자에게 임금, 보너스 혹은 가족수당의 형태로 현금급여 지원이 이루어졌다.

3. 3단계(1945~1959)

이 시기는 전쟁의 종결로 인한 평화의 시기로 출산율이 높아지고, 가족은 다시 안정화되는 경향을 보였다. 인구감소에 대한 우려는 적었으나 보편주의에 기반을 둔 복지국가의 확산으로 국가마다 가족에 대한 지원책을 강화하는 경향을 보였다. 그 결과 제한적인 인구를 대상으로 하던 가족수당이 보편주의적 급여로 확장 · 발전되었다.

임신한 여성근로자에 대한 일정 부분의 보호조치가 강화되기도 하였으나, 대체적으로는 전통적 남성부양가족을 지지하는 정책들이 만들어져 전쟁기간 동안 노동시장에 참여했던 여성들이 가정으로 되돌아가 전통적 역할을 수행할 것을 촉구하였다.

4. 4단계(1960~1974)

이 시기는 복지국가의 확대로 인해 사라진 것으로 보았던 빈곤문제가 다시 재확인된 시기로 저소득 빈곤가족에게 자산조사를 통해 선별주의적 급여정책을 시행하였으며, 한부모가족에 대한 급여확대와 저소득가족에게 불리한 조세감면제도의 개선 등이 이루어졌다.

다른 한편으로는 페미니즘운동으로 인해 성 평등과 출산에 대한 통제권이 쟁점화되면서 피임과 낙태에 관련된 법규들이 완화되었으며, 노동시장 안에서도 성적 평등을 추구하는 여러 가지 조치들이 생겨났다.

5. 5단계(1975~현재)

이 시기는 1970년대 중반부터 현재까지 유례없는 저출산, 여성의 노동시장 참여율의 증가, 가족형태의 다양화 등으로 특징되는 시기이다. 따라서 여러 가지의 이유 때문에 낙태에 관한 법규의 완화, 취업모에 대한 지원 강화, 부양자녀가 있는 빈곤가족에 대한 지원강화 등 다양한 차원의 공공정책이 마련되었다.

일부 국가에서는 다시 출산장려정책이 추진되고 있으나 이는 1930년대와 같이 명시적 방식이 아닌 가족복지, 취업활동과 부모역할의 양립을 지원하는 가족친화적 정책 등을 통한 간접적 방식으로 추구되고 있다.

최근에 우리 사회를 보면, 저출산 · 고령화와 양극화 문제는 좀처럼 완화되지 않고 있다. 특히 과거 자본주의 황금기에 복지국가를 이룩한 서구와는 달리 우리나라는 저성장과 4차 산업혁명이 맞물린 현 시점에서 복지를 급격히 확대하고 있다.

복지가 취약했던 과거에서는 복지의 양적 확대가 중요했지만 지금은 복지의 지속가능성을 담보하기 위해 거시적 차원의 비전 마련이 중요하고 우선시되어야 한다.

| 제4절 | 대상자 선정 방법

가족복지정책결정 과정에서 대상자 선정 이론으로 다음과 같이 크게 세 가지를 살펴보고자 한다.

① 자산조사 실시 없이 자격만 확인하여 수급자를 선정하는 보편주의 방법이 있고 자산조사를 실시하여 빈부를 확인한 후 급여대상자를 선정하는 선별주의 방법이 있다.

② 민주사회에서 민주성만 주장하기 쉬우나 가족복지정책결정 과정에서 민주성과 능률성의 적절한 조화가 전제되어야 올바른 정책 결정이다.

③ 끝으로 국가역할만으로는 한계가 있다는 학설에 따라 국가역할과 민간역할의 구분 이론으로 평행봉이론과 사다리이론이 있다.

1. 보편주의 · 선별주의

1) 보편주의

한 국가의 세금은 어떤 기준으로 쓰여지는가가 중요하다. 대상자 선정에 있어서 보편주의는 제도적 개념으로 사회적 급여가 모든 국민들에게 하나의 사회적 권리로서 인정되고 있다. 우리나라의 65세 이상 노인의 무료 전철 이용, 초등 및 중학교 의무교육 등이 이에 해당된다.

따라서 대상자의 자격과 조건에 소득과 재산을 조사하지 않고 보편적으로 평등한 급여를 원칙으로 삼아야 한다는 생각이 보편주의이며, 그 전형적인 예로는 사회보험 급여를 들 수 있다.

즉, 소득수준에 관계없이 보편적인 사회급여를 제공해야 한다는 제도로 필요를 충족시키는데 가족과 시장보다는 국가의 적극적 역할이 극대화된다.

사회구성원 대부분이 혜택을 받기 때문에 수급자와 비수급자 간의 구분이 무의미해진다. 사회복지를 둘러싼 계층대립이 약해지는 대신 사회구성원 사이의 연대와 결속이 강조된다.

보편주의 복지의 대표적인 국가는 북유럽의 핀란드, 스웨덴 등으로 이 국가들은 국민의 조세부담이 많다는 특징이 있다. 그러나 이 제도는 운영의 효율성이 높다는 장점이 있다.

2) 선별주의

대상자 선정에 있어서 선별주의는 잔여적 개념으로 복지의 사회적 급여가 소수의 사회적 약자를 대상으로 제한적으로 주어진다. 사회보장급여를 저소득층에 효과적으로 집중시키기 위해 소득 및 재산조사, 기타 필요사항을 엄격한 조사에 바탕을 두고 수급자격요건에 해당하는 사람들에게만 선별적으로 급여를 제공하는 것을 원칙으로 한다. 우리나라의 국민기초생활수급자선정제도, 의료급여제도, 기초연금제도 등이 대표적인 선별주의 제도이다.

이 제도는 국가의 개입과 역할이 최소 수준으로 제한되는 대신 가족과 공동체, 시장이 욕구충족과 자원배분의 최적 수단으로 강조된다. 국가의 개입은 개인과 가족, 자원봉사 등이 모두 실패할 경우에만 허용된다.

이런 경우에도 주요 목표는 자활의 증진에 있다. 따라서 이 제도의 장점으로는 목표의 효율성이 높다는 것이다.

그러나 선별주의는 자원의 낭비가 없고 사회복지급여의 비용이 적게 드는 장점이 있는 반면, 대상자 선정과정에서 복지수혜자들의 낙인은 피할 수 없다. 또한 선별주의는 행정절차가 복잡하여 행정의 비용이 보편주의에 비하여 과다하다는 단점이 있다.

선별주의 복지의 대표적인 국가는 미국이며, 신자유주의 경제정책을 실시하고 있는 국가의 공통적 특징이기도 하다. 우리나라도 공공부조는 선별주의 성향이 강하다고 할 수 있다.

2. 평행봉이론 · 사다리이론

1) 평행봉이론

평행봉이론에서는 가족복지를 구현하는 역할이 공적역할과 민간역할에 있어서 대상자(가족구성원)를 명백히 다르게 구분하고 각기 독립적인 활동을 전개해가는 것이 합리적이고 효과적이라고 주장하는 것이다.

기계적이고 사무적이며 정치적으로 클라이언트를 취급하는 공적 가족복지는 클라이언트의 치료·재활·자립의 실천이 불가능하기 때문에 클라이언트를 사회로부터 분리하여 수용하는 보호적 기능을 담당한다.

이러한 의미에서 평행봉이론은 관료적 구빈사업에 대한 불신론과 반감론이 밑바닥에 깔려 있고 또한 국가주체의 구빈정책을 대체하는 기능으로 민간사회복지의 우월성을 강조하는 측면이 있다고 본다.

2) 사다리이론

사다리이론은 국가는 일정한 기준으로 규정된 국민의 최저생활에 대해 책임을 갖지 않으면 안 되고, 모든 국민의 최저생활을 유지해 가는 데 필요한 비용을 국내 어느 곳에서든지 또는 필요한 경우에 있어서 언제든지 계속적으로 확실하게 확보해야 한다는 것을 주장한다.

사다리이론은 사회서비스를 기획함에 있어 마치 사다리 모양으로 가장 기초적인 부분에서의 국민 최저생활을 국가의 책임으로 보장하고 그것을 기초로 점차 상층 부분에는 민간의 사회서비스를 위치시켜 가는 방식을 주장하는 것이다.

따라서 민간사회복지의 독자적 역할을 규정함에 있어서 평행봉이론과는 달리 공적 사회복지의 우월성을 강조하고 있다.

| 제5절 | 사회복지사

1. 한국 사회복지직의 현황

보건복지부장관은 사회복지에 관한 전문지식과 기술을 가진 사람에게 사회복지사 자격증을 발급할 수 있다. 사회복지사의 등급은 1급·2급으로 하되, 정신건강·의료·학교 영역에 대해서는 영역별로 정신건강사회복지사·의료사회복지사·학교사회복지사의 자격을 부여할 수 있다.

2. 사회복지사의 자격

사회복지사 자격제도는 사회복지에 관한 소정의 전문지식과 기술을 가진 사람에게 사회복지사 자격을 부여하고, 이들에게 사회복지 전담 업무를 담당하도록 함으로써 아동·청소년·노인·장애인 등 보호가 필요한 사람들에게 전문적이고 체계적인 복지서비스를 제공하기 위해 마련되었다. 사회복지사는 1급과 2급으로 나누어지며(3급의 경우 2017년 법률개정으로 삭제), 이때 등급별·영역별 자격기준(사회복지사업법 시행령 제2조 참조)은 서로 다르다.

사회복지사의 수가 현저하게 늘어가고 그 역할 또한 중대해져 감에 따라 사회복지사업법 제11조의2의 규정에 따라 사회복지사의 결격사유를 규정하고 있다.

① 피성년후견인(금치산자)
② 금고 이상의 형을 선고받고 그 집행이 끝나지 아니하였거나 그 집행을 받지 아니하기로 확정되지 아니한 사람
③ 법원의 판결에 따라 자격이 상실되거나 정지된 사람
④ 마약·대마 또는 향정신성의약품의 중독자는 사회복지사가 될 수 없다.
⑤ 「정신건강증진 및 정신질환자복지서비스 지원에 관한 법률」 제3조 제1호에 따른 정신질환자. 다만, 전문의가 사회복지사로서 적합하다고 인정하는 사람은 그러하지 아니한다.

따라서 이에 해당하지 않는 사람은 누구나 사회복지사 자격을 취득할 수 있다.

사회복지사의 자격은 일반적 자격기준과 학력을 기준으로 한 등급별 자격기준으로 다음과 같이 분류할 수 있다.

첫째, 일반적 자격기준은 사회복지사의 등급에 관계없이 모두 적용되는 자격요건으로 앞서 언급된 사회복지사의 결격사유에 해당되지 않아야 한다. 한국사회복지사협회에서는 자격증을 교부할 때 별도로 신원조회를 통해 사회복지사 자격의 결격사유에 대한 해당사항의 여부를 확인해야 한다.

둘째, 학력을 기준으로 한 등급별 자격기준으로 사회복지사는 사회복지에 관한 전문지식과 기술을 갖추어야 한다. 이와 관련해 1998년 사회복지사업법이 개정되었다. 개정법령의 주요 사항은 사회복지사의 전문성을 높이기 위하여 2003년부터 사회복지사 1급은 국가시험에 합격한 자에 한해 부여하며 교육제도의 변화에 따라 사회복지사 자격요건을 학과 중심에서 이수교과목 중심으로 조정하였다.

1) 사회복지사 1급 국가시험

사회복지사 1급을 취득하고자 하는 자는 국가시험에 합격하여야 한다. 국가시험은 보건복지부장관이 매년 1회 이상 시행하되 시험의 관리는 대통령이 정하는 바에 의하여 시험관리 능력이 있다고 인정되는 관계전문기관에 위탁할 수 있다.

과거에는 사단법인 한국사회복지사협회가 국가시험을 위탁받아 관리하였으나 2008년 10월 23일 보건복지부 고시에 따라 한국산업인력공단이 1급 사회복지사 국가시험의 관리기관으로 지정되었다.

단, 1급 국가시험의 전문성을 고려하여 응시자격 서류접수 및 심사 관련 업무는 한국사회복지사협회가 담당하고 있다.

사회복지사 1급 국가시험 응시자격은 다음과 같은 기준으로 시행하고 있다.

(1) 실무경험과 관계없는 응시자격

다음에 해당하는 자는 실무경험이 없어도 1급 사회복지사 국가시험에 응시자격이 있다.

① 고등교육법에 따른 대학원에서 사회복지학 또는 사회사업학을 전공하고 석사학위 또는 박사학위를 취득한 자, 다만 대학에서 사회복지학 또는 사회사업학을 전공하지 아니하고 동 석사학위를 취득한 자는 보건복지부령이 정하는 사회복지학 전공 교과목과 사회복지 관련 교과목 중 사회복지현장실습을 포함한 필수 과목 6과목 이상(대학에서 이수한 교과목을 포함하되 대학원에서 4과목 이상을 이수하여야 한다), 선택과목 2과목 이상을 각각 이수하여야 한다.

② 고등교육법에 따른 대학에서 보건복지부령이 정하는 사회복지학 전공 교과목과 사회복지 관련 교과목을 이수하고 학사학위를 취득한 자

③ 법령에서 고등교육법에 따른 대학을 졸업한 자와 동등 이상의 학력이 있다고 인정하는 자로서 보건복지부령으로 정하는 사회복지학 전공 교과목과 사회복지 관련 교과목을 이수한 자

④ 외국의 대학 또는 대학원에서 사회복지학 또는 사회사업학을 전공하고 학사학위 이상을 취득한 자로서 등급별 자격기준과 동등하다고 보건복지부장관이 인정하는 자

(2) 실무경험이 있어야 하는 응시자격

다음에 해당하는 자로서 1년 이상 사회복지사업의 실무경험이 있는 자는 사회복지사 1급 국가시험에 응시자격이 있다.

① 고등교육법에 의한 전문대학에서 보건복지부령이 정하는 사회복지학 전공 교과목과 사회복지 관련 교과목을 이수하고 졸업한 자
② 법령에서 고등교육법에 따른 전문대학을 졸업한 자와 동등 이상의 학력이 있다고 인정하는 자로서 보건복지부령이 정하는 사회복지학 전공 교과목과 사회복지 관련 교과목을 이수한 자
③ 고등교육법에 따른 대학 또는 이와 동등 이상의 학력이 있는 자로서 졸업 이후 보건복지부장관이 지정하는 교육훈련기관에서 12주 이상의 사회복지사업에 관한 교육훈련을 이수한 자

2) 사회복지사 2급 자격증 취득

① 대학교에서 사회복지 관련 교과목을 이수하고 학위를 취득한 자로, 2년제와 4년제 대학 관계없이 필수 10과목과 선택 7과목으로 총 17과목 이상을 이수한 자
② 대학원에서 사회복지 관련 교과목 필수 6과목과 선택 2과목으로 총 8과목 이상 이수하고 관련 학위를 취득한 자

3) 사회복지사의 역할

사회복지사가 점차적으로 전문화되면서 가족복지 실천방법을 직접적으로 전달하는 사회복지사의 역할도 다양화되고 있다. 사회복지사는 가족과의 상

호작용을 넓히면서 가족원조기능을 증진시키기 위해 가족과 상호 존중 및 동반자적인 관계를 형성한다. 사회복지사의 역할을 구체적으로 제시하면 다음과 같다.

(1) 지지자의 역할

사회복지사의 주요 역할은 가족의 강점을 발견하여 이를 강화시켜주는 것이다. 가족의 강점을 알려주는 것은 사회복지사가 가족과 동참할 수 있게 하고 변화를 향한 동기와 낙관주의를 창출할 수 있는 유대를 발달시킬 수 있게 한다.

(2) 교사·훈련자의 역할

사회복지사는 가족에게 부족한 지식이나 기술을 습득하도록 돕는다. 여기에는 가족관계에서 문제가 될 수 있는 영역, 즉 의사소통, 부모역할기술, 문제해결, 분노 조절, 갈등 해결, 가치 명료화, 금전 관리, 일상생활 기술 등에서의 결핍을 포함한다.

(3) 자문가의 역할

사회복지사는 현재 가족이 직면한 문제에 대해 조언할 수 있다. 가족들이 자녀의 일탈행동이나 진로 탐색 등 다른 곳에서 도움을 받을 수 없을 경우, 가족이 처한 상황에 대해 피드백을 제공함으로써 이들이 특정 문제를 해결하도록 돕는다.

(4) 중재자의 역할

사회복지사는 가족원 간, 가족 간, 또는 가족과 지역사회의 갈등 상황에서 해결을 중재할 수 있고, 갈등 상황에서 발생하는 스트레스를 감소시킬 수 있는 역할을 한다.

(5) 자원동원가의 역할

사회복지사는 사회복지 원조체계와 사회적 지지망에 대한 이론적 지식을 근거로 가족문제를 해결하는데 필요한 지역사회집단과 자원을 활성화시키고 동원할 수 있는 역할을 한다.

(6) 옹호자의 역할

사회복지사는 가족과 가족원보다 더 큰 사회체계에 대해 행동을 취해야 하는 경우가 있다. 가족문제가 가족 내 가족원들의 관계에서 기인한 것이 아니라 지역 또는 사회환경의 구조적 문제로 인해 발생한 것이라면, 가족의 이익과 문제해결을 위해 사회체계로부터 가족을 옹호하는 역할을 한다.

(7) 가능하게 하는 자의 역할

사회복지사는 가족이 다른 방식으로 접근할 수 있도록 기회를 확장해 주어 이용할 수 있는 서비스를 가족에게 알려주고, 서비스를 활용할 수 있도록 도와 그 가족의 능력과 힘을 강화시켜 주는 역할을 한다.

KEY POINT

가족복지 정책

국가가 공공개념에 기초하여 가족에게 인간다운 삶의 실현을 추구하는 의도적인 일련의 역할을 의미

시장의 실패

경제활동을 시장에 맡길 경우 나타나는 자원의 비효율적 배분과 불공정한 소득분배 현상

정부의 실패

시장 실패를 해결하기 위한 정부 개입이 오히려 효율적인 자원배분을 더 저해하는 상황

파레토 효율

완전한 분배로 국가 개입 필요 없는 상태, 즉 가정 경제가 국가 정책이 필요 없어도 된다는 이론

광의의 가족복지

① 사회변화와 관련되어 나타나는 모든 문제를 해결하기 위한 대책을 의미
② 다양한 차원의 가족욕구를 충족하면서 가족구성원 모두의 행복증진을 위한 노력

협의의 가족복지

① 가족구성원으로서의 건강한 역할수행을 돕는 것
② 가족구성원으로서의 행복하고 바람직한 삶을 추구하도록 돕는 집단적 노력

광의복지 · 협의복지

① 광의복지 : 제도적 – 적극적 – 보편주의 – 사전적
② 협의복지 : 잔여적 – 소극적 – 선별주의 – 사후적

국가 개입 구분

확대(복지중시)	축소(경쟁중시)
탈상품화	탈시설화
탈분권화	탈규제화
탈지방화	탈중앙화

자산조사

재산과 소득을 개별적으로 조사하는 것(선별주의 시행에 필요한 방법)

보편주의 · 선별주의

구 분	보편주의	선별주의
범 위	전 국민 대상(제도적)	잔여적 대상에 한정
자 격	제한 완화(광의)	제한 강화(협의)
방 법	자격확인	자산조사
장 점	공평성, 접근성, 편익성이 높음	목표의 효율성 높음, 예산 감소

사회복지사의 결격사유

다음 어느 하나에 해당되면 사회복지사가 될 수 없다.

① 피성년후견인(금치산자)

② 금고 이상의 형을 선고받고 그 집행이 끝나지 아니한 자

③ 법원의 판결에 따라 자격이 상실되거나 정지된 사람

④ 마약 · 대마 또는 향정신성의약품의 중독자

⑤ 정신건강증진법에 의한 질환자

요양보호사의 결격사유

다음 어느 하나에 해당되면 요양보호사가 될 수 없다.

① 정신건강법에 의한 질환자

② 마약 · 대마 또는 향정신성의약품 중독자

③ 피성년후견인(금치산자)

④ 금고 이상의 형을 선고 받고 그 집행이 끝나지 아니한 자

⑤ 법원의 판결에 따라 자격이 상실되거나 정지된 사람

⑥ 요양보호사의 자격이 취소된 날부터 1년이 경과되지 아니한 사람

05 Chapter

가족복지의 구성요소

05 Chapter

가족복지의 구성요소

가족복지란 가족생활을 보장하는 사회적 모든 노력으로 제도적, 정책적, 기술적 서비스를 정부와 민간의 역할로 변화하는 사회환경에 대응하도록 하는 복지로 이해할 수 있다.

우리나라의 현재 가족은 전통적인 가족의 개념과 매우 상이하다. 급격한 복지환경의 변화에 따라 가족구성원의 욕구도 달라지고 있으며, 가족은 사회 환경과 끊임없이 상호작용 관계를 가짐으로써 지속적으로 변화할 뿐만 아니라 때로는 급격한 변동이 되기도 한다.

따라서 가족복지가 추구하는 궁극적 목표의 하나는 대상자(가족구성원)들에게 그들이 필요로 하는 사회서비스를 제공하여 문제를 해결하는 것이다. 이러한 변화하는 상황에서 가족복지의 목표를 달성하기 위해 사회서비스의 공급자인 정부나 민간기관은 사회서비스의 수급자가 지닌 욕구나 문제를 찾아내야 한다. 또한 이를 충족하고 해결해 줄 수 있는 적합한 자원을 동원해야 하며, 자원이 가장 효율적으로 전달될 수 있는 전달체계를 설계해야 한다.

이와 같이 욕구와 욕구해결에 필요한 자원 그리고 욕구와 자원을 연결시켜 주는 전달체계는 가족복지실천의 3대 구성요소가 된다.

따라서 ① 욕구 ② 자원 ③ 전달체계로 이루어진 구성요소가 사회복지를 실천하는 주된 체계로서 사회복지 대상(개인에서 국민 전체로 확대), 자원체계(공공자원과 민간자원), 전달체계(공사 사회복지기관이나 이들 기관의 서비스가 전달되는 체계의 연결망 등)로 하나의 연결 체계라 할 수 있다.

|제1절| 욕 구

인간은 스스로 자신의 욕구를 충족시킬 수 없을 때 외부로부터 도움을 받지 않을 수 없다. 이러한 외부의 도움을 사회적으로 체계화·제도화한 것이 사회복지이므로 사회복지를 이해하기 위해서는 먼저 욕구에 대한 이해가 있어야 한다.

욕구는 범위, 강도, 지속 정도 등에서 다양성을 띠고 있기 때문에 여러 유형으로 분류된다. 사회복지가 아무리 욕구를 해결하기 위해 존재한다 하더라도 모든 종류의 욕구가 하나같이 사회복지의 대상이 되는 것은 아니다.

욕구는 대부분 어떠한 목적을 위해 좋은 것, 필요한 것, 필수적인 것을 의미한다. 즉, 목적을 위해 필요하거나 필수적인 것이 결여되거나 결핍된 것을 지칭한다. 욕구의 목적이 갖는 중요성은 여러 연구에서 언급되었다.

이렇게 볼 때 욕구는 인간의 생존, 자율, 생활의 계획 및 사회적 행위자의 의무를 다하기 위해 필요한 것이다. 이러한 욕구는 충족되어야 할 문제로 볼 수도 있다. 따라서 욕구를 인간 욕구, 기본 욕구, 사회적 욕구로 유형을 분류하여 논하고자 한다.

1. 인간 욕구

1) 인간의 욕구 개념

인간이 어떠한 목적을 위하여 필요하거나 필수적인 것이 결핍될 때 갖는 공통적 욕구를 인간 욕구라고 부른다. 이는 이상적이고 보편적 인간형을 전제로 했기 때문에 개인차가 무시될 수 있는 한계를 지니고 있다.

인간 욕구의 유형화는 여러 학자들에 의해 제시된 바 있다. 그중 많이 인용되는 매슬로우의 인간의 욕구를 소개하고자 한다.

2) 매슬로우(Maslow)의 인간의 욕구

매슬로우는 인간의 욕구를 5단계로 분류하였다. 매슬로우의 인간의 욕구는 위계에 따라 1단계－생존의 욕구, 2단계－안전의 욕구, 3단계－사랑과 소속의 욕구, 4단계－자아존중의 욕구, 5단계－자아실현의 욕구로 구분하고 있다. 매슬로우의 인간의 욕구는 사회복지 분야에서 흔히 인용되고 있으며 또 사회복지학에서 중요한 시사점을 제공하고 있는데 그 이유로 다음 네 가지의 특징을 들 수 있다.

① 인간의 욕구가 위계적인 특성을 지니고 있는 만큼 욕구 충족을 위한 사회복지급여나 서비스는 일반적으로 낮은 단계의 욕구 충족에서 시작하여 높은 단계의 욕구 충족을 위해 지향된다는 점이다.
② 사회서비스 프로그램을 비교할 수 있는 비교연구의 기준이 될 수 있다는 점이다.
③ 인간의 욕구가 현실사회에서 완전하게 충족될 수는 없고 끊임없이 보다 높은 수준의 욕구를 충족하기 위하여 저마다 일생 동안 노력하는 것이 삶이라는 점이다.
④ 인간이 가지고 있는 일반적인 욕구의 내용을 적절하게 제시하였다는 점이다.

(1) 생존의 욕구

생리적 욕구라고도 하는 이 욕구는 인간이 최소한의 기본적인 생활을 유지하기 위하여 충족되어야 할 생물학적 욕구로서 인간의 가장 낮은 단계의 욕구이다. 물, 공기, 의식주, 성, 수면 등과 같은 욕구로서 이 욕구가 결핍되면 배고픔, 갈증, 성적인 좌절, 피로, 긴장, 질병 등을 느끼게 된다.

(2) 안전의 욕구

안전의 욕구는 충족된 생리적 욕구를 박탈당하지 않으려는 욕구로서 외부의 위험으로부터 신체적 · 정서적 · 정신적인 안전과 안락, 안정 등을 얻고 싶어 하는 욕구이다. 이 욕구가 결핍되면 불안, 상실감, 두려움, 강박감 등을 느끼게 된다.

(3) 사랑과 소속의 욕구

사회적 존재로서 어떤 집단에 소속하거나 수용되고 타인과의 의미 있는 사랑의 관계를 맺고 싶어 하는 욕구로서 감정의 자유로운 표현, 자애로운 감정, 수용과 친밀함 등을 느끼고 싶어 하는 욕구이다.

이 욕구가 결핍하게 되면 무가치한 느낌이 들고 공허함, 고립감 등을 느끼게 된다.

(4) 자아존중의 욕구

다른 사람들로부터 자신의 존재를 인정받고 싶어 하는 욕구로서 자기존중과 타인존중의 욕구이다. 이러한 욕구는 긍정적인 자아상, 자기계발, 신뢰감, 자신감을 통해 나타난다. 이 욕구가 결핍되면 무능력한 감정과 열등감 등이 나타난다.

(5) 자아실현의 욕구

인간의 욕구단계 중 가장 높은 단계의 욕구로서 자신의 잠재적 역량을 최대한 발휘하여 자신이 성취할 수 있는 모든 것을 이루려는 욕구이다.

자아실현 한다는 의미는 자신을 믿고 자신의 재능, 능력, 잠재력 등을 총동원하여 발휘하게 됨으로써 진정으로 바라는 자기가 되는 것을 말한다.

즉, 개인이 지니고 있는 소질과 역량을 스스로 찾아내어 그것을 충분히 발휘하고 계발하여 자기가 목적한 이상을 실현하는 것이다.

이 욕구가 결핍되면 삶의 의미를 상실하고 권태나 소외감 등을 느끼게 된다.

매슬로우의 욕구이론을 정리하면 다음과 같이 요약할 수 있다.

〈표 5-1〉 매슬로우의 욕구 5단계와 그 내용

욕구단계	결핍상황	충 족	예
생존의 욕구	• 배고픔 • 질병	• 감각으로부터 만족감 • 신체적인 건강	• 배고플 때 음식을 먹은 후 누리는 만족
안전의 욕구	• 거주의 결핍 • 두려움	• 안락감 • 평정	• 안정된 직업에서 갖는 안전감
사랑과 소속의 욕구	• 과잉 자의식 • 고독	• 평온, 평정 • 자애로운 감정	• 사랑의 관계에서 전체적인 수용의 경험
자아존중의 욕구	• 열등감 • 자괴감	• 자아존중감 • 긍정적인 자아관	• 자기 자신의 능력을 발견 후 연계 성취감
자아실현의 욕구	• 소외 • 권태	• 가능성의 실현 • 창조적인 생활	• 능동적 실현으로 깊은 통찰력을 경험

2. 기본 욕구

가족복지와 관련된 욕구는 다양한 욕구들 중에서 보다 더 기본적 성질과 연관되게 생각할 수 있다.

즉, 가족복지는 인간의 행복을 지향하는 실천과학이다. 모든 삶이 자신의 개별적인 욕구를 충족하며 살고 싶어 하지만 모두 그렇게 만족하며 살기는 힘들다. 배가 고파도 먹을 수 없는 사람이 있고 편안한 잠자리를 원해도 잘 곳이 없는 사람도 있다.

또한 다른 사람들과 어울리고 싶어도 마음을 열지 못하는 사람이 있으며 행복하려고 애쓰지만 불행의 그늘에서 여전히 벗어나지 못하는 사람도 있다. 그런 사람들은 고통스럽고 행복하지 못하다.

그러나 인간이 만든 사회는 완전하지 않을뿐더러 복잡하기까지 하다. 완전하지 않기 때문에 인간이 인간을 존중하고 도우며 스스로의 힘으로 행복을 찾을 수 있도록 기회를 제공하는 것이 사회적 동물로서 인간의 책임이다.

또한 인간의 사회적 책임은 궁극적으로 자신이 행복한 삶을 살기 위한 조건이다. 내가 충분히 먹고 마시더라도 주변에 굶는 사람들과 함께 살아간다면 마음이 불안할 것이다.

함께 노력하면 모든 사람이 행복하고 고통 없이 어울려 살아갈 수 있는 사회를 만들어 나갈 수 있다. 이것이 사회복지의 철학적 기초라 할 수 있다.

따라서 매슬로우(Maslow)의 이론 중 초기단계의 욕구나 벤과 피터스(Benn & Peters)의 생물학적 욕구와 기본적 욕구, 밀러(Miller)의 본질적 욕구 등이 사회복지의 일차적 대상이 된다. 다시 말해서 이러한 욕구들이 사회서비스가 해결하려고 하는 대상으로서의 욕구인 것이다.

욕구의 개념을 사회서비스로 한정시킬 때 기본 욕구는 세 가지 특성을 지닌다.

① 기본 욕구는 모든 인간에게 공통적이다.
② 기본 욕구는 인간성 유지에 필수적이다.
③ 기본 욕구는 해결을 목적으로 하는 사회적 서비스의 양과 질에서 일정한 수준이 정해진다.

욕구를 어떻게 바라보며 또 어떻게 정의하는가는 이데올로기의 여러 분파에 따라 달라진다. 개인주의 사상은 욕구를 도덕적 부담 또는 필요악적 비용으로 간주하며 막스주의(Marxism) 이념은 욕구를 노동자계급의 전리품 또는 자본가계급이 노동자계급에게 지불하는 몸값으로 인식한다.

반면 오늘날 페이비언주의 사상은 시민권으로 인식한다. 페이비언주의의 욕구개념 개발의 시초는 시드니 웹(Sidney Webb)이 자신의 저서 『사회의 필수기반(The Necessary Basis of Society)』에서 소개한 국민최저선 개념이다.

이것은 사회복지 측면에서 볼 때 국민 모두가 생존 가능하고 빈곤이 제거되는 수준으로서 이에 대해 국가가 충족시킬 책임을 져야 함을 강조하였다. 이러한 국민최저선 개념은 오늘날 국가행정의 기본이 되며 우리나라에서도 널리 사용되고 있다.

최저임금, 최저생계비, 국민주택 최저기준, 의무교육 연한, 갑근세 면세점 등은 모두 국민최저선 개념에서 연유한 것이다.

3. 사회적 욕구

1) 사회적 욕구의 개념

사회적 욕구가 갖는 개념은 욕구해결의 주 동기를 이윤추구로 삼아서는 안 된다는 점이다. '사회적'이라는 뜻은 '경제적'의 반대 의미를 지니고 있다. 특히 사회적 욕구의 충족은 인간성 상실이라는 중대한 위기에 처해 있는 사람들을 겨냥하기 때문에 제3자의 이윤추구가 끼어들면 안 된다.

따라서 시장에서 해결되지 못한 기본 욕구의 해결이 사회문제로 비화되어 사회적 욕구가 된다.

이와 같이 인간의 욕구들 중에서 기본적 욕구로 1차 제한을 한 뒤 사회서비스의 개념으로 2차 제한을 한 결과가 사회적 욕구이다. 여기에서는 브래드쇼의 사회적 욕구를 설명하고자 한다.

2) 브래드쇼(Bradshaw)의 사회적 욕구

사회적 욕구는 인간이 가지고 있는 기본 욕구가 개인적 차원에서가 아니라 사회적 차원에서 발생 가능하다는 인식이 이루어졌을 때 존재하게 된다.

따라서 사회복지제도에서 관심을 가지게 되는 사회적 욕구는 기본적 욕구의 사회적 특징을 반영하고 있는데, 브래드쇼(Bradshaw)의 사회적 욕구는 누구에 의해 기본적 욕구가 사회적 욕구로 규정되었는가에 따라 욕구를 구분하고 있다. 브래드쇼(Bradshaw)의 사회적 욕구에는 규범적 욕구, 인지된 욕구(느껴진 욕구), 표출된 욕구, 비교적 욕구가 있다.

(1) 규범적 욕구

규범적 욕구는 전문가의 판단에 의해 규정된 욕구로서 전문가가 기준을 정하고 실제 비율이 특정 기준에 미치지 못하는 욕구가 있는 상태를 말한다.

규범적 욕구는 전문가가 기준을 정하고 전문가의 객관적인 사실 파악에서 비롯되기 때문에 욕구의 목표가 기존의 서비스 수준 등과 비교 가능하다.

(2) 인지된 욕구

인지된 욕구는 느껴진 욕구, 감지된 욕구, 잠재된 욕구라고도 한다. 인지된 욕구는 개개인이 감지되거나 느끼는 욕구로 사람들이 실제로 생각하거나 선호하는 욕구를 말한다.

주로 선호하는 것을 묻는 사회조사를 통해 파악하게 되는데, 인지된 욕구는 사람, 환경 그리고 상황에 따라 각각의 기준이 변할 수 있기 때문에 한계가 있다.

(3) 표출된 욕구

표출된 욕구는 표현된 욕구, 나타난 욕구라고도 하는데, 서비스 수요조사에 기초한 욕구로서 사회복지 분야에 가장 많이 이용되는 욕구개념이다.

표출된 욕구란 수요에 의해 느껴진 체감욕구가 행동으로 표출된 것으로서 복지수혜자가 필요하다고 직접적으로 표현한 것이 핵심변수인 욕구이다. 이 욕구는 느껴진 욕구를 실제로 행동에 옮기게 되는 상황을 강조한 욕구라는 데 의의가 있다.

(4) 비교적 욕구

비교적 욕구는 상대적 욕구라고도 하는데, 비슷한 자격을 가지고 있으면서도 서비스를 받지 못하고 있는 사람들에 대한 욕구를 말한다.

즉, 특정 집단성원의 욕구를 그 집단과 유사하다고 인식되는 다른 집단성원과의 욕구와 비교할 때 나타나는 욕구로서 개인적으로는 전혀 불편한 것이 없었는데 누구와 비교하니까 상대적으로 불편하다고 느끼게 된다는 것이다.

제2절 자 원

세상의 자원은 유한하고 개인이 원하는 것을 모두 채워줄 수 있을 만큼 사회자원은 무한하지 않다. 때로는 자원에 접근하는 방법을 몰라서 불행한 사람도 있다.

이처럼 욕구와 자원은 양과 질의 측면에서 모두에게 균형 상태를 이루지 못한다. 만일 사람의 욕구에 정확하게 대응할 수 있는 자원이 있다면 인간 사회는 불행하지 않을지도 모른다.

일반적으로 자원이라 함은 사회복지대상자인 가족 그리고 공동체 구성원 및 국민 전체의 사회적 욕구를 충족시키거나 그들이 당면한 문제를 해결해 주기 위한 수단을 의미한다.

사회적 욕구를 적절히 충족하기 위해서는 충분한 수준의 자원이 확보되어야 함은 물론이다. 그런 의미에서 한 국가의 복지수준을 예측하는 지표로 그 국가의 경제 상태에 비추어 투입하는 사회복지자원의 총량 비중이 자주 쓰이기도 한다.

그러한 지표를 총사회복지지출비중이라고 하는데 국내총생산 중 사회복지에 쓰인 총액수의 비율로 계산한다.

사회복지에 필요한 자원을 구분하는 방법은 다양하다.

① 자원을 부담하는 주체의 성격에 따라 크게 공공(정부)자원과 민간자원으로 구분할 수 있다.
② 자원 자체의 성격에 따라 유형자원(현금, 현물)과 무형자원(서비스) 혹은 인적자원과 물적자원 등과 같이 자원의 형태에 따라 구분할 수 있다.
③ 공급자의 공급동기를 기준삼아 수급자의 권리에 대한 의무수행이 될 수 있는가 하면 공급자 측의 선의 표시가 될 수도 있다.

먼저 공공자원과 민간자원의 다양한 형태를 살펴본 후에 사회복지가 그러한 자원을 공급하는 역할의 형태를 살펴보고자 한다.

1. 자원의 종류

1) 공공자원

현대 복지국가의 복지자원 측면에서 공공자원의 역할은 가장 중요하다. 실제로 복지선진국들에서는 공공자원이 사회복지자원의 거의 대부분을 차지한다. 우리나라의 경우도 아직 복지자원의 총량은 상대적으로 적지만 총 자원 중 공공부문이 차지하는 비율은 점차 급격히 증가하고 있다.

공공부문이 제공하는 공공자원은 크게 일반예산, 사회보험제도 운용을 위해 강제징수하고 있는 기여금으로 나눌 수 있다.

① 일반예산은 정부가 다양한 조세제도를 통하여 징수한 세금으로 이루어진다. 모든 국민을 대상으로 하는 조세제도를 통해서 이루어지는 일반예산은 그 안정성과 지속성이 높으며 조세제도에 누진적 성격을 가미함으로써 소득재분배의 효과도 거둘 수 있기 때문에 복지자원 중 그 중요성이 매우 크다.

② 사회보험을 위한 조세 성격의 자원은 사회보험제도를 운용하기 위하여 사회보험 가입자와 가입자의 피고용자에게 부과하는 기여금이다. 이러한 기여금은 국가에 의하여 강제로 징수되기 때문에 사회보험을 위한 특수목적세의 성격을 가진다.

실제 우리나라에서도 국민연금, 건강보험, 고용보험, 산재보험, 요양보험 등 5대 사회보험에서 기여금을 부과하여 사회보험제도를 운용하기 위한 자원을 만들고 있다.

조세비용은 실제로 정부가 비용을 지출하지는 않지만 사회적 욕구에 해당하는 부분에 대하여 세금 납부를 면제함으로써 실제로는 비용을 지출한 효과를 얻는 자원이다.

예를 들면, 우리나라의 조세제도에서도 자녀 수에 따라 자녀양육비에 대한 일정 금액의 소득을 징수대상에서 감면해 주고 있다. 이 경우 정부가 직접 자녀양육비를 제공하지는 않았지만 감세된 금액만큼을 자녀양육의 욕구를 가진 가구가 자녀양육에 대한 자원으로 사용할 수 있게 되는 효과를 거둔다.

2) 민간자원

공적자원이 현대 복지국가의 복지자원으로서는 중요성이나 비중이 가장 크지만 민간자원도 무시할 수 없는 중요한 복지자원이다. 특히 현대 복지국가에서는 늘어나는 복지욕구를 충당하기 위해서 공적자원을 보충해 줄 수 있는 민간자원의 역할이 강조된다.

이러한 민간자원은 이용자 사용료, 기부금, 기업복지, 비공식자원(가족, 이웃, 친지 등을 통해 얻을 수 있는 자원) 등으로 나누어진다.

이용자 사용료는 말 그대로 복지서비스를 이용하는 사람들이 부담하는 비용이다. 예를 들어, 건강보험을 이용할 때 부담하는 자기부담이나 바우처를 이용한 사회서비스의 경우에는 서비스 가격의 일정한 부분을 서비스 이용자가 부담한다.

그러나 통상적으로 사회서비스를 이용하는 계층은 소득수준이 낮기 때문에 이용자 사용료를 통해 축적되는 자원의 양은 많지 않다. 특히 우리나라에서는 대부분의 복지서비스가 무료로 제공되고 있기 때문에 더욱 그렇다.

기부금은 기업이나 개인이 자발적으로 사회복지를 위해 쓰도록 기여하는 자원이다. 이러한 자원은 현금일 수도 있고 현물일 수도 있다. 가령 사회복지공동모금회가 해당 연도에 모금한 금액이나 어느 기업에서 지역사회 푸드뱅크를 위해서 식품을 무상으로 제공하는 것은 기부금의 유형이다.

사회복지의 자원 중에는 기업이 그 종사자들을 위해 지출하는 것들도 있다. 예를 들어, 기업에서 제공하는 자녀학비보조, 사원주택, 직장보육시설, 퇴직연금 등은 기업복지를 통한 자원 제공의 대표적 유형이다.

2. 자원공급의 역할

사회복지에서 정부와 민간부문의 역할은 욕구와 문제를 가지고 있는 대상자에게 필요한 서비스를 공급하는 것이라 할 수 있다. 자원이나 서비스를 공급하는 역할은 크게 중개역할, 옹호역할 그리고 자원동원역할 등으로 나눌 수 있다.

1) 자원중개의 역할

중개역할은 서비스를 필요로 하는 대상자를 찾아내고 그들에게 서비스에 대한 정보를 제공해 주며 서비스가 제대로 전달되는가를 확인하는 활동이다.

사회복지제도와 분야가 확대되고 복잡해짐에 따라 이러한 제도에 익숙하지 못한 사람들은 그들의 욕구충족에 필요한 자원을 발견하고 활용하는 일을 어렵게 생각한다.

우리가 법원에 소송을 제기하려면 변호사를 찾아 도움을 요청하듯이 사회서비스가 필요한 클라이언트는 사회복지사를 찾게 된다. 이 경우에 사회복지사는 클라이언트가 필요한 자원을 발견하고 활용할 수 있도록 도와주는 중개자의 역할을 수행하는 것이다.

사회복지담당공무원이나 민간 사회복지기관에서 일하는 사회복지사는 문제를 가지고 찾아온 클라이언트를 도와줄 의무가 있다. 뿐만 아니라 도움을 필요로 하고 사회복지기관으로부터 서비스를 받을 자격이 있으나 이를 인지하지 못하고 있는 주민들을 찾아낼 의무도 있다.

이러한 의무를 수행하기 위해 사회복지사는 중개자로서 주민들이 필요로 하는 서비스에 접근할 수 있도록 안내하고 권고해야 한다. 특히 클라이언트들이 방황하다 서비스 탐색 노력을 중도 포기하는 일이 없도록 도와주어야 하는 것이다.

2) 클라이언트 옹호 역할

사회복지기관에서 일하는 사회복지사는 클라이언트들이 서비스를 받을 수 있도록 개입해야 하는 상황에 종종 직면하게 된다. 수급자격이 있음에도 불구하고 서비스가 거부된다는 사실을 알게 되는 경우에 사회복지사는 어려운 결정을 해야 한다. 즉, 서비스에 대한 클라이언트의 권리를 옹호해야 하는지, 아니면 잘못된 대로 묵묵히 수용해야 할지, 고민에 빠지게 된다.

그러나 위험이 따르더라도 클라이언트의 권리를 옹호하고 그를 위해 투쟁하는 것이 사회복지사의 책임이다. 오늘날의 추세를 보면 다른 집단의 권리와 함께 클라이언트의 권리를 옹호해야 한다는 인식이 법원, 국회, 전문가들 사이에서도 확산되고 있다.

3) 자원동원 역할

자원동원 역할이란 지역사회 내에 있는 구성원이나 조직들이 공동체의 조건을 개선시키고 싶은 동기에서 출발하여 구성원들을 조직화하는 활동을 말한다.

이는 지역사회개발과 사회계획을 포함한 전통적 사회사업 방법의 하나인 지역사회조직의 핵심적 영역이기도 하다.

제3절 전달체계

사회적 욕구를 파악하고 나아가 그것을 해결하는 데 소요될 자원을 확보하는 일은 실제 상황에서는 각각 따로 진행되는 것이 일반적 현상이다. 한편 사회복지의 궁극적 성과는 욕구와 자원이 적재적소에서 적시에 연결되는 것에 달려 있다.

다시 말하면 욕구와 자원의 연결이 생각만큼 원활하게 이루어지지 않는다는 것이다. 그래서 전달체계가 가족복지의 3대 구성요소에 포함된다.

사회복지에서 전달체계란 사회복지정책 또는 사회서비스를 수급자 혹은 이용자에게 원활하게 공급하기 위해 마련된 조직체계라고 할 수 있다.

전달체계는 조직체계인 모든 공사(公私) 기관들이 정부의 정책 혹은 민간기관의 방침에 따라 클라이언트에게 어떤 종류의 서비스를 제공하느냐를 결정짓게 되는 것으로, 적격성과 사회적 제공에 관한 정책지침이 실제로 표현되기 때문에 매우 중요하다고 할 수 있다.

즉, 가족복지정책에 있어서 전달체계가 중요한 이유는 가족복지정책에 규정되어 있는 사회복지급여와 서비스를 적절하고도 효율적으로 클라이언트에게 전달하여 그들의 욕구를 효과적으로 충족시키는 데 결정적인 역할을 수행할 수 있기 때문이다.

사회서비스의 전달체계의 개념은 매우 복합적이고 다양하며 그 범위도 분명하게 구분 지을 수 있는 것이 아니기 때문에 학자에 따라 또는 보는 관점에 따라서 그 개념과 범위가 다르게 나타날 수 있다.

1. 사회서비스 전달체계의 개념

클라이언트와 지역사회에 필요한 서비스를 제공하는 사회복지는 그 조직적 환경 여하에 따라 사업의 성패가 좌우된다고 할 수 있다. 복지수급자에게 조직적 환경이란 그에게 직접 도움을 주는 사회복지 기관, 시설, 단체는 물론 중앙과 지방의 모든 공·사 조직을 지칭한다.

이와 같은 모든 공·사 기관들은 정부의 정책 혹은 민간기관의 방침에 따라서 클라이언트에게 어떤 성질의 서비스를 제공하느냐를 결정짓게 되는 것이다.

클라이언트들은 여러 사회복지기관들로부터 동시에 여러 가지 도움을 받아야 할 복합적 문제를 지닌 경우가 많다. 기초생활보장수급권자의 경우는 저소득에 의한 생계유지의 어려움뿐만 아니라 주택불량, 가구원의 탈선, 교육기회 상실, 건강악화, 가족성원 간의 불화, 사회부적응 등 다양한 문제로 어려움을 겪는다.

그렇기 때문에 정부의 공공부조서비스와 동시에 다른 공·사 사회복지기관으로부터의 추가 서비스를 필요로 하는 경우가 많다. 심신장애인의 경우도 장애와 관련된 의료서비스는 물론 재활에 필요한 특수교육, 직업훈련, 사회적응 등의 측면에서 여러 전문기관의 도움을 받을 필요가 있다.

따라서 클라이언트 한 개인이나 가족을 초점에 두고 서비스 효과를 극대화시키려면 조직적 환경인 서비스 전달체계가 제대로 작동해야 한다. 다시 말해서 서비스를 제공하는 모든 사회복지기관들이 서비스 내용, 제공 절차 등에서 유기적 관계를 유지해야 하는 것이다.

왜냐하면 단위조직이나 몇 개의 단위조직으로 구성된 협력체(연합체)가 맡은 바 기능을 제대로 수행하지 못하면 여러 가지 부작용이 나타나기 때문이다.

예를 들면, 자원의 낭비, 서비스의 중복 또는 누락이 발생할 수 있으며 심한 경우에는 클라이언트의 치료와 재활에 역기능을 초래한다.

2. 전달체계의 필요성

1) 구조·기능적 차원

서비스전달체계는 구조기능상 행정체계와 집행체계로 구분될 수 있다. 서비스를 기획·지시·지원·관리하는 것을 행정체계라고 하고, 서비스 수혜자들과 직접적인 대면관계를 통해 서비스를 전달하는 과정을 집행체계라고 한다.

사회복지전달체계는 서비스의 내용이 포괄적이기 때문에 이와 관련된 사회복지기관들은 전체적인 정책흐름과 네트워크의 구축이 필요하다. 이는 프로그램의 혜택을 받기 위해서는 안내에서부터 심사를 받는 기관을 비롯해 생활보조 · 의료 · 교육훈련 등 여러 가지 서비스를 동시에 필요로 하는 경우가 있을 수 있기 때문이다.

2) 운영주체적 차원

전달체계의 운영주체에 따라서 공적 전달체계와 사적(민간) 전달체계로 구분 지을 수 있다. 공적 전달체계는 중앙정부 및 지방정부(자치단체)나 공공기관이 직접 관리 · 운영하는 것을 말하고, 사적 전달체계는 민간 또는 민간단체가 직접 관리 · 운영하는 것을 말한다. 그러나 공적체계와 민간체계를 엄격하게 구분하기는 어렵다.

이는 민간서비스전달체계에 소속되어 있는 대부분의 기관이나 프로그램들이 공적 전달체계로부터 기획과 자원의 통제하에 있기 때문이다. 한편으로는 서비스를 통합하여 하나의 조직에서 관장하여 클라이언트에게 서비스를 제공한다는 것은 이용자의 측면에서 보면 시간과 절차상에서 유리할 수 있다.

이러한 측면에서 여러 조직들의 행정적인 집행이 서로 연결되어 있다면 비용절감뿐만 아니라 효과적인 통제 그리고 각종 서비스의 효과적인 연계가 가능할 수 있다.

3) 지방행정의 환경변화와 사회복지전달체계의 차원

지방행정의 환경적 변화에 따라서 지방정부는 과거와는 달리 중앙정부의 정책과 행정을 지원하는 기능에 한정되는 것이 아닌 환경 · 복지 등의 영역에서 발생되는 새로운 행정수요를 충족시켜야 하는 상황에 놓이게 되었다. 더불어 새로운 서비스에 대한 주민의 욕구와 기대의 상승으로 인해 지방행정조직은 서비스의 질적 관리를 통해 주민에 대한 책임성을 강화해 나갈 필요성이 커지고 있다.

3. 한국 가족복지정책 전달체계

한국의 가족복지정책을 추진하는 체계는 공공전달체계와 민간전달체계로 구분할 수 있다. 즉, 공공정책을 집행하는 중앙부처와 지방부서, 국가로부터 위탁받은 민간 차원의 추진체계로 구분된다.

1) 공공전달체계

(1) 중앙정부

우리나라에서는 가족정책을 전담부서 없이 보건복지부가 중심이 되어 노동부, 여성부 등에서 가족정책 관련 업무가 다루어지다가 2005년에 여성부가 여성가족부로 개편되면서 가족정책의 주무부처가 되었다.

그러나 2008년에 다시 정부조직의 개편을 맞아 보건복지부가 보건복지가족부로 변경되면서 가족정책이 이관되는 등 가족복지라는 통합적 시각에서 정책이 이루어지기보다는 분립적 형태로 이루어졌다.

이후 인구의 빠른 고령화와 저출산 현상에 따른 사회적 변화 속에서 제기되는 다양한 문제로 인해 가족문제에 대한 예방과 다양한 가족이 가족공동체로서 제 기능을 다할 수 있도록 지원하는 정책이 시급해짐에 따라 2010년에 정부조직법을 개정하여 기존의 보건복지가족부가 수행했던 업무를 여성가족부로 이관하여 가족정책의 주무부처로서의 역할을 하고 있다.

① 여성가족부

여성가족부에서는 우리사회 성 평등 의식 진전과 여성지위 향상뿐만 아니라 가족·청소년·권익 향상을 위하여 다양한 가족의 특성에 맞게 지원하고 있다. 또 국민 삶의 질을 높이고 아동·청소년정책은 가족정책과 연계하면서 생애주기별로 각종 위기를 사전에 예방하는 정책도 시행하고 있다.

따라서 가족정책에 대한 기본 방향을 생애주기별, 가족유형별 수요에 따른 맞춤형 가족정책, 정부-가족-지역사회 연계를 통한 돌봄지원 강화, 남성과 기업의 참여를 기반으로 일·가정 양립 실천 강화, 가족정책 환경 변화에 대응한 추진체계를 강화하고 있다.

② 보건복지부

보건복지가족부의 가족정책 담당부서의 변화를 살펴보면, 1981년부터 보건복지부 가정복지국에 가정복지과가 있었으나 1998년 구조조정으로 폐지되어 노인복지과와 복지지원과로 업무가 이전되었다.

2008년 보건복지부에서 보건복지가족부로 개편되면서 저출산고령사회정책국 산하에 가족정책과, 가족지원과, 다문화가족과와 더불어 저출산인구정책과, 노인정책과, 요양보험제도과 등을 두어 가족정책 주무부서로 역할을 맡았다.

이후 2010년 보건복지부로 개편되면서 가족 기능은 여성가족부로 이관되었으며, 정부조직법 개정으로 조직 및 직무 변경되어 인구정책실 산하 출산정책과, 노인정책과, 보육정책과가 가족과 관련된 업무를 담당하고 있다.

③ 고용노동부

고용노동부는 공정하게 성과를 보상받고 안전하고 쾌적한 노동 현장을 만들기 위해 고용보험, 직업능력개발훈련, 근로조건의 기준, 근로자의 복지후생, 노사관계의 조정, 산업안전보건, 산업재해보상보험 등의 정책을 시행한다.

이 정책으로 실업예방, 고용촉진 및 직업능력의 개발을 통하여 근로자 개인의 복지증진과 사회·경제적 발전에 기여하는 것을 일차적 목적으로 하고 있다. 또 산업구조조정에 따른 잉여인력이 새로운 산업으로 신속히 이동할 수 있도록 지원하여 인력수급의 불균형 대응에 필요한 정책을 시행하고 있다.

특히 고용정책실 여성고용정책과에서 여성고용 확대, 모성보호, 출산급여, 육아휴직제도 등 가족복지정책 관련 주요 업무를 담당하고 있다.

(2) 지방정부(지방자치단체)

지방자치단체란 지역공동사회의 정치와 행정을 중앙정부로부터 독립된 의사에 따라 처리하기 위해 일정 지역에 거주하는 주민들이 구성한 자치단체를 말한다.

중앙부처에서 수립된 가족 관련 정책을 집행하고 서비스를 제공하는 지방자치단체의 담당부서는 주로 보육, 아동·청소년, 한부모가족을 담당하는 팀, 과, 국 단위의 기구에서 이루어진다.

중앙부처에서는 각각의 부처에서 정책이 입안되며 지방전달체계로 내려오면 업무가 같은 조직 내에서 이루어지므로 실질적인 정책집행자가 된다. 그러므로 지방의 가족정책 관련 조직과 담당인력의 전문성은 가족복지정책의 효과적인 집행을 위한 중요한 요소가 된다.

① 광역지방자치단체

광역지방자치단체는 특별시와 광역시 및 도가 있다. 그리고 세종특별자치시 및 제주특별자치도도 인구 및 면적 규모에 관계없이 광역지방자치단체이다.

광역지방자치단체인 시·도 단위에서 가족복지정책을 담당하는 조직은 여성정책국, 보건복지여성국 등으로 구성되어 중앙정부의 보건복지부, 여성가족부, 고용노동부 등의 직무를 국(局)내에서 관장하고 있다.

세종특별자치시 및 제주특별자치도는 관내에 기초지방자치단체가 없는 광역자치단체로서 기초지방자치단체의 업무도 병행 관장하고 있다.

② 기초지방자치단체

기초지방자치단체인 시·군·구 단위에서는 가족복지에 관한 업무를 담당하기 위하여 지방자치단체별로 문화복지과, 사회복지과, 여성정책과 또는 가정복지과 등의 명칭으로 다양하게 조직이 운영되고 있다.

기초지방자치단체의 하부조직인 읍·면·동사무소(행정복지센터)에서는 국민기초생활보장 업무와 함께 아동, 노인, 장애인, 한부모가족 등에 대한 사회서비스 업무를 모두 관장하며 종합적 복지행정서비스를 제공하고 있다.

2) 민간전달체계

민간전달체계는 대부분 사회서비스 부분에 집중되어 왔다. 사회복지공급주체에 따라 다소 상이하나 대부분 정부의 부분적인 재정지원과 행정적 지도・감독 아래 다양한 형태와 방법으로 가족복지서비스의 전달체계를 수립하여 운영되고 있다.

(1) 가족센터

가족문제는 사회문제로 연결되어 사회의 기본 단위인 가정의 안정성을 저하시킬 뿐만 아니라 사회적 불안을 초래하기도 한다. 현대가족은 급격한 변화를 겪으며 다양한 형태의 가족문제도 증대되고 있다.

또한 우리나라는 이주민의 증가와 더불어 다문화 가족 증가에 따라 여러 형태의 사람들이 함께 살아가는 다양성을 지닌 사회가 되었다.

이러한 상황에서 2021년 10월부터 건강가정지원센터와 다문화가족지원센터를 가족센터로 통합하여 유형별로 이원화되어 있는 가족지원서비스를 가족의 유형에 관계없이 한 곳의 기관에서 다양한 가족에 대해 여러 형태의 통합적인 서비스를 제공하고 있다.

즉, 건강가정기본법과 다문화가족지원법에 의거하여 가정문제의 예방 및 치료와 다문화가족의 한국사회의 적응에 필요한 교육, 상담, 직업교육 등을 위해 시・도 및 시・군・구에 '가족센터'를 설치하여 가족복지와 관련된 전문 행정전달체계를 구축하였다.

그리고 교육 및 상담, 가정생활문화사업, 정보제공, 지역사회 네트워크 구축 등의 사업을 통해 건강한 가정생활을 영위하도록 하며 가족유지율 저하, 이혼율 증가, 부양기능문제, 위기문제 등 다양한 가족문제에 대처할 수 있도록 하고 있다.

또한 가족봉사단 활동, 가족 사랑의 날, 다문화체험교육 등을 추진하여 지역사회의 인식개선과 가족 친화적인 사회 환경을 조성하고, 그 외에도 한국어 교육, 언어발달 지원사업, 다문화가족 동아리모임, 공동육아 나눔터 등을 통해 다문화가족의 안정적인 정착을 지원하고 있다.

(2) 한부모가족지원센터

국가와 지방자치단체는 한부모가족이 건강하고 문화적인 생활을 영위할 수 있도록 함으로써 한부모가족의 생활 안정과 복지 증진에 이바지함을 목적으로 '한부모가족지원법'을 제정·시행하고 있다.

이 법에 의하여 설립된 한부모가족지원센터는 지역사회 내에서 일정한 시설과 전문인력을 갖추고 지역사회 내의 인적·물적 자원을 통해 한부모가족의 자립기반 마련과 삶의 질 향상을 위한 복지 실현을 위해 교육, 상담, 문화활동 등 다양한 사업을 추진하고 있다.

이에 따라 한부모가족은 최저생계비, 소득수준 및 재산 정도 등에 따라 복지급여, 복지자금의 대여, 직업능력개발훈련, 국민주택의 분양·임대 시 일정 비율의 우선 분양 및 한부모가족지원시설의 입소 등의 지원을 받을 수 있도록 알선하고 있다.

(3) 종합사회복지관

중앙정부 및 지방자치단체의 가족복지전달체계 안에서 해소되지 않는 사각지대를 해소하는 데 기여하는 민간사회복지기관은 사회복지사업법 제2조에 의해 지역사회를 기반으로 일정한 시설과 전문인력을 갖추고 지역주민의 참여와 협력을 통해 지역사회복지 문제를 예방하고 지역주민의 복지욕구를 충족시키기 위한 종합적 사회복지사업을 수행하는 사회복지시설을 뜻한다.

종합사회복지관은 사회서비스 욕구를 가지고 있는 모든 지역주민을 대상으로 보호서비스, 자립능력 배양을 위한 교육훈련의 기회 제공 등 그들이 필요로 하는 복지서비스를 제공하고 가족기능 강화 및 주민상호 간의 연대감 조성을 통해 지역사회문제를 예방하거나 치료하는 매개역할을 한다.

(4) 자원봉사센터

가족복지전달체계를 원활히 하기 위하여 유관기관인 자원봉사센터를 시·군·구에 설치되어 가족센터와 연계하여 가족복지에 기여하고 있다.

따라서 자원봉사센터는 자원봉사활동을 개발, 장려, 연계, 협력 등의 사업을 수행하기 위해 설립된 기관이다.

설립 목적은 지역주민의 자발적 참여 문화를 고양하고, 자원봉사활동을 효율적으로 지원·조정하며, 자원봉사 인프라를 강화함으로써 지역사회 발전 및 지역주민의 삶의 질 향상에 기여하려는 것이다.

주요 활동으로는 자원봉사의 가치 전파와 주민 홍보를 통한 자원봉사 문화 확산, 교육 프로그램을 통한 자원봉사 참여자의 역량 강화, 지역의 기업 등과의 협력 네트워크 구축, 민간 자원봉사활동 지원 등이 있다. 또한 자원봉사 관련 정책개발 및 연구, 자치구의 자원봉사센터 활성화 지원 및 유기적 연계, 국내외 자원봉사 관련 기관과의 교류활동 등의 매개역할을 하고 있다.

(5) 지역자활센터

지역자활센터는 전국 시·군·구의 취약계층을 돕기 위해 보건복지부로부터 지정받은 기관이다. 국민기초생활보장수급자를 비롯한 차상위계층의 주민들이 일정한 공간에서 공동으로 작업을 하여 소득을 얻거나 자영창업을 할 수 있도록 종합적으로 지원하는 역할을 하는 곳이다.

지역자활센터의 목적은 빈곤층의 기초생활을 보장하면서 종합적인 자립자활서비스를 제공하여 삶을 개선하는데 있으며, 이를 위하여 기초수급자 및 차상위계층의 자활촉진에 필요한 사업을 수행하는데 핵심 인프라로서의 역할을 수행한다.

또한 근로능력 있는 저소득층에게 집중적·체계적인 자활지원서비스를 제공함으로써 자활의욕 고취 및 자립능력 향상을 지원하고 있다.

이러한 지원은 취약계층의 가정경제에도 도움이 되는 역할을 하고 있다.

KEY POINT

가족복지 구성요소

① 욕구
② 자원
③ 전달체계

매슬로우(Maslow) 욕구론

단 계	욕 구	내 용
5단계	자아실현 욕구	자신의 재능, 능력, 잠재력 등을 최적의 실현
4단계	자아존중 요구	긍정적인 자아상, 자신감, 자기존중과 타인존중
3단계	사랑의 욕구	감정의 자유로운 표현, 자애로움, 수용과 친밀함
2단계	안전의 욕구	신체적 · 정서적 · 정신적인 보호와 안락, 안정
1단계	생존의 욕구	생존에 필요한 물, 공기, 의식주, 성, 수면 필요

브래드쇼(Bradshaw) 욕구론

욕 구	내 용	동일 용어
규범적 욕구	사회복지사 등 전문가의 결정	
감지적 욕구	내면에 느끼고만 있는 욕구	인지적 욕구, 체감적 욕구
표현된 욕구	인지적 욕구가 나타난 욕구	표출된 욕구
비교적 욕구	비슷한 상황은 동등 급여 욕구	상대적 욕구

신청주의

사회보장에 대한 권리를 바탕으로 급여를 신청하는 것
(수급자가 신청해야 심사)

직권주의

행정조직(공무원)의 직권에 따라 급여를 제공하는 것
(공무원이 수급자를 찾아 심사)

소득 재분배 효과 순위

① 공공부조(높음)
② 사회보험(중간)
③ 가족수당(낮음)

복지전달체계 분류

영역구분	공공전달	민간전달
서비스 제공근거	수급자의 법적 권리	수급자에게 시혜
재 원	세금	기부금
서비스 범위	포괄적	제한적
서비스 운영방식	일률적	다변적
조직과 프로그램 규모	대규모	소규모

지방자치단체

① 광역지방자치단체(시・도) : 특별시・광역시・도
② 기초지방자치단체(시・군・구) : 일반시・군・구

특별자치시 : 세종특별자치시　　특별자치도 : 제주특별자치도, 강원특별자치도

지방자치단체장

① 광역지방자치단체장 : 특별시장・광역시장・도지사(시・도지사)(선출직)
② 기초지방자치단체장 : 시장・군수・구청장(시・군・구청장)(선출직)

특별시, 광역시의 구청장(선출직)

특별시나 광역시의 구청은 자치구이고 구청장은 선출직이며 의회가 있다.
(서울특별시 종로구, 부산광역시 사하구, 인천광역시 중구 등 전국 69여 구청)

일반시의 구청장(임명직)

일반시의 구청은 출장소 형태의 행정구청으로 임명직 구청장이고 의회가 없다.
(성남시 분당구, 청주시 흥덕구, 전주시 완산구, 창원시 진해구 등 전국 30여 구청)

Chapter 06

가족 사정

제1절 가족 사정의 이해

제2절 가족 사정의 영역

제3절 가족 사정의 방법

06 Chapter

가족 사정

| 제1절 | 가족 사정의 이해

가족 사정(family assessment)이란 가족을 하나의 '단위'로 보고 건강한 가족인지 병리적인 가족인지를 알아보기 위한 가족 내부 및 가족 외부요인, 그리고 이들 양자 간의 상호작용 등을 파악하기 위해 자료를 수집 및 분석하고 종합하여 그 가족에 대한 개입을 계획하는 일련의 과정을 말한다. 사정은 개입 목적을 설정하는 핵심적 과정이며, 이를 토대로 개입방법의 선택이 이루어진다는 점에서 개입의 효과성은 사정의 정확도에 달려 있다고 해도 과언이 아니다. 가족복지적 관점을 가지고 클라이언트의 문제에 개입할 때에는 가족과 관련한 사정이 중요하다.

커스트-애쉬맨과 헐(Kirst-Ashman & Hull, Jr.)은 가족에 대한 사정 차원으로 가족커뮤니케이션, 가족구조, 가족생활주기에 대한 적응, 가족갈등의 영역 그리고 가족관계를 제시하였다. 그 밖에 가족맥락, 가족강점, 가족체계의 경계 및 경계유지, 권력구조, 의사결정과정, 가족역할, 가족의 유대감, 물리적 환경, 가족 규칙, 가족변화에 대한 준비성 등을 학자들은 가족 사정의 차원으로 제시하였다. 가족 사정에는 객관적 자료뿐만 아니라 주관적 자료에 대한 파악도 필요하다. 주관적 자료란 사건이나 과정에 대한 클라이언트의 개인의 반응과 의미, 가족원의 느낌 등을 포함한다.

효과적인 개입을 위해 사회복지사가 반드시 유념해야 할 지침은 다음과 같다.

① 가족의 욕구에 초점을 둔다.
② 클라이언트의 자율성을 존중한다.
③ 의존을 조성하는 것을 피한다.
④ 클라이언트의 저항을 재사정한다.
⑤ 전문적 거리를 유지한다.
⑥ 적당한 기대를 갖도록 한다.

이 장에서는 가족 사정 영역들을 고찰해 보고 가족 사정에 유용한 도구를 살펴보고자 한다.

제2절 가족 사정의 영역

1. 가족체계

가족은 체계이다. 체계이론의 개념은 가족체계에도 적용된다. 가족은 체계로서 구조(structure)와 과정(process)을 가지고 있다. 구조에는 경계, 하위체계, 항상성, 규칙, 삼각관계 등이 포함되고 과정에는 의사소통, 순환성 등이 포함된다. 따라서 한 구성원에게 영향을 미치는 사건이 실제로 모든 가족구성원에게 영향을 미칠 수 있다고 전제한다. 가족을 체계로 접근하는 것은 가족을 사정하고 문제해결을 돕는데 효과적이다. 모든 가족구성원들은 다른 모든 가족구성원들과 관계하므로 가족 사정에서는 표면적으로 덜 중요하고 드러나지 않는 것이어도 구성원들 간의 모든 관계를 사정하는 것이 중요하다.

가족을 체계의 개념으로 접근할 때 특히 도움이 되는 두 가지 개념은 경계와 하위체계이다.

1) 경 계

경계(boundary)란 체계와 다른 체계를 규정하는 구획 혹은 선이다. 경계는 외부 환경으로부터 개인, 하위체계 또는 체계를 구분 짓는 것으로 다른 비가족환경과 가족을 구분하는 비가시적인 경계선이다. 경계선은 체계 안과 밖으로 에너지와 정보가 흐르는 정도와, 경계 안의 구성원들 간의 친밀함의 정도, 상호교류와 접촉 정도를 말한다. 이는 체계의 정체성을 보호하며 가족체계의 구성원을 결정해 준다.

이와 같은 경계는 가족구성원 간의 경계, 가족 외부와의 경계, 가족 내 하위체계 간의 경계로 구분된다. 이를 좀 더 구체적으로 설명하면 다음과 같다.

(1) 가족구성원 간의 경계

가족구성원 간의 경계선은 어느 날 갑자기 정해지는 것이 아니라 가족원 간 지속적인 상호작용의 결과로 생겨난다. 경계선은 분명한 경계선, 모호한 경계선(혼돈된 경계선), 경직된 경계선으로 구분한다.

대부분 가족의 불안정과 역기능은 하위체계 간에 경계가 극도로 모호하거나 경직되어 있을 때 발생할 가능성이 높다. 이를 좀 더 구체적으로 설명하면 다음과 같다.

① 분명한(명확한) 경계

투과성이 적절한 경계로 가장 건강한 경계이다. ‘우리’라는 집단의식과 함께 ‘나 자신’이라는 감정을 잃지 않고 균형을 유지하며 자율적이고 독립적이면서도 필요할 때면 서로의 삶에 관여하여 협동하고 지지한다.

② 모호한(혼돈된) 경계

투과성이 지나치게 높은 경계로 가족체계에서 ‘너의 일은 모두 나의 일’이라는 태도를 가지며, 가족구성원 간의 상호 의존이 너무 높아 가족원의 정체감과 자율성 발달에 어려움을 겪을 가능성이 많다. 지나치게 개방적이어서 모든 정보가 공유되고 서로에게 지나치게 관여하며 얽혀있는 것이 특징이다.

③ 경직된 경계

투과성이 낮은 경계로 '나는 나, 너는 너'라는 식의 지나치게 독립적인 태도로 서로 대한다. 가족에 대한 소속감과 도움을 주고받는 능력이 부족하며 가족원 간의 의사소통이 원활하게 이루어지지 않는다. 가족원 간의 상호 의존이 너무 낮아 소원하고 분리된 관계와 불충분한 정보의 투입 때문에 스트레스와 위기에 역기능적으로 대처하며 심각한 경우에는 체계가 붕괴되기도 한다.

(2) 가족 외부와의 경계

가족은 가족 내 구성원 간의 관계 외에도 외부 세계와 어떤 유형으로든 경계를 형성하며 살아간다. 이처럼 가족은 지역사회나 이웃과 같은 주변 환경과 다양한 상호작용을 하는데, 가족의 외부와의 경계는 그 경계의 침투성에 따라 다음과 같이 구분된다.

① 개방형 가족체계

개방형 가족은 가족 외부와의 경계가 분명하면서도 침투력이 있는 가족이다. 가족의 경계가 유동적이어서 이웃과의 접촉이 활발하고 자유롭게 정보 교환이 일어난다.

② 폐쇄형 가족체계

폐쇄형 가족은 외부와의 경계가 지나치게 분명하고 침투력이 없어 외부와 상호 정보교환을 하지 않는다. 이런 가족은 자신들만의 가족생활을 고집하면서 살아가기 때문에 지역사회나 이웃과의 접촉이 거의 없고 문제가 생겼을 경우, 스스로 질서를 회복하기가 어려워지면서 무질서와 혼돈상태에 빠질 수 있다. 이런 유형의 가족에서는 자녀가 정서장애를 갖기 쉽다.

③ 방임형 가족체계

방임형 가족은 가족 외부와의 구분이 거의 없는 가족을 말한다. 가족 경계선의 방어를 중요하지 않게 생각하므로 외부와의 교류에 제한이 없으며, 지역사회와 이웃과의 관계에서 가족원 각자가 자기 멋대로 행동하는 경향이 있다.

〈표 6-1〉 가족외부와의 경계 성격에 따른 구분

구분	내용
개방형 가족 (건강한 가족)	가족 외부와의 경계가 분명하면서도 정보 교환 등이 자유롭게 일어나는 가족
폐쇄형 가족 (건강하지 않은 가족)	가족 외부와의 경계가 경직되어 있어 에너지와 정보의 교환이 없는 가족
방임형 가족 (건강하지 않은 가족)	가족 외부와의 경계가 불분명함. 가족 경계선의 방어를 중요치 않게 생각하므로 외부와의 교류에 제한이 없는 가족

(3) 가족 내의 하위체계 간의 경계

하위체계(subsystem)는 체계 내의 체계로 체계 내에서 특정한 기능이나 과정을 수행하는 전체체계의 부분들이다. 가족은 가족원 개개인들이 시간과 공간, 물질을 공유하고 세대에 걸쳐 고유한 문화를 전수하는 집단으로 사회와 개인 중간에 위치함에 따라 이웃, 친척, 지역사회, 학교, 직장, 국가 등 상위체계의 한 부분이 되고 또한 가족원 개개인을 포함한 많은 하위체계를 가진다. 예를 들어, 핵가족은 사회체계라는 상위체계의 하위체계임과 동시에 더 낮은 개인 체계의 상위체계이다.

이를 좀 더 구체적으로 설명하면 다음과 같다. 역동적 체계인 가족은 성, 이해관계, 세대, 그리고 가족의 생존에 필요한 기능을 기반으로 하여 하위체계를 발전시킨다. 일반적으로 시간이 지남에 따라 하위체계 구성도 변화된다. 가족에서 하위체계는 세대, 성, 흥미, 취향 등에 따라 형성되어 부부, 부모, 형제자매, 여성, 남성 등의 여러 하위체계가 있고 가족원 개개인은 동시에 여러 개의 하위체계에 속하여 각각의 역할과 권력을 가지게 된다. 그리고 이들 하위체계 사이에는 가족 외부의 상위체계와 상호의존적 관계를 갖는다.

가족 내의 하위체계에는 부부하위체계, 부모하위체계, 부모-자녀 하위체계, 형제자매 하위체계 등으로 설명할 수 있다. 이 외에 조부모, 부녀, 모자, 부자, 손자녀 등의 하위체계도 가족체계에 존재하며 부부, 부모, 형제자매 등의 하위체계들과 영향을 주고받는 방식에 따라 가족의 구조적 특성과 기능이 달라지게 된다. 이를 좀 더 구체적으로 설명하면 다음과 같다.

〈표 6-2〉 가족 내 주요 하위체계와 규범적 역할

하위체계	규범적 역할
부부하위체계	사랑/친밀성 우정, 지지, 신뢰, 동반적 관계, 성적 관계, 개인적 성장, 가치/목표, 재정계획
부모하위체계	리더십 발휘 권리, 보호, 양육, 훈육, 구조, 한계설정
부모-자녀 하위체계	세대 간 상호작용 지도, 교육, 경청, 결속, 모델링, 오락, 즐겁고 편하지 않지만 시간이 지남에 따라 발전하는 관계
형제자매 하위체계	동년배 우정, 동료, 놀이친구, 부모의 생애 기간 후에도 가족생활을 지속하고 가족에 머무름

① 부부하위체계

부부하위체계는 원가족과 독립적이고 자율적으로 기능해야 한다. 보완성과 적응성은 부부하위체계의 기본요소로 각 배우자가 상대방의 효과적인 기능수행을 위하여 지지를 해주며 애정, 친밀감, 개인적 능력과 개성을 존중하는 이 기능들은 현대사회에서 건강한 부부체계 기준으로 간주될 정도로 강조되고 있다. 이 체계에 갈등이 발생하면 가족 전체에 부정적인 영향을 미치게 된다.

② 부모하위체계

부모의 하위체계는 자녀에 초점을 두고 전체 가족을 이끌어 가는 책임을 가진다. 부모는 자녀의 연령과 발달단계와 더불어 통제와 허용을 적절히 조절하면서 자녀가 독립성을 갖도록 이끌어야 한다. 그리고 자녀의 특성이나 성장하는 과정에 따라 그때마다 부모와 가족의 재조정, 재구조화되어야 한다. 자녀 하위체계보다 더 많은 권력을 갖는 세대 간 위계구조가 존재한다.

③ 부모-자녀 하위체계

부모-자녀 하위체계는 부모와 자녀 두 세대로 구성되어 다른 하위체계보다 역기능적이 될 수 있다. 부모하위체계에서와 마찬가지로 자녀에게 엄격함과 허용을 적절히 하는 것이 중요하며, 특히 한쪽 부모가 다른 부모를 배제시키는 방식으로 자녀와 관계를 맺는 경우 역기능적이 되기 쉽다.

④ 형제자매 하위체계

동일한 세대로 구성된 이들은 부모로부터 자신들을 보호할 필요가 있을 때 서로 쉽게 연합을 형성한다. 체계가 기능적이기 위해서는 부모의 자녀 편애, 편 가르기, 비교하는 일이 없어야 하고 형제싸움에 끼어들기 등의 행동을 하지 않아야 한다. 그리고 형제간의 친밀감과 유대감을 높이고 갈등이나 문제를 그들 간 자율적으로 해결할 수 있는 기회를 주며, 공평하게 대하는 것이 바람직하다.

2. 가족신화와 가족규칙

가족신화는 가족원들에게 받아들여지고 지지되는 믿음으로서 가족구성원들이 공유하는 신념과 서로 간의 기대와 가족원의 관계로 구성된다. 이는 가족원의 공유하는 잘못된 기대와 신념을 의미하는 것으로 가족원들이 의심의 여지 없이 신화로 합의하는 결과를 가져온다. 주로 역기능적 가족이 현실을 왜곡하거나 합리화와 부정하는 데 활용된다. 가족원의 지속적인 상호패턴을 관찰해 보면 그들의 행동방식을 결정하는 가족신화를 찾아낼 수 있다.

비합리적인 가족신화도 가족원들은 그것이 정서적으로 필요불가결한 부분으로 인식한다. 가족신화는 가족원의 행동을 결정하는데 가족신화가 깨져 가족항상성이 흔들리면 가족은 다시 그 신화를 강화하여 가족항상성을 유지하기 위해 새로운 시도나 변화에 저항하게 되고 긴장을 유발할 수 있다.

가족을 변화시키기 위해서는 가족신화를 유지하고 싶어 하는 가족의 욕구를 서서히 경감시켜 가면서 가족신화 없이도 효율적으로 기능할 수 있을 때까지 점진적으로 이루어지는 것이 바람직하다.

가족구성원 간의 반복된 상호작용의 결과로 형성된 가족규칙(가족규범, family rule)은 가족들 간에 지켜야 할 의무나 태도에 대한 지침이나 권리 등을 말한다. 가족규칙은 암묵적으로 가족구성원의 행동이나 관계를 통제하는 예측 가능한 규범이나 기대를 의미한다. 가족집단 내에서 적절한 행동이라고 간주되기에 가족 내에서의 관계나 역할수행과 행위 지침에 대한 지도원리로서, 모든 가족들이 대부분 동의하지만 말로 표현되지 않는 경우가 많다.

3. 가족원의 의사소통

가족은 가족이라는 체계 안에서 가족원들의 개별적인 경험과 가족의 집단 경험을 기초로 가족 특유의 의사소통 방식을 발달시킨다. 가족구성원이 의사소통하는 방식은 가족이 체계로서 얼마나 효과적으로 기능하고 있는지와 직결된다. 가족에서의 의사소통 구조는 횡적인 관계인 부부간의 의사소통과 종적인 관계인 자녀와의 의사소통으로 나뉠 수 있는데, 이 둘은 서로 영향을 주고받는다. 의사소통은 가족 내에서 가족 간의 경계선, 친밀감, 위계질서, 규칙, 역할 등을 표현하는 통로가 된다. 따라서 가족원이 주고받는 의사소통 내용이나 의사소통 방식은 가족 간 관계나 가족 전체에 영향을 미치며 이는 가족 문제를 야기하는 요소가 될 수 있다.

가족구성원은 언어적·비언어적 채널을 통해서 메시지를 교환하며 이들 메시지의 의미를 규정한다. 그러므로 가족문제를 사정하기 위해서는 가족원들이 서로 어떤 내용으로 어떻게 의사소통을 하는지 의사소통의 일치성과 명확성을 사정한다.

1) 기능적 의사소통

기능적 의사소통의 조건에는 일치성과 명확성이 전제한다. 가족원들이 서로 억압받지 않고 자유롭게 사실이나 감정을 표현하는 긍정적인 의사소통 유형이다. 메시지를 전달할 때 의견, 생각, 느낌을 분명하고 정확하게 전달한다. 일치성이란 메시지를 전달할 때 사용되는 언어적·비언어적 상황적 요소가 얼마나 일치하는가를 말한다. 좋은 의사소통자는 상대방의 말과 비언어적 표현이 일치하지 않을 때 피드백을 받아서 자신의 의사소통을 분명히 파악하여 명료화한다. 기능적인 의사소통의 예로 나-전달법이 있다.

나-전달법(I-message)은 상대방과 갈등이 발생했을 때 자신의 마음을 효과적으로 알리는 대화기술이다. 나를 주어로 하여 자신의 감정을 표현하기 때문에 상대방을 존중하면서도 자신의 주장을 전달할 수 있다.

2) 역기능적 의사소통

역기능적 의사소통 방식은 심각한 문제를 유발하고 가족원에게 고통을 안겨줄 수 있다. 애정적인 표현보다는 비난적인 표현을 더 많이 하며 언어적 메시지와 비언어적 메시지의 의미가 일치하지 않는 애매모호하고 간접적인 방식으로 의사소통한다. 역기능 의사소통의 예로는 이중구속 메시지, 위장, 너－전달법 등이 있다.

이중구속 메시지(double-bind message)는 동시에 다른 수준에서 메시지를 보냄으로써 듣는 사람이 어떠한 메시지도 선택적으로 반응할 수 없는 혼란스러운 상황에 놓이게 되는 것을 말한다. 이중구속이 발생하는 조건은 우선 중요한 관계를 맺고 있는 사람들이 의사소통을 할 때 첫 번째는 메시지가 주어지고, 두 번째는 처음의 메시지와 상충되고 더 추상적이며 듣는 사람이 벌이나 위협으로 지각하는 메시지(흔히 비언어적 메시지)가 주어진다. 이때 듣는 두 가지의 메시지가 서로 상반되는 내용을 담고 있기 때문에 그 사이에서 이러지도 저러지도 못하는 상황에 처하게 된다. 이 용어는 문화인류학자 그레고리 베이트슨(Gregory Bateson)이 정신분열증에 관해서 1950년에 제시한 것으로 '몸을 꼼짝도 할 수 없는 정신상태'를 말한다.

위장(신비화 혹은 거짓 꾸밈)은 의사소통의 명확성이 낮은 역기능적 의사소통으로서 가족 내에서의 어려움을 드러내지 못하고 오히려 모호하게 하거나 가면을 쓰고 거짓반응을 하는 것을 말한다. 말하는 사람의 인식을 흐리게 하는 데 효과적이며 판독하기 어려운 모호한 반응을 한다든가 비꼬는 반응을 하여 의미를 다중적으로 만드는 것이다.

너－전달법(You-message)은 나－전달법(I-message)와 반대되는 것으로 '너'(You)가 주어가 되는 형식이다. 일반화시키거나 지시나 명령 혹은 비난을 섞어서 표현하고 상대방에 대한 평가를 담은 표현을 많이 한다. 상대방에게 행동변화를 요구하지만 상대방이 받아들이기 어렵고 저항하게 만든다.

4. 가족항상성

모든 체계는 스스로 바람직한 균형상태를 유지하려는 경향 혹은 내적 기제를 가지고 있는데 이를 항상성이라 한다. 가족이 안정된 상태로 돌아가려는 경향 또는 균형을 이루려는 속성을 가족항상성이라 한다.

가족항상성은 위기이론과 관련이 있는데 모든 가족은 위기상황 이후에 정상적인 기능수행으로 되돌아가려는 경향이 있다. 예를 들어, 부부갈등이 있는 부부가 자녀의 식욕과다 증상에 초점을 맞춤으로써 안정상태를 유지하려 한다. 그러나 가족항상성을 유지하는 것이 모든 가족원에게 최선의 이익이 되지 않는 경우도 있다. 예를 들면, 부모가 싸울 때마다 한 자녀가 부모를 잃게 될까 봐 부모의 관심을 끌기 위한 증상행동을 보인다면 그 증상은 부모가 한 마음으로 자녀에게 관심이 집중되어 싸움을 중단시키는 수단이 될 수 있다. 그러나 자녀의 이와 같은 행동은 자녀의 정상적인 발달에 바람직하지 않은 경우가 대부분이다. 여기에서 자녀의 증상행동은 부모의 싸움으로부터 가족항상성을 지켜주는 기능을 하는 것이 되고, 불행하게도 자녀는 '지적된 환자' 역할을 담당하는 것이다.

가족구성원들의 행동이나 태도를 상식적인 수준으로 제한하고 균형이 깨지려 하면 의식적이든 무의식적이든 가족항상성을 유지하려 한다. 이를 위하여 피드백 기제가 작용하게 되는데 부정적 피드백은 변화를 극소화시키면서 체계를 현상유지시키는 작용을 하고, 긍정적 피드백은 체계의 변화를 유도하고 다른 수준으로 조직하는 작용을 한다. 따라서 긍정적인 피드백을 통한 재조직화와 변화를 통하여 새로운 수준의 안정상태와 항상성에 도달하는 해결책을 찾도록 해야 한다.

5. 순환적 인과관계

가족체계의 구성원들은 연결되어 있고 상호 영향을 미친다. 가족 내 한 성원의 변화는 다른 성원을 반응하게 하는 자극이 되고 이 자극은 다른 가족에게 영향을 미치게 되어 전체에 영향을 주게 된다. 이 영향은 처음 변화를 유발한 성원에게 다시 순환적으로 영향을 미친다는 개념으로 가족 내의 과정은 직선적 인과관계가 아니라 순환적 인과관계인 경우가 많다.

직선적 인과관계는 어떤 행동에 있어서 반응결과가 일어난다고 생각한다. 어떤 현상을 이해하려고 할 때 '왜?'라는 질문이 중요하며 원인을 찾아가는 방향으로 문제에 접근하게 된다.

반면 순환적 인과관계는 한 사람의 행동에 의하여 다른 사람의 반응이 나타나고 그 반응이 또다시 행동에 작용하여 또 다른 반응결과를 야기시키는 것이다. 예를 들면, 아내는 남편이 술 마시고 늦게 귀가하는 것이 문제라고 말하고, 남편은 아내가 집에서 잔소리를 하니까 술 마시고 늦게 귀가한다고 말한다.

순환적 인과성에 따라 가족문제를 해결하기 위해서는 '왜?'보다는 '무엇을 하느냐'에 초점을 두어야 한다. 즉, 문제의 원인(왜?)보다는 문제를 유지하는 가족의 상호작용(무엇을)에 초점을 둔다. 가족 내 한 성원이 변하면서 문제의 근원이 되는 성원은 물론 가족 전체가 변하고 따라서 문제가 해결될 수 있다.

6. 가족 삼각관계

가족 삼각관계란 가족구성원 두 사람의 상호관계에서 불안이나 긴장을 경험하는 한 사람이 충족되지 못한 욕구를 충족하기 위하여 제3자나 대상을 끌어들임으로써 불안을 회피하고 갈등을 우회시키는 것으로 불안에 대한 역기능적 대처방식 중 하나이다.

가족구성원의 분화 정도가 낮을수록 삼각관계를 만들려는 노력은 더욱 강렬한 반면, 가족원의 분화수준이 높을수록 삼각관계를 만들지 않고도 긴장을 다루고 불안을 관리할 수 있다.

가장 흔한 예는 아버지와 어머니, 자녀 세 사람으로 된 삼각관계이다. 갈등을 겪는 어느 한쪽이 자녀에게 정서적으로 의존하여 긴장을 해소함으로써 가족관계가 유지되고, 그 사이에서 자녀는 부모의 관계에 과도한 정서적 에너지를 소모하는 댓가를 치르게 된다. 이때 삼각관계에 걸려있는 자녀의 분화수준은 부모의 분화수준보다 낮게 형성되고 독립적인 존재로 성장하지 못한다. 병리적이고 역기능적인 삼각관계의 전형은 부모세대와 자녀세대 사이에서 형성된다.

가족 삼각관계의 대상이 반드시 가족원만 되는 것이 아니고 친척, 친구, 일, 알코올, 취미, 외부활동 등이 될 수도 있어 모든 삼각관계가 가족 병리의 지표가 되는 것은 아니다. 불안과 긴장을 야기시키는 에너지의 방향을 전환시킴으로써 개인과 가족이 생산적이고 정상적인 기능을 유지하는 데 도움이 될 수도 있기 때문이다.

7. 가족생활주기

가족생활주기(family life cycle)에 따라 가족은 각 단계마다 요구되는 과업을 성공적으로 완수해야 한다.

가족은 그 자체로 하나의 세계와도 같다. 그중 모든 가족구성원이 공유하는 공통분모를 가족생활주기라고 한다.

대부분의 문제는 가족의 생활주기 가운데 어떤 단계의 중단 또는 위치변화가 있을 때 발생한다. 가족은 가족생활주기의 단계를 거치면서 각 단계에 적응과정에서 많은 스트레스를 경험할 수 있고 이로 인해 가족의 위기와 가족문제가 발생할 수 있다. 가족을 사정할 때는 생활주기를 어떻게 경험하였고 어느 생활주기에 위치해 있으며 현재 가족원들의 발달욕구를 적절하게 충족시키고 있는지, 이에 대해 각 성원들이 어떻게 반응하는지, 각 가족성원들은 자신의 발달욕구와 발달과업을 잘 수행하고 있는지, 이 가족이 가지고 있는 발달주기상의 위기를 해결하는 방법은 무엇인지 등의 적응상태와 평가 등을 사정한다. 가족의 생활주기를 사정함으로써 가족원들의 욕구와 욕구 충족 여부를 파악할 수 있다.

〈표 6-3〉 가족생활주기 단계별 발달과업

가족생활주기		가족발달과업
가족 형성기		• 부부관계의 기초 확립과 부모가정과 협력관계 • 가정의 장기기본계획(교육, 주택, 노후 설계) • 가족계획(임신, 출산 준비)과 가정 내 역할 공동부담 • 배우자와의 협의를 통해 가정생활의 규칙 형성
가족 확대기	자녀 양육기	• 영·유아 양육에 따른 부모 역할 및 생활변화에 적응 • 자녀양육에 늘어난 가사노동에 부부가 공동으로 참여 • 자녀를 위한 물질적, 정서적 가정환경 조성 • 증가한 생활비용 충족 및 자녀교육을 위한 경제적 계획 • 조부모가 된 양가부모와의 관계 재조정과 맞벌이 경우, 양육 대체인력 및 양육방식, 책임에 대한 조정과 적응
	자녀 교육기	초등교육기 • 자녀의 신체적, 정서적 발달에 따른 효과적 대응 • 자녀의 학교생활적응 및 학업을 위한 적절한 지도 • 자녀의 성취감 및 자신감을 위한 긍정적 격려
		중등교육기 • 자녀의 개별적 특성에 따른 교육 지도 • 자녀와 원만한 의사 소통유지 및 친밀한 유대관계 형성 • 자녀의 자율성, 독립성 존중을 위한 민주적 가족관계 정립 • 가족구성원의 연대의식 및 책임감 공유
		대학교육기 • 성년자녀의 심신 성숙 도모와 함께 자녀의 직업 선택, 이성 교제, 결혼관 등에 대한 적절한 조언 • 자녀의 대학교육, 및 결혼 준비를 위한 경제적 기반 마련
가족 축소기	자녀 독립기	• 자녀가 독립된 성인이 되도록 정서적, 경제적 지원 • 중년기 결혼생활 재정립 및 빈둥지시기에 대한 적응 • 자녀의 배우자 및 사돈과 원만한 관계수립 • 조부모로부터 역할 적응, 은퇴 후 안정적 노후생활 대책 • 노부모에 대한 적절한 지원 및 보호, 죽음에 대처
가족 해체기	노후기	• 노화에 대한 긍정적 수용 및 적응, 봉사활동, 취미활동 등 여가 선용, 가족 및 이웃과 원만한 관계 유지 • 운동, 균형 잡힌 식생활, 적극적 태도 등 심신의 건강 유지 • 봉사활동, 취미활동 등 여가 선용, 가족 및 이웃과 원만한 관계 유지, 경제적 자원의 안정적 관리 • 배우자, 친구 등 죽음에 대해 심리적 준비 및 적응 • 생애회고를 통한 자신의 삶과 가족에 대한 긍정적 평가 • 본인 죽음에 대한 준비

가족생활주기는 가족 발달에 대한 예견력으로 가족생활을 전 생애적 관점으로 전망해 봄으로써 각 발달단계에 이루어야 할 과업, 각 단계에서의 가족들의 기대와 욕구, 잠재되어 있는 문제점, 강점 등을 알 수 있고 예측과 계획이 가능하여 가족생활을 유형화할 수 있다는 점에서 의미가 있다.

먼저 개인적인 측면에서는 각 단계마다 서로 다른 가치, 목표, 책임, 자원, 역할, 문제 등을 나타내고 있으므로 주기를 알면 자신의 삶을 계획해 볼 수 있으며, 가족적 측면에서는 가족의 갈등, 부부의 결혼 만족도, 부모와 자녀관계 등 가족의 계속적인 발달과 변화에 따른 발달과업을 준비하고, 가족생활에 영향을 미치는 잠재된 문제와 취약점 등을 파악하고 예방할 수 있다는 점에서 중요하다.

또한 발달이론에 관한 지식들을 기반으로 하여 자신의 성장발달계획 혹은 생애발달계획에 있어 각 단계의 시기에 필요한 것이 무엇이며, 노력해야 할 것 등에 대해 깊이 생각하면서 미래의 나를 생각해 보는 의미를 가진다.

| 제3절 | 가족 사정의 방법

가족을 사정하는 것은 사회복지사업의 어느 실천현장에서나 필요한 것으로서 고도의 지식과 기술이 요구된다. 가족치료의 이론적 관점에 따라 다양한 모델이 있고, 모델의 선택에 따라 가족 사정의 내용이나 초점이 달라질 수 있다. 그러나 가족을 사정하기 위한 방법을 선택할 때는 어느 하나의 이론적 입장에서 그 방법을 선택하기보다는 다양한 사정도구를 선택하는 것이 필요하다.

일반 사정에서와 마찬가지로 가족 사정의 방법도 양적인 방법과 질적인 방법으로 구분할 수 있다. 가족 사정을 위한 양적인 방법에는 표준화된 척도, 검사지, 질문지 등을 사용하고 질적인 방법으로는 면접, 관찰 방법, 그림 그리기 등이 있다.

1. 면 접

면접(혹은 면담)은 가족 사정의 방법 중 가장 기본적이면서도 가장 중요한 방법이다. 부모나 자녀, 이웃 등을 대상으로 할 수 있다. 그러나 반드시 면접을 하기 전에 가족에 관한 기관 내의 기록과 의뢰 및 그에 대한 정보 등을 살펴보아야 한다. 기본적인 상담기술을 활용하여 가족을 원조함과 동시에 자료를 수집하는 데 초점을 둔다. 사회복지사는 합류를 통해 관계를 형성하고 경청, 격려, 재인용, 공감, 반영 등의 기술을 활용함으로써 사정에 필요한 주요 내용을 이끌어낼 수 있다. 전문가의 개입이 필요한 문제와 이유, 가족의 기능수준, 가족의 발달단계, 환경과의 상호작용에 관한 자료를 수집하고 평가한다.

좀 더 효과적인 면접을 위해 사회복지사는 가계도, 생태도, 가족조각 등과 같은 사정도구를 함께 활용하기도 한다. 면접을 실시할 때는 일련의 면접계획을 수립하여 면접의 목적과 방법, 대상, 시간의 배치, 면접기술과 기법, 활용할 도구 등을 포함하는 것이 바람직하다. 면접계획을 수립하는 것은 면접의 효과성을 높이는 동시에 클라이언트에게 신뢰감을 줄 수 있다.

2. 관 찰

관찰은 면담 중에 이루어지기도 하고 가족의 집을 방문하여 일상생활에서 자연스럽게 나타나는 모습을 관찰할 수도 있다. 특히 비언어적 형태의 자료를 수집할 때 유용한 방법이다. 관찰을 통해 사회복지사는 클라이언트가 말하고 행동하는 것에 주의를 기울인다. 관찰을 통해 사회복지사는 가족구조와 기능, 역할수행, 가족관계 및 생활 모습 전반을 살펴볼 수 있으며 사정 전 과정에서 사용할 수 있다. 관찰을 수집하고자 하는 정보의 종류에 따라 자연스러운 관찰과 일련의 순서가 있는 구조화된 관찰로 구분할 수 있으며 즉흥적인 관찰과 형식적인 관찰, 참여관찰과 비참여관찰로 구분할 수 있다. 면접상황에서는 대부분 가족구성원이나 구성원 간의 역동성을 자연스럽게 관찰한다. 필요할 경우 가족원의 집을 방문하여 가족원이 생활하는 모습 그대로를 관찰하기도 한다. 물론 가족의 동의와 협조가 필요하다.

3. 그림 그리기

1) 가계도(Genograms)

보웬(Bowen)은 가족의 정서적 과정이 세대에 걸쳐 반복되고, 해결되지 않은 동일한 정서문제가 가족에서 지속적으로 나타날 수 있다고 전제하고 다세대 가족체계에 관한 자료를 조직화하기 위해 가계도를 주요 기법으로 사용하였다. 가계도는 다세대 가족체계이론에 근거한 사정 도구로서 3세대 이상에 걸친 가족성원에 관한 정보와 그들 간의 정서과정을 표시한 그림으로 가족과의 면담과정에서 가족 내 역동을 이해하거나 가족이 여러 세대에 걸쳐 발전시켜 온 가족역할, 유형, 관계 등을 가족과 함께 상호적인 방법으로 살펴보기 위한 도구로 사용된다.

또한 가족의 구조나 이름, 출생시기 등과 같은 일반적 정보뿐만 아니라 좀 더 복잡한 정보, 즉 가족관계, 결혼이나 별거, 이혼, 질병, 사망 등과 같은 중요한 생활사건 등을 상세히 나타낼 수 있으며 또 쉽게 이해할 수 있도록 하는 일종의 도식화라고 할 수 있다. 따라서 가계도를 그려보는 것은 그 가족의 가족문제에 기여하는 중요요인과 가족패턴을 알 수 있어 가족 전체에 대한 이해와 통찰력의 향상을 꾀할 수 있다.

가계도의 기능은 세대에 걸쳐 반복되는 사건이나 중요한 생활사 정보를 파악하여 현재 가족문제와 가족의 정서적 체계의 연관성에 대한 이해를 돕고 내담자의 변화 동기를 높여주는 것이다.

가계도 작성방법은 맥골드릭(Mcgoldrick)과 거슨(Gerson) 등의 보웬의 제자들에 의해 수정·보완되어 최근 더욱 다양한 방식으로 활용할 수 있게 되었다.

2) 생태도(Ecomap)

하트만(Hartman)에 의해 개발된 것으로서, 가족과 그 가족의 생활공간 내에 있는 사람 및 환경 또는 자원 간의 연계 등을 하나의 그림으로 나타내는 사정도구이다. 환경 속의 인간에 초점을 두기 때문에 클라이언트를 생태학적 관점에서 이해하는데 도움이 된다. 완성된 생태도는 가족과 주변 환경체계 간의 자원교환, 에너지 흐름, 스트레스와 관련된 자료, 갈등 등을 시각적으로 파악해 준다. 나아가 클라이언트의 가족에게 유용한 자원, 스트레스가 되는 자원, 부족한 자원과 보충해야 할 자원, 연계의 성격 등에 대한 정보를 제공해 주기 때문에 외부체계로부터 스트레스를 경험하고 있는 가족의 문제를 사정할 때 유용하다.

생태도 작성은 사회복지사가 면담을 통해 직접 그리는 것과 클라이언트가 생태도 작성에 함께 참여해 그리는 방법이 있다. 클라이언트를 생태계 작성에 참여시키는 것은 그 가족의 가족기능 향상을 위해 끌어들일 수 있는 자원이 무엇인지에 대한 논의를 가능하게 하여 개입 계획을 수립하는 데 도움이 된다. 가계도가 가족의 내적 역동을 잘 나타낸다면, 생태도는 가족의 외부 환경과의 관계에서 발생하는 역동을 잘 나타낸다. 개입 초기에 가족을 사정하는 도구로 활용할 뿐 아니라 변화를 확인하는 도구로 시간의 흐름에 따라 반복적으로 생태도를 사용할 수 있는데 이를 연속생태도라고 한다.

3) 사회적 관계망 표(social network grid)

사회적 관계망이란 사회적 지지에 대한 사정을 의미한다. 사회적 지지는 자연환경으로부터 개인의 안녕과 건강에 기여 등으로 도움이 되는 상황이라고 할 수 있다.

그리고 사회적 지지는 긍정적인 영향을 주는 반면에 사회적 관계망은 항상 그러한 것은 아니고 클라이언트에게 스트레스를 가중시키거나 불편한 영향을 줄 수도 있다.

사회적 관계망 그리드(social network grid)는 개인, 가족이 주거하는 이웃과 지역사회를 포함하여 외부의 사회체계를 사정하는 도구로 사회적 관계망을 그림이나 표로 나타냄으로써 가족의 관계망을 전체적으로 볼 수 있다.

사회적 관계망은 사회적 지지를 제공하는 관계망들의 망을 의미하는데, 사회적 지지는 외부체계 중에서 가장 많은 영향을 미친다. 사회적 지지란 사회적으로 친밀한 사람이나 존재라고 생각되는 사람들이 제공하는 언어적·비언어적 정보나 충고, 가시적 유형의 도움이나 행동, 수혜자에게 정서적·행동적으로 바람직한 효과를 제공하는 것으로, 필요할 때 의지할 수 있는 사람 등을 의미하며 사회적 관계망을 통하여 사회적 지지를 받는다. 사회적 관계망은 관계의 양과 질을 시각적으로 파악하기 쉽고 지속적인 사정과 개입계획을 세우는 데 도움이 된다. 또한 대인적인 역동성이 명확하기 때문에 사정평가에 긍정적인 기여를 하며, 클라이언트도 주변 사람들에 대한 자신의 감정과 태도를 명확히 할 수 있다.

〈표 6-4〉 사회적 관계망 그리드

사회적 관계망에서 중요한 인물·번호·응답자·이름	생활 영역	물리적 지지	정서적 지지	정보/조언	비판	원조의 방향	친밀감	접촉 빈도	알고 지낸 기간
이름	① 동거 가족 ② 다른 가족 ③ 직장 학교 조직 ④ 이웃 ⑤ 친구 ⑥ 전문가 ⑦ 기타	① 거의 없다 ② 가끔 ③ 자주	① 거의 없다 ② 가끔 ③ 자주	① 거의 없다 ② 가끔 ③ 자주	① 거의 없다 ② 가끔 ③ 자주	① 양방향 ② 당신이 그들에게 향함 ③ 그들이 당신에게 향함	① 친밀성 없음 ② 친밀한 정도 ③ 매우 친함	⓪ 보지 않음 ① 몇회/연 ② 매달 ③ 주별 ④ 매일	① 1년 미만 ② 1년~5년 ③ 5년 이상

상징	의미	상징	의미
	여성, 70세	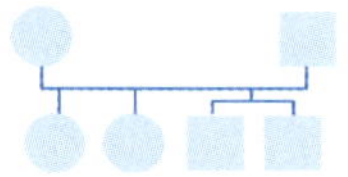	부모와 2명의 딸과 쌍둥이 아들들
	남성, 15세	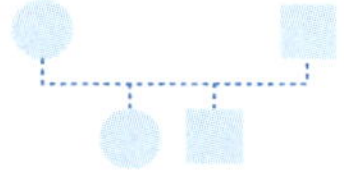	위탁이나 입양아동
	사망한 남성, 78세 사망	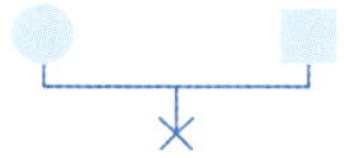	유산이나 낙태
	결혼		스트레스, 갈등관계
	별거		빈약하고, 불명확한 관계
	이혼		긍정적인 관계 (선이 굵을수록 관계 강함)
	형제순위		관계방향 (예를 들면, 클라이언트가 주는 관계)
	가족이나 동거가족 경계		성별 중심인물

| 그림 6-1 | 가계도 · 생태도 상징

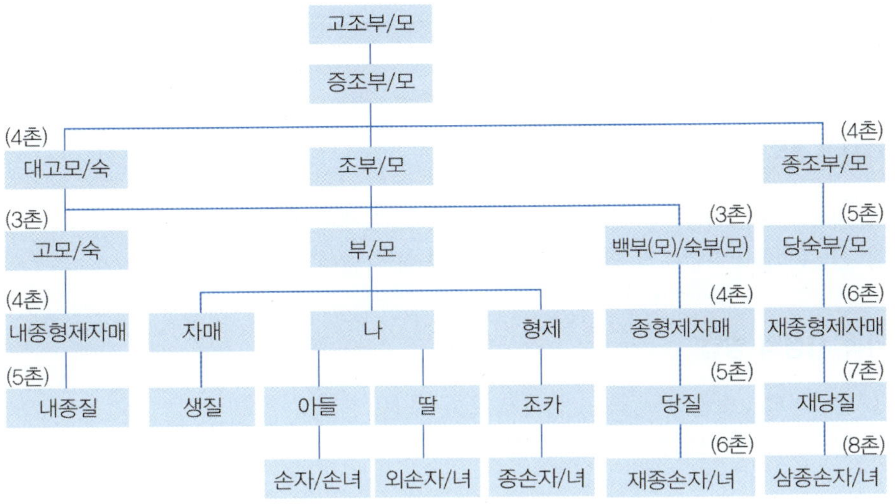

| 그림 6-2 | 친가 친족 관계

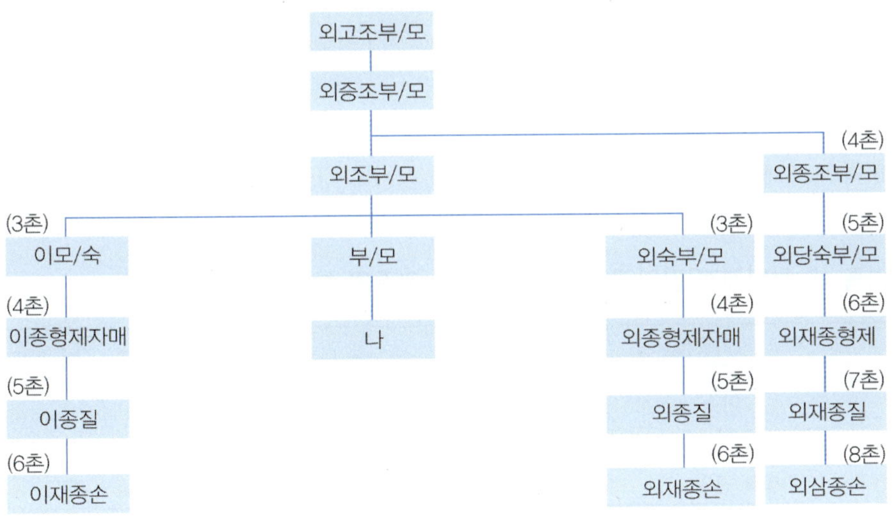

| 그림 6-3 | 외가 친족 관계

KEY POINT

사정과 진단

① 사정은 클라이언트의 강점이나 관련자원 및 잠재력 등을 중시
② 진단은 클라이언트의 병리적이고 문제 중심의 탐색 등을 중시

가족 사정의 방법

① 양적방법 : 표준화된 척도. 검사지, 질문지 등
② 질적방법 : 면접, 관찰 방법, 그림 그리기 등

사정에 필요한 정보

① 언어적 보고
② 비언어적 행동의 직접관찰
③ 상호작용 관찰
④ 클라이언트의 자기 모니터링
⑤ 정보의 이차적 출처
⑥ 상호작용 시 사회복지사의 주관적 경험
⑦ 각종 기록

홀론

하나의 체계는 상위체계에 속한 하위체계인 동시에 다른 것의 상위체계

가족 내 하위체계 간의 경계 특성에 따른 가족의 특징

밀착된 가족(가족성원 간 혼돈된 가족)	유리된 가족(가족성원 간 경직된 가족)
• 가족원 간 독립심과 자율성 결여 • 가족원의 획일적인 감정과 생각 강요 • 과도한 가족 응집력 • 지나친 간섭과 관여	• 가족원 간 경계가 경직 • 가족원 간 상호작용 적음 • 가족응집력과 결속이 낮음 • 다른 가족원에 대한 관심 결여

가족사정 도구

가계도	과거로부터 수직적 가족관계 파악한 상황도표
생태도	현재상황의 수평적 가족관계 파악한 상황도표
사회도	개인, 가족의 사회적 관계망을 표현한 그림이나 표

가계도

클라이언트의 환경에서, 특히 가족적 상황을 과거부터 현재까지의 가족관계 도표 (수직적 관계)

생태도

클라이언트를 둘러싼 각 체계, 가족 간의 관계 및 현재 주변의 사회 상황 도표 (수평적 관계)

사회도(소시오그램 : sociogram)

대인관계를 나타내는 그림으로 간접적인 질문 또는 생활과정을 관찰하여 누가 누구와 가까운가를 발견하여 선으로 연결하는 도표

가계도와 생태도 비교

가계도	생태도
다른 점	다른 점
한 가족의 여러 세대에 걸친 가족 패턴 가족과 환경과의 관계를 알 수 없다.	한 가족이 자원, 단체, 다른 가족 및 개개인과 맺는 상호작용에 초점
같은 점	
• 가계도, 생태도 모두 가족 역동을 통찰하게 해준다. • 같은 기호들도 있다.	

Chapter 07

역기능가족

제1절 역기능가족의 개념 및 특징

제2절 역기능가족의 발생원인 및 종류

제3절 역기능가족 개입을 위한 가족치료이론

제4절 가족건강성 증진을 위한 순기능적 방안

07 Chapter

역기능가족

|제1절| 역기능가족의 개념 및 특징

1. 개 념

가족의 기능이란 가족 내에서 이루어지는 실제적 활동들로 가족의 생존을 위한 상호작용이다. 가족의 기능적 특성은 가족응집력·가족적응성을 그 하위요인으로 하고 있다.

가족 내 적절한 응집력은 가족에 대한 소속감이나 애착 정도가 개인의 자율성과 균형을 이루면서 효율적인 가족기능을 수행하고 개인의 정서적 발달을 촉진시킬 수 있다.

또 다른 가족의 기능적 특성은 가족적응성인데, 가족적응성은 가족구성원이 상황적 과정과 발달적 과정에서 발생할 수 있는 스트레스에 대처하기 위하여 가족관계에서의 역할·규칙·권력구조 등을 변화시킬 수 있는 능력이라 할 수 있다.

가족은 재생산 및 종족보존, 성적 표현 및 통제, 교육 및 사회화, 지위부여, 경제적 협력, 정서적 지지와 만족, 사회통제기능 등의 역할을 수행하며, 가족에게 부여된 이런 역할을 잘 수행하는 가정을 순기능가족(well functioning family)이라 하고, 부여된 기능을 잘 수행하지 못하는 가정을 역기능가족(disfunctional family)이라 한다.

2. 특 징

역기능가족은 매우 다양한 특징을 보이고 있어 그 특징들을 다 언급하는 것은 쉽지 않은 일이다. 따라서 역기능가족에게 가장 대표적인 특징으로 의견이 모아지고 있는 다음의 모습들에 대해 살펴보고자 한다.

1) 낮은 자존감과 수치심

역기능가족 내에서 성장한다는 것은 그 구성원들이 삶의 대부분의 시간을 수치심과 낮은 자존감 가운데서 살아간다는 것을 의미한다. 수치심을 느끼는 사람들의 공통점이 있다면 대개는 다른 사람들에게 의존적이 되고, 그들의 거짓 자아를 작동시키게 된다는 것이다.

그러므로 역기능가족이란 수치심에 기반을 둔 가족이라고 할 수 있다. 수치심은 스스로를 부족하고, 결핍되었으며, 부적절하고, 무력하다고 느끼는 자아의식으로부터 생겨나는 고통스러운 감정으로서 부정적 정서, 사회적 정서, 자의식 정서라고 할 수 있다.

이러한 수치심은 가족성원의 자존감과 깊은 연관성을 지닌다. 그들의 자존감은 다른 사람들이 자신에 대해 어떻게 생각하는가에 달려 있기 때문에 스스로의 개별성과 자발성을 손상시키며, 다른 사람들에게 잘 보이려고 할 때 자신의 낮은 자존감을 위장시켜 될 수 있으면 좋은 사람으로 보이게끔 포장하기도 한다.

그로 인해 그들은 위장된 모습과 실제 모습 사이에서 괴리감을 느끼게 된다. 또한 이들은 성장하면서 다른 사람들과의 관계 속에서 자신이 분명한 정체성을 가진 사람으로 느낄 수 있도록 해주는 경험을 하지 못했으며, 자신의 부모와 분리되어 본 적이 없거나 부모와 동등한 사람으로서 대화나 관계를 이어 나가지 못한 경우가 많다.

역기능가족의 낮은 자존감에 대하여 브래드쇼(Bradshaw)는 역기능가족의 부모가 가진 수치심과 관련지어 설명하고 있다.

역기능가족의 부모는 기본적으로 수치심을 가지고 있고, 자아존중감이 낮으며, 열등감이 매우 큰 특징을 지니고 있다. 부모의 이러한 부정적인 정서와 행동은 자녀들에게 전이되고 결국은 부모의 양육태도에도 영향을 끼쳐 자녀들 역시 수치심과 낮은 자존감을 가지고 자라게 되는 악순환을 초래한다는 것이다.

2) 모호한 의사소통

역기능가족은 순기능가족의 건강하고 기능적인 대화방식이 아닌 모호하고 역기능적인 대화방식을 취한다. 역기능적 대화란 언어적 측면의 대화와 비언어적 측면의 대화가 일치하지 않는 경우를 의미한다. 예를 들어, 부모가 화가 난 상황에서 언어적으로는 "나는 화가 나지 않았어, 괜찮아"라고 말하면서 비언어적(표정과 몸짓)으로는 자신이 화가 났음을 계속해서 표현하는 상황이라고 볼 수 있다.

이렇게 언어와 비언어의 내용이 일치하지 않는 경우 자녀는 혼란스러움을 느끼게 되며, 자신의 감정과 욕구에 상관없이 부모의 비위를 맞추려 들고 눈치를 보는 아이가 되어 버린다.

가족의 역기능적 대화유형을 보면, 애매모호하며 표현능력이 부족하고 진정한 인격적인 접촉이 없다는 것을 알 수 있다.

또한 서로의 의견이 무엇인지 정확하게 알 수 없어 서로의 욕구를 충족시켜 주지 못하고 그로 인한 오해와 무관심으로 인격적인 접촉이 점점 사라지게 된다. 아울러 가족 내 어떤 문제가 발생하였을 경우 명백한 문제가 있음에도 불구하고 가족성원들은 공개적인 대화를 피하는 특징을 보인다.

그들은 문제가 공개되는 것을 두려워하여 문제를 은폐하려 든다. 이렇게 문제 상황을 없었던 일로 만들어 버리고 비밀로 만들어 버리는 것은 문제를 해결할 수 있는 능력을 숨겨 버리는 것과 같다.

실제로 많은 문제들은 표면상으로 드러났을 때 해결되는 경우가 많다. 그러나 문제를 숨기려 할수록 더욱 많은 비밀이 만들어지게 되고 이것은 결국 가족 간의 신뢰를 무너뜨리는 원인이 되는 것이다.

| 제2절 | 역기능가족의 발생원인 및 종류

1. 역기능가족의 발생원인

가족은 매우 다양한 요인들에 의해 그 기능적 역할을 상실하고 역기능적 가족으로 전락하게 된다. 비효과적인 양육과 자녀들의 부적응의 원인이 되는 역기능가족은 주로 중독, 가족해체, 가정폭력, 심리적인 외상, 빈곤 등 사회적·상황적 요인에 의해 발생한다.

역기능가정에서 배출된 자녀는 다시 역기능적 가정을 생산하는 악순환을 반복하게 되는데, 이러한 역기능가정을 양산시키는 발생 원인에 대해 다음과 같이 살펴보기로 한다.

1) 중 독

중독(addiction)의 사전적 의미는 술·담배·마약 등을 자주 즐겨 그것을 마시거나, 피우거나, 맞거나 하지 않으면 신체적·정신적으로 정상적 상태를 갖지 못하게 되는 것이다.

가족구성원의 중독은 가정 내에서 동반중독자를 생산하게 되며, 동반중독은 태도와 행동 및 의견의 통제를 받게 하기도 하나 동시에 통제하려고 하는 이중적 성향을 지닌다.

아울러 영적 생동력과 진실한 자아를 상실하게 하며 가족 간에 친밀감을 누리지 못하게 한다. 동반중독의 위치에 있는 자녀는 부모에게 양육을 받기보다 부모를 보살펴야 하며, 이와 같이 혼자서 모든 것을 책임지며 자란 자녀는 자신의 결혼과 가정생활을 통해 또 다른 역기능가정을 재생산하게 되는 것이다.

중독은 일시적으로는 사람을 안정시키나 스트레스, 우울, 권태, 불안, 정서적 갈등, 낮은 자존감, 성적 불능, 고독, 고통스러운 정서적 갈망 등을 일으키는 원인이 되어 잠시 동안 경감시켰던 고통과 정서문제들을 더욱 악화시킨다.

알코올에 중독되어 자신의 반복적인 음주로 가족들이 고통스러워하거나, 강박적 사고를 극복하기 위해 행해지는 '약물중독', 가정을 돌보지 않고 일에만 몰두하는 '일중독', 음란물이나 끊임없는 성관계를 추구하는 '섹스중독', 강박적인 종교행위에 빠져 건강하지 못한 영적 상태를 가지게 되는 '종교중독' 등은 가족구성원 간에 심각한 수치심을 유발하게 되며 가족들을 역기능적 관계로 전락시킨다.

2) 가족의 해체

현대인의 가족구조는 전통적 개념의 확대가족에서 핵가족화 되었다. 이는 전문화된 산업사회의 발달로 형성된 가족의 유형이나 확대가족의 장점인 친족의 결속력이 붕괴됨으로써 가족의 해체와 역기능가족 형성의 원인이 되었다.

핵가족화는 개인주의를 촉진시켰으며 가정의 정서적 기능을 무력화시키고 일관적인 가족질서를 무너지게 하여 자녀들의 소외와 부부갈등을 증폭시키는 요인이 되었다. 그러나 최근 들어 결정적인 가족해체요인이 되는 것은 '이혼'이라 할 수 있다. 현대사회의 가족은 부부간의 성격 차, 배우자의 부정, 가정폭력, 가족기능 수행에 대한 불만족 등의 다양한 문제들을 감수하는 것만이 바람직한 것이 아니라는 사회적 분위기를 조성하였고, 그 결과 이혼이나 별거를 경험한 해체가족이 증가하게 된 것이다.

또한 부부들의 경제적 자립 증가와 핵가족화로 인한 부부갈등 중재자의 부재도 이혼을 부추기는 요인으로 작용하고 있다.

그러나 가족해체로 인해 가장 큰 피해를 보는 가족구성원은 바로 자녀들이다. 그들의 대부분은 가족해체를 통해서 왜곡된 가치관을 가지게 되고, 자존감의 상실로 인해 추후 자신의 결혼 역시 행복하지 않을 것이라는 선입견을 가지게 되어 또 다른 역기능 가족을 생산하게 되는 것이다.

3) 가정폭력

가정폭력에 대한 개념은 각 나라의 문화에 따라서 가정폭력인가 아닌가에 대한 허용범위와 기준이 다양하고 그 기준에도 차이가 있다. 따라서 어떤 행동이 폭력적인지 또는 비폭력적인지를 구별하는 것, 물리적 폭력과 비물리적 폭력에 대해 구별하는 것도 쉽지 않은 일이다.

그러나 일반적으로 가정폭력이라 함은 물리적인 폭력행위뿐만 아니라 강제와 위협, 경제적 학대, 정서적 학대, 남성의 특권사용, 고립시키는 행위 등을 모두 포함하여 지칭한다.

가정폭력은 시간이 갈수록 그 빈도가 높아지고 더욱 심해지는 경향이 있다. 따라서 폭력을 당하는 피해자들은 시간이 지남에 따라 강도와 빈도가 높아지는 폭력에 의해 감당하기 힘든 고통스러운 경험으로 절망감과 실패감을 갖게 되며, 그 모든 것들이 작용하여 신체적 증상과 심리적·정신적인 다양한 형태의 질병으로 나타나기도 한다.

우리나라의 경우도 가정폭력의 문제가 날로 심각해지는 추세이며, 이는 해마다 증가하는 가정폭력 관련 상담시설을 통해 짐작해 볼 수 있다.

가정폭력을 바라보는 이론적 관점은 매우 다양하고 가정폭력에 대해 어떤 입장을 취하는가에 따라 해결방안이 다를 수 있지만, 공통된 사실은 가정폭력이 구성원의 평등한 의사소통을 막고 인격적인 관계를 단절시켜 역기능가족을 출현시키는 원인을 제공한다는 것이다.

4) 심리적 외상

외상(外傷)은 아주 충격적인 일을 겪은 후에 가지게 되는 정신적인 고통이나 상처를 의미하는데, 피해자에게 인격적·심리적·육체적 상처를 남기며, 후에 그의 인격과 심리적 단절 및 변화를 가져와 외상을 치유하지 못할 경우 인격의 분열상태(dissociation), 인격의 변화(personality change), 신체화(somatization), 희생의 반복(revictimization) 등의 복합적인 증세들로 인해 역기능가족을 일으키는 요인이 된다.

외상으로 파생되는 '외상후 스트레스장애'는 정신질환의 하나로 타인과의 접촉을 꺼리며 극도로 예민하거나 과도한 반응을 보이는 특징을 지니고 있다.

5) 빈 곤

IMF 이후 지속되고 있는 경제적 위기는 신(新)빈곤층을 양산하며 극심한 가난으로 인한 역기능적 문제가 되어왔다. 장기적인 경기침체로 인한 여파는 청년실업자, 신용불량자, 비정규직 근로자 등을 포함한 신빈곤층의 확산을 가져왔고, 이것은 노인·아동 등의 사회적 약자에 대한 학대문제로 이어지게 되었다.

극심한 가난으로 인하여 자녀와 함께 생계형 자살이 증가하였으며, 아동·노인·여성 등의 약자에 대한 언어적·심리적·신체적 학대 등을 증가시켜 가정의 기능을 제대로 수행하지 못하게 하였다.

2. 역기능가족의 종류

앞에서 살펴본 바와 같이 현대사회는 가족의 기능을 저해하는 다양한 원인들에 의하여 다양한 유형의 역기능적 가족을 출현시키고 있다. 데이비드 스투프(David Stoop)는 다음과 같이 역기능가족의 종류를 네 가지로 구분함으로써 보다 쉽게 역기능가족에 대해 접근하고 있다.

1) 혼돈된 가족(The Chaotic Family)

이 가족의 유형은 권위와 질서도 없고, 훈련도 없으며, 사실상 가족 내 지도자가 존재하지 않는다. 각자가 자신의 문제를 해결하는 기준이 되므로 자신이 원하면 무엇이든 할 수 있다.

즉, "내가 알아서 내 마음대로 해"가 곧 가족의 법칙이 된다. 어느 누구도 "왜 그렇게 하느냐"고 묻지도 않고 관심을 가져주는 사람도 없다. '자기 멋대로'라는 표현이 이러한 유형의 가족에 있어서 가장 적절한 표현이 될 것이다. 좋은 지도자로서 가정을 이끌어 가야 할 책임이 있는 부모조차도 그들의 혼돈된 생활로 인해 자녀들에게 올바른 방향을 이야기하지 못한다.

그들(부모) 스스로가 무엇이 옳고 그른지를 알지 못하기 때문이다. 대부분의 알코올중독자 가족이라든지 경제능력이 무책임한 부모 밑에서 자란 자녀들에게서 쉽게 나타날 수 있는 가족의 유형이다.

2) 경직된 가족(The Rigid Family)

이 가족은 혼돈된 가족과는 반대되는 유형이라 볼 수 있다. 너무 완고하여 융통성이 없고 권위주의적인 가족의 모습으로 가족구성원 중 한 사람이 절대적인 권위와 결정권을 가지고 가정을 이끈다. 따라서 이러한 가정은 누가 무엇을 원하는가에 따라 어떤 일이 결정되는 것이 아니라 가족의 법칙과 권위자가 어떻게 생각하는가에 따라 모든 일이 결정되는 것이다.

3) 밀착된 가족(The Enmeshed Family)

가족성원들끼리 너무 밀착되고 복잡해서 개개인의 정체성과 개개인의 삶이 다른 구성원들의 그것과 구분되지 않는 가족의 유형이다. 즉, 가족이 너무 가까워서 개인은 없어지고 가족만 있는 가족의 형태라고 할 수 있다.

이러한 가족은 개인의 인격과 감정이 존중되지 않고 가족단위로 존중되기 때문에 '내가'라고 말하기보다 '우리가'라고 말한다. '내가' 원하는 것보다는 '우리 가족'이 원하는 것이 더 중요하고, '내가' 싫어하는 것보다는 '우리 가족'이 싫어하는 것에 더 민감하다. 예를 들면, 결혼문제에 있어서 '내가' 원하는 상대자라고 해도 '우리 가족'이 싫다고 하면 본인 스스로 배우자로 받아들이지 못한다는 것이다.

또한 이러한 가정에서는 가족문제를 가족 내에서 끝내야 한다고 생각하기 때문에 가족 이외의 다른 사람들과 문제에 관해 논의하지 않는다.

4) 유리된 가족(The Disengaged Family)

유리된 가족은 밀착된 가족과 정반대되는 모습을 나타낸다. 이러한 가족은 가족 내 중심이 없고 구심체가 없기 때문에 가족의 문제나 가족성원의 일에 관심을 두지 않는다. 또한 자신에게 문제가 생겨도 가족의 도움받기를 원치 않는다.

〈표 7-1〉 역기능가족의 종류와 그 특성

구 분	혼돈된 가족	경직된 가족	밀착된 가족	유리된 가족
권위자	개인	부모나 아버지	가족 전체	개인
감정표현	자유롭다.	경직되어 있다.	자유롭다.	관심이 없다.
규칙 규율	없다. 있어도 지키지 않는다.	있다. 지키지 않으면 훈계와 벌이 따른다.	규정된 규칙은 없지만 지켜야 하는 나름의 묵계가 있다.	가족규율은 중요하지 않다.
문제발생 시	어떻게 해결해야 할지 모른다.	권위자 혼자 해결한다.	어디서부터 풀어야 할지 모르나, 함께 해결하려 한다.	개인 스스로 고민하고 해결한다.
세대의 문제	질서가 없다.	상하관계가 엄격하다.	가정의 어른에 대한 절대적인 의리를 존중한다.	별로 중요하지 않다.
고독의 문제	함께 지낸다.	고독하다.	함께 지낸다.	가족 내에서는 고독하지만, 밖에는 친구가 많다.
가족행사	함께 한다.	의무적으로 함께 한다.	함께 한다.	관심이 없다.
자율성	너무 많아 방종이 흐른다.	거의 없다.	없다.	있다.

| 제3절 | 역기능가족 개입을 위한 가족치료이론

지금까지 살펴본 가족의 역기능적 문제를 해석하고 해결책을 모색하는 방법은 매우 다양하나, 문제에 대한 해결방안을 찾는 데 중요한 작용을 하는 것은 다양한 방법 중 '어떠한 도구를 사용하여 문제를 이해할 것인가'이다.

가족의 기능을 도와 궁극적으로 가족구성원들이 적절한 사회적 역할을 수행할 수 있도록 돕는 것을 '가족치료' 혹은 '가족개입'이라 한다. 가족치료이론은 역기능적 가족의 문제에 대한 해결방안을 찾는 데 있어서 앞에서 언급한 도구와 같은 역할을 한다.

따라서 가족치료이론을 이용하여 가족의 문제를 해석하고 어떻게 풀어나갈 것인지를 결정하기 위해서는 사용 가능한 이론적 모델을 숙지할 필요가 있겠다. 여기에서는 역기능가족의 문제해결을 위해 사용되는 주요 가족치료이론 모델에 관하여 다음과 같이 살펴보기로 한다.

1. 보웬(Bowen)의 다세대 가족치료이론

머레이 보웬(Murray Bowen)은 1950년대에 소아정신분열증 환자의 치료를 위해 환자와 그의 어머니 또는 부모를 약 1~2개월간 공동으로 생활하게 하면서 가족치료이론을 연구하기 시작했다. 정신분열증 환자들은 엄마와의 불안정한 애착관계를 형성한다는 사실에 주목하고, 이를 통해 분화의 개념과 삼각관계의 개념을 만들어 냈다.

그는 가족 내 개인을 이해하는 데 있어서 자아구분의 정도, 삼각관계, 핵가족의 감정체계, 가족의 투사과정, 정서적 단절, 세대의 전이과정, 출생순위, 사회적 정서과정 등의 8가지 개념에 따라 가족치료의 적용범위가 달라진다고 보았다.

그의 가족치료이론은 방법보다는 방향에, 기법보다는 이론 자체에 치중하였기 때문에 가족체계이론 중에서 가장 체계적이고 영향력을 지닌 이론으로 손꼽히고 있다.

1) 주요 개념

(1) 자기분화(differentiation of self)

자기분화는 정신내적인 개념과 대인관계적 개념의 두 가지 측면이 있다. 정신내적인 개념은 감정과정과 지적과정을 구별할 수 있는 능력이고, 대인관계적 개념은 자신과 타인을 구별하는 능력이다.

분화는 자아형성을 통해 이루어지는데 어린 시절 부모의 사랑과 관심을 제대로 받은 유아의 자아는 아주 건강하고 튼튼하게 형성되는 반면, 부모의 관심과 보살핌을 제대로 받지 못한 유아의 자아는 제대로 형성되기 어렵다. 보웬은 자기분화가 가장 낮은 상태를 0으로 보고, 가장 높게는 100으로 하여 그 수준을 평가하고 있다.

(2) 삼각관계(triangles)

보웬은 자아의 통합 정도와 자신이나 타인과의 관계에서 일어나는 불안이나 정서적 긴장에 관심을 두고 연구하면서 두 사람 관계체계(예 부부체계)에서 발생하는 상충적 욕구가 있을 때 균형을 유지하려고 시도하는 데서 삼각관계가 발생한다고 보았다.

그는 가족구조 내 두 사람 간의 스트레스를 해결하는 방법으로 가족의 또 다른 구성원을 두 사람의 상호작용체계로 끌어들여 삼각관계를 형성한다고 하였다.

즉, 삼각관계는 가족 내 불안한 2인의 관계를 해소하는 방법이자 3인체계의 역동적인 균형을 의미한다. 삼각관계활동에서 가장 중요한 것은 불안이다. 삼각관계의 기본적인 특징은 다음과 같다.

① 안정적인 2자관계는 제3자가 추가되면서 동요될 수 있다.

② 안정적인 2자관계는 제3자가 사라짐으로써 불안정해질 수 있다.
③ 불안정한 2자관계는 제3자가 추가되면서 안정적일 수 있다.
④ 불안정한 2자관계는 제3자가 사라짐으로써 안정적일 수 있다.

(3) 핵가족의 감정체계(nuclear family emotional system)

핵가족의 감정체계는 가족들이 감정적으로 연결되어 있는 감정상태의 질을 의미한다. 어떤 가족은 가족들끼리 감정적으로 약하게 연결되어 있기도 하고, 어떤 가족들은 감정적으로 아주 강하게 연결되어 있기도 한다.

가족들의 분화수준이 높으면 가족구성원은 그만큼 자신감을 가지고 불편하고 힘든 감정들을 잘 처리할 수 있게 되나, 반면 분화의 수준이 낮은 경우에는 불편한 감정들을 제대로 견디지 못해 다른 사람들과 의도적으로 관계를 만들어서 이를 해결하려고 한다.

(4) 가족투사과정(family projection process)

보웬은 미분화된 부모가 출생순위와 관계없이 자녀들 중 가장 유아적인 자녀를 투사대상으로 선택하게 되는데, 이 현상을 가족투사과정이라고 한다. 가족투사과정은 보통 어머니-아버지-자녀의 삼각관계 안에서 작용하는데, 투사는 불안을 경감시켜 주기 때문에 남편은 아이에 대한 아내의 과잉관여를 직접적 또는 간접적으로 지원한다. 많은 경우 이렇게 선택된 자녀는 정서적 손상과 함께 만성적 질병과 무능함을 유발하기도 한다.

(5) 다세대 전수과정(multi-generational transmission process)

자녀들의 분화 정도는 현재 속해 있는 세대에만 관련되는 것이 아니라 여러 세대에 걸친 가족원들의 기능과 관련된 예측 가능한 과정이라고 여긴다. 역기능가정에서 자라난 자녀는 성인이 되어서도 자신과 비슷한 분화를 가진 상대를 배우자로 선택하여 자녀를 낳으면 그들의 미분화적 특성을 투사하게 되어 자녀는 더욱 미분화된 상태에 놓이게 된다는 것이다.

즉, 보웬은 정신분열증 자녀가 나오기까지는 최소한 3세대가 관련되어 있다고 보았다.

(6) 정서적 단절(emotion cut-off)

정서적 단절은 보웬이 1975년에 보충하게 된 개념으로 사람들이 부모와의 관계에서 해결하지 못한 세대 간의 미분화와 그와 관련된 정서적 긴장을 관리하는 방식이다. 하지만 정서적 단절은 정서적 끈을 끊기 위한 극단적인 정서적 거리일 뿐, 사실은 부모로부터 완전히 해방되지 않은 상태를 말한다.

정서적 단절의 형태는 부모와 함께 살면서도 부모를 멀리하고 회피하며, 대화거부나 부모가 원하는 것을 거부하고, 정서적인 고립이나 정서적인 유대관계를 갖지 않는 것이다. 또한 물리적으로 멀리 떨어져 있고, 만날 기회도 별로 없으며, 정서적으로 단절한 경우인데, 이런 경우에는 부모에게 문제가 있다고 보고 독립하기 위해 멀리 달아나게 되는 것이다.

(7) 형제지위(sibling position profiles)

보웬은 가족 내 형제순위를 기초로 자녀들의 성격이 일관되게 발달한다는 사실을 밝혀냈다. 이 개념에 의하면 자녀는 가족 내의 형제순위에 따라 어떠한 고정된 인성적 특성을 발달시키게 된다.

즉, 개인은 형제지위 속에서 특정 지위를 가지고 태어남에 따라 그것과 관련된 기능을 떠맡게 되고, 개인의 성격도 어느 정도 이러한 기능적 지위에 의해서 형성되며, 결혼 이후 부부관계와 투사과정에서도 영향을 미친다는 것이다.

(8) 사회적 정서과정(societal regression)

사회에서 이루어지는 관계가 가족구성원들의 감정과정에 영향을 미치는 것을 사회적 정서과정이라고 한다. 사회에서의 관계는 두 가지 방향에서 가족구성원의 감정과정에 영향을 미치게 되는데, 하나의 방향은 사회에서 오랫동안 제대로 적응하게 되면 가족구성원의 분화수준은 올라가게 되는 것이다.

반면에 사회에서 지속적인 스트레스를 받고 자신의 독립된 생각에 의한 활동을 하지 못하게 되면 가족 내 분화수준은 낮아지게 된다. 즉, 가족 안에서 감정적 반사행동이 많아지게 되고 자신의 정체성을 점차 잃어버리게 된다.

2) 치료목표

보웬의 가족치료에 있어서 일차적인 치료목표는 미분화된 가족자아로부터 개인이 분화할 수 있도록 도와주는 자아분화수준을 높이는 데 있다. 이차적 치료목표는 가족개인의 자아분화수준의 변화를 통해 가족의 정서체계 구조를 변화시키는 것이다.

즉, 문제가 각각의 사람에게 있는 것이 아니라 체계에 원래부터 존재하여 왔으며 개인변화는 다른 사람과의 관계변화를 통해 이루어지는 것이다.

2. 구조적 가족치료이론

구조적 가족치료(structural family therapy)는 월브리지(Wallbrige), 스탠튼(Stanton), 미누친(Minuchin)에 의해 발전되었다. 이것은 짧은 시간 동안의 만남에서 가족문제 및 가족 특유의 양식 등을 파악하여 역기능적 가족구조에 변화를 꾀하는 접근방식이다.

이 방법을 사용하는 치료자는 개인을 둘러싼 구조에 관심을 갖고 가족의 구조가 변하면 동시에 가족구성원들 간의 지위가 달라져서 결국 '각 개인의 경험도 변할 수밖에 없다'는 가정에 기반을 두었다.

구조적 가족치료는 각 가족성원의 위치와 가족관계, 가족기능, 가족문제 등에 관한 관점을 구조화시키는 데 기여함으로써 가족 간 상호작용의 과정을 분석하기 위한 중요한 역할을 담당하게 되었다.

1) 주요 개념

(1) 가족구조와 가족규칙

가족이란 가족구성원이 상호작용하는 방식을 조직화하는 하나의 보이지 않는 기능적 요구이며, 동시에 상호교류유형을 통해 작용하는 하나의 체계이다. 반복되는 상호교류는 언제, 어떻게, 누구와 관계를 맺는지에 관한 유형을 만들고 이들 유형에 의해 체계가 유지되어 간다.

즉, 가족구조란 가족 내의 상호작용을 이해하는 기본 개념으로 가족성원들이 상호작용하는 일정한 형태를 의미한다. 따라서 치료자들은 가족구조를 통해서 상호작용하는 가족성원의 행동을 파악하고 예측할 수 있다.

가족구조를 이해하기 위해서는 우선 가족규칙을 파악해야 하는데, 가족규칙은 가족성원들의 행동을 유형화시키고 가족생활을 운영하는 기틀이 된다.

(2) 가족 하위체계

하위체계란 "전체 체계를 유지시키기 위해 특정 기능을 수행하는 전체 체계 내의 조직화된 단위"들을 말한다.

각 개인은 가족이라고 불리는 보다 큰 체계의 하위체계이다. 가족은 지역사회라고 불리는 하위체계의 한 부분이며, 지역사회는 국가라는 좀 더 큰 체계의 일부분이다. 개인의 경우 신체나 정신이 각각의 하위체계로 구성된 것처럼 체계의 의미로서 가족은 하위체계로서 기능하는 개인의 집합에 의해 성립되는 것이다. 이러한 하위체계는 또다른 하위체계를 구성하는데 부부하위체계, 형제하위체계, 여성하위체계, 남성하위체계 등 여러 개의 하위체계를 포함한다.

(3) 경계선

경계(boundary)란 가족 내 관계에 대한 규정으로 가족 간의 상호작용 과정에서 구성원 중 누군가가 어떠한 방법으로 관여할 수 있는지에 대한 규정이라 할 수 있다. 가족 내 명확한 경계선은 가족들로 하여금 자신의 역할이 무엇인지, 또는 가족 내에서 자신의 위치가 어느 정도인지 알려주는 역할을 한다.

따라서 명확하고 분명한 자신의 역할과 위치는 가족들 간에 불필요한 갈등을 줄이는 역할을 한다. 경계선이 불분명한 경우를 산만한 경계선, 경계선이 너무 딱딱하여 경직되어 있는 경우를 엄격한 경계선이라 말한다.

2) 치료기법

(1) 실연화(enactment)

치료자가 구상하고 있는 상호작용의 방법을 가족들로 하여금 실제로 행동을 통해서 연기하도록 하는 방법이 실연화의 기술이다. 치료자는 가족들이 연기하는 동안에 관찰자의 입장에서 가족들의 역기능을 발견하고자 한다.

가족구성원은 실연화 과정을 통해 성원들 간 역기능적 상호작용을 실제로 연기해 봄으로써 자신들이 가지고 있는 문제를 명확하게 바라볼 수 있고, 문제에 대한 초점이 한 개인이 아니라 가족 전체 체계의 역기능에 있음을 인식하게 된다.

(2) 경계 만들기(boundary making)

치료자는 지나치게 유리되거나 밀착된 하위체계들 간의 경계를 근접하게 하거나 어느 정도의 거리를 두도록 개입한다. 가족구성원 각자가 가족이라는 하나의 체계 안에서 적절한 위치에 있도록 하며, 가족 내 세대 간 명확한 경계를 유지할 수 있도록 원조하는 기법의 하나이다.

(3) 균형 깨뜨리기(unbalancing)

가족 내 하위체계 간 역기능적 균형을 깨뜨리기 위한 방법이다. 예를 들어, 의도적으로 힘이 약한 한쪽 구성원의 의견에 힘을 실어주거나 힘이 강한 다른 한쪽의 의견에 무시하는 반응을 나타냄으로써 역기능적 균형을 깨뜨리는 것을 말한다.

3. 경험적 가족치료이론

경험적 가족치료는 가족구성원들의 주관적인 다양한 정서적 경험을 중요시하는 현상학을 기초로 하고 있다. 가족을 개인들의 집합으로 보며, 가족구성원 개개인의 변화를 통해 가족의 문제를 해결하고자 하는 입장을 취한다.

따라서 경험적 가족치료는 칼 위태커(C. Whitaker)와 버지니아 사티어(V. Satir)에 의해 태동되고 발달하였다. 위태커(Whitaker)의 비인습적인 사고는 과감하고 창의적인 가족치료접근법의 바탕이 되었으며, 가족을 변화시키고 가족원 간의 융통성을 증진시키기 위하여 치료자의 적극적인 참여를 권장하였다. 한편 사티어(Satir)는 가족구성원의 불명확한 의사소통이 가족 간의 갈등을 일으킨다고 보고, 가족 간의 의사소통방식과 그 내면에 내재되어 있는 감정에 문제의 초점을 두었다.

1) 주요 개념

(1) 대화체계

가족의 기능을 알 수 있는 중요한 기준이 바로 대화이다. 가족 간의 대화가 분명해서 상대방에게 의사전달이 쉽게 이루어지고 가족 간에 활발한 상호작용이 이루어질 때 그 가족은 열린 체계라 한다. 열린 체계의 가족은 서로의 의견을 존중하며, 융통성 있고, 건설적인 문제해결능력을 가진 기능적인 가족의 모습을 가진다.

하지만 닫힌 체계를 가진 가족들은 가족 간의 대화가 분명하지 않아 상대방을 혼란스럽게 하며, 대화의 내용이 이중으로 전달되어 상대방을 혼란스럽게 만들기도 한다. 이러한 가족은 자존감이 낮고 자기비하 등의 불만감을 갖게 된다.

(2) 자아존중감

자아존중감은 자기가 자신을 평가하는 판단·경험·자기가치이다. 자아존중감이 높은 사람은 어려운 상황도 잘 견디고 극복할 수 있는 힘을 가지고 있지만, 그렇지 않은 사람은 역기능적인 생존방식을 보인다.

2) 치료기법

(1) 가족조각(family sculpture)

가족조각과 가족안무는 과거의 장면들을 재조명해 보기 위해 사용되는 치료기법으로 가족성원 1명이 가족 개개인의 신체적인 공간을 자신의 이미지에 따라 배열하는 신체적 표현을 통해 가족의 관계를 나타내고자 하는 무언의 동작표현이다.

가족조각기법은 현실의 공간에 인간을 놓고 자세나 표정을 사용하여 특정한 대인관계에 관하여 조각하는 인식이나 감정을 나타냄으로써 가족체계를 상징적·비유적으로 묘사하는 방식이다. 이 기법을 통해서 가족의 의사소통 유형이나 경계선, 규칙, 소속감, 가족체계의 융통성 정도를 파악할 수 있다.

(2) 역할극(role playing)

실제의 경험을 바탕으로 현재의 느낌을 노출시키는 것을 전제로 하는 가족치료기법이다. 과거의 사건이나 바람 또는 미래 사건에 대한 두려움을 치료세션 중에 직접 역할놀이를 해보게 함으로써 가족들에게 피부로 느낄 수 있도록 기회를 제공한다.

(3) 가족재구조화(family reconstruction)

내담자 자신의 어린 시절 어느 한 부분을 선택하여 재연하게 함으로써 그것을 통해 자신에 대한 다른 감정과 시각을 가질 수 있도록 구조화하여 기능적인 인간으로 재형성되도록 원조하는 기법이다. 표면에 나타난 가족규칙과 가족주제, 가족신화 등을 꺼내놓아 역기능적 체계를 개방적이고 건강한 기능적 체계로 바꾸는 데 기여한다.

| 제4절 | 가족건강성 증진을 위한 순기능적 방안

인간에게 있어 가족은 기초적인 생활공동체로서 개인의 신체적 건강과 성장은 물론 정체성 확립과 소속감, 욕구충족, 정서적 안정과 행복을 좌우하기 때문에 가족의 순기능적 역할을 극대화시키려는 노력은 당연한 필요라 할 수 있다.

그러나 현대사회의 급변하는 환경적 요인으로 인해 가족 본래의 기능을 담당하지 못하는 역기능적 가족의 출현은 최근 사회문제로 부각되면서 가족문제의 예방과 치료, 그리고 가족의 건강성 증진에 관해 관심이 모아지고 있다.

가족의 건강성 증진과 순기능적 역할 강화를 위해서는 다음과 같은 대책이 필요하다.

1. 부부체계의 강화

1) 부부상담 프로그램 활성화

부부상담은 위기에 처해 있는 부부를 위한 것으로, 성격차이를 비롯한 부부간의 갈등문제·불평등문제·가정폭력문제 등에 관하여 면접상담을 이용하여 원조하는 방법이다.

현재 가족학·정신과학·사회복지학·심리학·교육학·종교 분야 등에서 학문적으로 접근하고 있고, 상황에 따라 여러 가지 치료 모델이 적용된다.

부부상담 내용으로는 특히 가부장적 이데올로기에서 탈피하여 평등하고 민주적인 부부관계가 되도록 지원하고, 갈등해소를 위한 의사소통의 기술을 습득시키며, 부부간에 부정적인 상호작용을 줄임으로써 애정과 신뢰를 회복시키는 일 등을 포함한다.

2) 부부교육 프로그램의 보급

현재 진행되고 있는 많은 부부교육 프로그램은 건강가족관점과 가족향상의 관점에서 개발되어 부부의 장점과 강점을 지지하고 잠재력과 성장을 촉진시킴으로써 부부체계를 강화하는 데 그 뿌리를 두고 있다.

즉, 부부문제의 해결보다는 풍요로운 부부생활의 성장을 돕기 위한 기능에 초점을 두고 있는 것이다. 프로그램은 결혼생활단계에 따라 결혼준비교육, 신혼기 부부교육, 중년기 부부교육, 노년기 부부교육으로 구분되고, 주제에 따라 관계향상 교육, 대화기술 및 갈등해결 교육, 부부평등교육, 재혼준비교육 등이 있다.

그러나 보다 건강한 부부관계를 위한 다양한 부부교육 프로그램을 실시·확대시키고 수요자의 욕구를 반영한 양질의 프로그램 개발도 함께 이루어져야 할 것이다.

2. 부모역량 강화

1) 부모역량 강화를 위한 정책적 지원

부모역할을 분담하고 민주적인 부모가 되도록 원조하는 정책적 지원이 필요하다. 민주적 부모역할을 수행하는 것은 자녀의 인성교육에 있어 매우 중요하다. 이를 위해서는 부부가 평등하게 부모역할을 공유하는 것에 대한 사회적 분위기를 조성해야 하며, 가족 내 남성의 양육참여가 가능해질 수 있도록 사회정책을 더욱 변화시키는 노력이 필요하다.

또한 가족친화적 직장문화를 형성하여 일과 가정생활 및 육아에 시간을 배분할 수 있도록 지원하는 가족정책이 요구된다. 아울러 맞벌이 가정이나 저소득층 가정같이 가족부양의 부담이 상대적으로 큰 가족에 대해서도 포괄적인 제도적 지원이 제공되어야 할 것이다.

2) 부모교육 활성화

부모교육의 개념은 시대의 흐름에 따라 여러 형태로 변화했는데, 최근에는 부모가 교육활동에 참여함으로써 더 효율적인 교육이 가능하다고 보아 전문가와 부모 간의 동등한 입장을 강조하고 있다. 부모교육의 목적은 정보 나누기, 신념과 통찰력의 변화, 기술 습득, 문제해결 능력 등 다양하다고 할 수 있다.

오늘날 전세대에 비해 가정에서의 부모역할과 기능을 제대로 하기가 어려운 현실 속에서 올바른 부모교육에 대한 중요성은 더욱 강조되고 있다. 바람직한 부모교육을 위해서는 자녀의 발달단계별, 자녀문제의 유형별, 부모의 결혼상황과 가족상황에 따라 각각의 특성에 맞는 다양한 형태의 프로그램을 제공해야 하며, 그 내용에 있어서는 건전한 자녀관과 자녀에 대한 올바른 이해 및 자녀에게 맞는 효과적인 부모역할 수행방법 등을 포함하여야 한다.

KEY POINT

역기능가족의 특성

① 가족규범에 융통성이 없어 경직되고 위협적
② 가족체계가 폐쇄적이어서 외부와 교류가 없음

역기능가족의 종류

① 혼돈된 가족
② 경직된 가족
③ 밀착된 가족
④ 유리된 가족

가족기능

① 가족집단이 가족원이나 사회에 대하여 행하는 지속적인 작용
② 가족이 수행하는 역할, 행위로서의 가족행동
③ 의사소통, 상호작용방식, 문제해결방법, 역할분담

기능적 가족의 특성

① 가족성원들은 서로 깊은 신뢰감
② 가족성원들 사이에 경계가 분명하고 자율성

가족투사과정

부부체계를 안정시키기 위해 부모에 의해 무의식적으로 그들의 미성숙성과 결핍이 가장 취약한 자녀에게 전달되는 과정

경계의 종류

① 경직된 경계 ② 혼돈된 경계 ③ 명확한 경계

가족 내 주요 하위체계

① 부부하위체계
② 부모하위체계
③ 부모-자녀 하위체계
④ 형제자매 하위체계

가족의 항상성

① 가족이 안정된 상태로 돌아가려는 경향 또는 균형을 이루려고 하는 속성
② 체계로서의 가족이 구조와 기능에 있어서 균형을 유지하려는 속성

아웃리치(Outreach)

대상자를 기다리지 않고 기관이나 시설 밖에 현장으로 찾아가 그들의 욕구를 파악하고 해결하는 활동

인테이크(Intake)

사회복지사가 욕구를 가진 사람의 문제와 욕구를 확인하여 해당기관의 서비스에 부합 여부를 판단하는 과정

스티그마(Stigma)

낙인을 뜻하는 용어로, 수치심 등으로 다른 사람들에게 무시당하고 부정적인 인식(낙인감 감소 서비스 필요)

프로이드 · 에릭슨

프로이드(Freud) 이론	에릭슨(Erikson) 이론
초기 아동기에 성격형성	전 생애에 걸친 성격발달
비판적 관점	낙관적 관점
결정적 성격발달	가변적 성격발달
폐쇄체계	개방체계

08 Chapter

빈곤가족

Chapter 08

빈곤가족

| 제1절 | 빈곤가족의 개념

빈곤가족이란 '빈곤'이라는 용어와 '가족'이라는 용어의 합성어이다. 따라서 '빈곤가족이란 무엇인가?'라는 정의를 내리려고 할 때 '빈곤을 무엇으로 규정하는가'와 '가족을 무엇이라고 바라보는가'에 따라 그 개념이 달라지게 된다. 즉, 빈곤가족은 빈곤을 보는 관점에 따라서 개념화될 수 있는 것이다.

사람은 영아기부터 아동기를 거쳐 성년기에 이르기까지 성장·발달에 필요한 기간 동안 가족의 보호가 요구되며, 가족은 그런 기능을 충실히 해왔다.

빈곤은 바라보는 관점에 따라 개념화되며, 시대와 지역적인 정서 및 빈곤이 출현하는 사회구조나 경제적 가치구조 등에 의해서 다양하게 설명될 수 있다. 따라서 빈곤의 개념은 시대에 따라 국가와 사회에 따라 다르게 정의될 수 있다.

시대 및 국가와 사회 그리고 사람들의 가치관을 초월하여 빈곤을 보편적으로 정의하기는 어렵지만, 일반적으로 빈곤은 '욕구가 충분히 만족되지 않은 상태'로 정의된다. 그러나 인간의 욕구는 다양하며 '인간의 욕구가 어느 정도 만족되어야 충분한 것인가'에 대한 사회적 합의 또한 쉽지 않다.

여기서는 다양하게 정의될 수 있는 빈곤의 개념 중 가장 일반적으로 통용되고 있는 빈곤의 개념, 즉 절대적·상대적 빈곤의 개념을 중심으로 다음과 같이 살펴보기로 한다.

1. 절대적 빈곤(Absolute Poverty)

절대적 빈곤이란 고전적인 빈곤개념으로 국가나 지역사회가 가정의 최저생활을 보장하기 위하여 설정한 최소한의 소득수준 이하의 상태를 말한다. 이것은 한 개인이 그 사회가 요구하는 최소한의 생활수준에도 미치지 못할 경우를 지칭하는데, 최소한의 생활수준은 시대와 장소 및 국가발전단계에 따라 달라질 수 있다. 그러므로 절대적 빈곤이라 함은 국가적으로 정해놓은 평균적인 최소소득수준 이하의 상태를 의미하는 것이라 할 수 있다.

빈곤의 기초연구에서는 기본적인 생존을 위한 소득평가에 기초를 둔 절대적 기준을 채택하였다. 우리나라는 물론 세계 각국에서도 널리 쓰이는 개념으로, 여기에서 기준이 되는 절대빈곤은 생활의 기본 수요를 측정함으로써 최저생활수준을 결정하게 되는데, 생활의 기본 수요는 다음과 같은 여러 가지 입장으로 구분될 수 있다.

① 최저생활수준을 최저생존(bare survival)의 수준으로 보는 입장이다. 즉, 인간이 생리적·생물적 존재로서 살아나가기 위한 수준을 의미한다.
② 최저생활수준을 계속적 생존(continued survival)을 위한 생활수준을 의미한다고 보는 입장이다.
③ 최저생활이란 생산적 생존(productive survival)에 필요한 생활수준을 의미한다고 보는 입장이다.

즉, 여기에는 기본적인 의식주는 물론, 질병으로부터의 보호 및 생산활동에 필요한 교육·위생 등이 포함된다.

2. 상대적 빈곤(Relative Poverty)

상대적 빈곤이란 소득수준으로 볼 때, 동일사회 내의 다른 사람과 비교하여 소득이 상대적으로 낮은 계층을 정의하는 경우이다.

상대적 빈곤은 지역사회 내의 자원이나 생활양식에 의한 상대적 관점으로서 불평등과 불균등한 배분의 결과인 상대적 박탈(relative deprivation)로 규정하고 있다. 다시 말해서 절대적 빈곤은 기아와 같은 상태를 의미하지만, 상대적 빈곤은 이러한 것이 해결된 상태의 불평등을 의미한다.

따라서 상대적 빈곤은 중간계층의 가족소득비율을 빈곤선으로 단정하나 절대적 빈곤은 최저생계비에 의해 결정된다.

세계적으로 빈곤은 상대적으로 규정되는 추세이며 EU의 경우 각 회원국의 평균소득의 50% 미만을 빈곤으로 규정하고 있다.

이것은 빈곤의 범위가 확대되고 있는 추세를 반영한 것이라 할 수 있다. 또한 UN에서는 지속적으로 생계를 보장할 수 있는 소득 및 생산수단이 부족한 상태를 빈곤으로 규정하고 있다.

| 제2절 | 빈곤가족의 원인

빈곤의 원인은 매우 다양하고 각 원인들도 상호의존적이기 때문에 하나의 요인에 의해 그 원인을 규정짓기는 어렵다. 일반적으로 빈곤화의 원인은 크게 미시적 관점인 개인적 요인과 거시적 관점인 사회구조적 요인, 천재지변이나 전쟁, 사고 등과 같이 개인의 의지와 관계없이 발생하는 자연환경적 요인으로 나누어 볼 수 있다.

1. 빈곤의 원인

1) 개인적 요인

빈곤을 개인적 요인에서 찾는 이론은 인적자본이론, 선발이론, 직무경쟁이론, 개인선택이론, 상속이론, 우연성이론 등이 있다.

(1) 인적자본이론

인적자본이론은 1960년대 초 미국에서 특히 활발하게 연구 발전되어 온 이론으로 '서로 다른 근로자가 왜 서로 다른 생산성을 갖느냐'의 문제에 초점을 두고 있다. 즉, 사람들이 생애소득(life-time income)의 관점에서 현재의 이익을 어느 정도 희생하여 자기 자신의 개발에 투자하면 미래에는 더 많은 소득을 가져올 수 있다는 논리이다. 이것은 향후 생산성의 증대를 가져오기 위해서 기계설비와 같은 물질적 재(財)에 투자하는 것과 같은 원리로 이해할 수 있다.

따라서 이 이론의 핵심은 임금은 개인의 생산성에 의하여 결정된다는 것이고, 생산성은 숙련된 기술의 여부에 의하여 결정되며, 이것은 다시 공식・비공식 훈련 등과 같은 인적자본에 대한 투자를 통하여 이루어진다는 것이다.

즉, 교육수준이나 직업훈련 등의 인적자본에 대한 투자가 개인의 생산성을 결정하며, 임금격차는 생산성의 차이에 의해 발생한다고 본다.

그러므로 이 이론에서의 빈곤은 낮은 인적자본에 대한 투자에서 비롯된 낮은 생산성의 결과로서 이해될 수 있다. 인적자본이론은 한국의 저소득모자가정 관련 특성에 의해서도 상당한 설득력을 갖는다.

즉, 저소득여성은 고연령・저학력・저숙련기술의 성향을 보이고, 유급노동 및 가사노동에 대한 책임으로 이중고에 시달리는 상대적으로 취약한 집단이며, 이러한 열악한 배경은 결국 빈곤으로 이어지게 된다는 것이다.

(2) 선발이론

선발이론 혹은 학력주의이론에서는 사용자들이 근로자들의 진정한 생산성에 관한 정보가 불충분하기 때문에 잠재적으로 높은 생산성을 가진 근로자들을 선발하기 위한 정보에 필요한 도구로서 어떠한 배경적 특성(대표적으로 교육수준)을 사용한다고 주장한다.

대부분의 업무가 근로자들로 하여금 처음부터 구체적으로 구분되는 기술(job specific skill)을 요하지 않고, 대부분의 기술은 현장훈련(on the job training)을 통해서 배우게 된다고 가정한다.

여기서 중요한 쟁점은 학력이 높아짐에 따라 임금이 높아지는데, 개인의 입장에서 보면 교육의 생산성을 높이든지 아니면 단순히 선발도구로 사용되든지 간에 그 개인의 학력을 높이면 임금도 높일 수 있다는 것이다.

즉, 학력이 높을수록 임금은 높다는 가정에서 인적자본론에 의하면 학교교육이 직접적으로 생산성을 높여서 이것이 높은 임금으로 반영된 것이라고 보는 반면에, 선발이론의 경우 이러한 관계는 교육수준이 잠재적으로 생산성이 높은 근로자들을 골라내는 데 필요한 정보제공의 역할을 하기 때문에 보상을 받는다는 것이다.

(3) 직무경쟁이론

근로자들의 특정 직무는 구직활동을 할 때 근로자가 제시하는 상당히 구체적으로 개발된 자신의 기술과 그에 따른 임금경쟁을 통하여 결정이 된다. 따라서 좋은 직무를 배정받기 위해 임금경쟁을 함에 있어서 근로자의 훈련성, 전문성, 적응성, 개인적 경력 등 다양한 요인이 적용된다.

이 이론에 의하면, 사용자는 최소비용으로 양질의 노동력을 확보해야 하므로 잠재적인 노동자를 훈련비에 근거하여 서열화시킨다.

즉, 근로자들에게 직무를 할당할 때 직무수행에 필요한 기술을 가르치는 데 사용되는 훈련비에 있어서 근로자들 간의 상대적 차이가 중요한데, 훈련비가 적게 든다고 판단되는 근로자일수록 상급의 직무를 갖게 되고 많이 들수록 하급의 직무를 갖게 되어 훈련비의 지출에 따른 서열이 형성되는 것이다.

이때 근로자들의 훈련비용에 대한 정보가 없기 때문에 교육 정도, 성, 나이, 지능의 정도와 같이 배경적 특성을 이용하여 구별하게 된다. 결국 배경적 특성이 좋은 근로자들이 근로자 서열의 앞에 위치하여 양질의 일자리와 높은 소득을 차지하게 된다는 논리이다.

그러므로 이 이론에 따르면 빈곤은 사회적으로 선호되는 배경적 특성을 가지지 못했을 때 발생하기 쉽다고 본다. 이러한 주장은 나아가 가난한 사람들의 인적자본을 증가시키는 방법만으로 서열상의 위치를 바꾸는 것은 현실적으로 쉽지 않다는 한계점을 지닌다.

왜냐하면 좋은 일자리의 수는 고정되어 있고 경제력을 갖춘 기득권자들은 그들의 상대적 위치를 양보하려고 하지 않기 때문이다.

2) 사회구조적 요인

빈곤의 요인을 사회구조적 요인에서 찾는 이론으로는 노동시장의 구조에서 나타나는 문제에 초점을 맞춘 노동시장분절론, 자본주의 경제체제에서 비롯되는 문제점을 강조한 계급이론, 빈곤문화의 세대 간 전승에 관한 빈곤문화론 등이 있다.

(1) 노동시장분절론

노동시장분절론은 노동시장은 분절되어 있고, 분절된 노동시장에서의 임금 결정 과정은 서로 다르기 때문에 개인의 빈곤은 분절된 노동시장의 어느 쪽에 고용되는가에 따라 결정된다는 논리이다.

일반적으로 노동시장은 내부노동시장(internal market)과 외부노동시장(external market) 또는 핵심부문과 주변부문으로 분절되어 있으며, 노동시장에 속한 근로자들 사이에는 매우 제한적인 이동이 있다.

내부노동시장에 고용된 노동자의 경우 이들의 이직으로부터 오는 손실이 크기 때문에 사용자들은 고용안정, 높은 임금, 좋은 작업환경, 승진기회 등을 제공하는 반면, 외부노동시장의 경우에는 근로자들의 이직으로 인해 큰 손실을 보지 않기 때문에 이들은 사용자로부터 이러한 혜택을 제공받지 못한다.

따라서 빈곤은 분절된 노동시장에서 외부노동시장에 고용된 노동자들에게 발생되는 현상으로 이해된다.

(2) 계급이론

계급이론은 개인의 소득이 자본주의 생산양식하에서는 생산수단의 유무에 따른 생산의 사회적 관계에 따라 결정된다는 논리이다. 라이트(Wright)에 의하면, 생산수단의 이중경제론에 의하면 기업조직의 유형이 핵심-주변 부분으로 이분화되어 있음을 강조하고 있다.

핵심기업은 피고용자 간의 수직적 위계질서, 지역적 분산, 다품종화, 경영권의 분산을 특징으로 한다. 주변기업은 수직적 위계의 미분화를 특징으로 하며 경영권은 한 개인에게 집중되어 있다.

소유 정도에 따라 계급들이 분리되고 이러한 계급의 차이가 각 계급의 소득을 결정한다는 것이다. 즉, 아무리 우수한 인적자본을 가진 사람이라 할지라도 그 사람의 계급이 낮으면 소득이 낮을 수밖에 없으므로 빈곤은 계급의 위치가 낮은 데서 발생하는 것으로 이해된다.

(3) 빈곤문화론

빈곤문화는 주어진 역사적 맥락에서 빈민들이 공유하는 하나의 생활양식에 관해 언급한 것으로 루이스(O. Lewis)에 의하여 처음 사용되었다.

다시 말해 빈곤문화(culture of poverty)는 단순히 어떤 것의 부족함을 의미하는 박탈이나 해체의 문제가 아니라 인간에게 생활계획과 인간의 문제에 대한 준비된 해결방식을 제공하는 중요한 적응기능을 수행한다는 점에서 전통적·인류학적 의미를 가지는 하나의 문화조류라 할 수 있다.

따라서 가난의 문화는 유난히 견고하고 지속적이며 대대로 전수되는 하나의 생활양식이기 때문에 빈곤이란 빈곤문화의 사회화과정을 통해 세대 간 전승된 결과로 이해될 수 있다.

즉, 부모가 빈곤하면 자녀들도 빈곤해질 가능성이 크고 이는 박탈의 순환현상으로 나타나게 된다고 본다.

2. 시대변천에 따른 빈곤

1) 봉건시대

왕족과 귀족이 고귀한 것은 혈통 때문이라고 생각한 것과 같이 빈민의 생활이 비천한 것은 그렇게 타고났기 때문이라 여겼다. 즉, 빈민도 하나의 신분으로 간주했던 것이다.

2) 산업화시대

산업화과정 속에서 자본주의의 진전과 함께 신분제가 붕괴되면서 빈곤은 무능력 · 무책임 · 무절제 및 낮은 열망 등 개인이 지닌 열등한 자질의 결과로 인식되었다. 즉, 빈곤을 전적으로 개인의 책임이라 간주했던 것이다.

3) 근대화시대

빈곤이 개인의 책임이라는 인식을 바꾼 사람이 부스와 라운트리(Booth & Rowntree)였다. 이들은 과학적인 사회조사를 통해 빈곤의 주된 원인이 개인의 성격결함에 있는 것이 아니라 너무 많은 노동자들이 서로 경쟁해야 하는 불리한 조건에 있다는 사실을 증명했다.

다시 말해 빈곤의 원인이 계절적이거나 비정규적인 노동 및 실업과 같은 경제적인 조건과 빈약한 보건 서비스, 열악한 주택, 교육의 결여 등과 같은 사회적 조건에 있다는 사실을 실증자료를 통해 설득력 있게 제시했던 것이다.

따라서 이들은 빈곤의 문제를 해결하기 위해서는 빈민의 의식뿐만 아니라 국가가 개입해야 한다는 것을 주장했다.

이것은 국민에게 빈곤에 대한 문제를 일깨워 주는 데 계기가 된 사건이라 할 수 있으며 빈곤을 비로소 사회적 문제로 여기게 된 발단이 되었다.

| 제3절 | 빈곤가족의 특성 및 문제

1. 빈곤가족의 특성

빈곤가족의 특성은 빈곤의 원인과 가족의 구성에 따라 상이하게 나타날 수 있다. 여러 가족의 유형 중 여성한부모가족·여성가장가족·장애인가족·노인가족 등은 특히 빈곤에 취약하며, 빈곤이라는 문제 이외에도 복합적인 문제를 동시에 가지고 있다.

1) 경제적 결핍

빈곤가족은 우선 경제적으로 매우 큰 어려움을 겪고 있다. 빈곤가족의 여부를 확인하기 위해 흔히 활용되는 지표는 국가에서 발표하는 최저생계비인데, 매년 물가상승률을 감안하여 금액을 책정하고 있기는 하나 여전히 도시근로자 평균소득이나 중위소득에 훨씬 미치지 못하는 낮은 수준으로 책정되고 있다.

빈곤가족이 경제적으로 어려움을 겪는 이유는 매우 다양한 원인에 의해 설명될 수 있으나 가장 중요한 요인 중의 하나가 바로 실업이다. 실직이나 폐업으로 인해 가계수입이 크게 줄면 중산층의 대다수가 빚을 얻거나 자산을 팔지 않고서는 생활유지가 곤란하다.

또한 저학력·저숙련 등으로 인해 시장진입이 어려운 계층이나 비정규직 등의 불안정취업자·영세자영업자 등 역시 상대적으로 빈곤의 위험에 노출되기 쉽다.

따라서 저학력과 실업은 가족빈곤의 결정적인 원인인 동시에 빈곤의 보편적인 특성임을 짐작해 볼 수 있다.

최근에는 빈곤현상이 이혼율의 증가와 더불어 특히 여성한부모가구에 두드러지는 경향이 있으며, 이들은 기본적인 생계유지 이외에도 자녀양육을 위한 비용부담으로 경제적 어려움을 겪고 있다.

2) 만성적 건강문제

빈곤가족의 질병발생률 및 장애의 비율은 일반가구보다 현저하게 높은 수준을 보이고 있는 것으로 나타나 빈곤가족과 그들의 건강문제가 커다란 연관성이 있음을 보여주고 있다.

그 원인으로는 만성적 질병이나 장애로 인한 높은 의료비 부담이 빈곤을 초래하기도 하고 다른 한편으로는 빈곤으로 인해 영양부족, 불량한 주택, 비위생적 식사관리 등의 물질적 조건의 악화가 만성적 건강문제를 일으키기도 한다.

또한 경제적 부담으로 인해 적절한 의료 서비스의 구매가 제한되어 만성적 질환이나 장애를 방치하기도 한다.

아울러 장애나 만성적인 건강질환은 실직과도 깊은 연관성을 가지고 있는데, 개인적 질병이나 장애가 실직을 유발하여 빈곤이라는 결과를 낳기도 하고, 반대로 실직으로 인한 소득감소가 질병이나 건강악화를 초래하기도 한다.

3) 가족갈등 및 가족해체

가족해체는 부모의 이혼과 별거, 가족원의 가출, 자녀의 양육포기, 가족원의 자살, 가정폭력, 가족불화, 신체적·정신적 건강악화를 들 수 있는데, 이는 빈곤의 원인인 동시에 빈곤의 결과가 되고 있다.

특히 경기 침체로 저소득 가장의 실업으로 인한 경제상황 악화는 다양한 문제를 양산시켰다. 가정 내 경제상황을 향상시키기 위한 여성들의 취업은 어린 자녀들에게 엄마의 부재로 인한 불안감을 조성시키고, 감수성이 예민한 청소년자녀의 경우 정서적인 문제를 유발시켜 그들의 가출이나 비행을 초래하기도 하였다.

남편 역시 자존감의 상실로 인해 아내와 논쟁하는 경우가 잦아지면서 부부간의 갈등과 가정폭력이 증가하게 되었다.

이렇듯 빈곤은 가족해체의 원인이 되고 있으며, 한편으로는 해체된 가족의 자녀를 통해 빈곤의 세습화를 초래하고 있어 그 심각성이 증대되고 있다.

2. 빈곤가족의 문제

빈곤가족에서 발생되는 문제로는 대체로 기본욕구 충족을 위협하는 낮은 소득과 자녀교육, 주거의 불안정성, 그리고 생활의 어려움으로 인한 가족관계에서의 갈등 등이 있다.

이 밖에도 불안정한 취업, 수입증대를 위한 투자교육과 체력강화, 정보수집 등을 제대로 하지 못하거나 가능하더라도 불충분하여 빈곤이 자녀세대로 전이되는 악순환 등을 문제의 영역에 포함시킬 수 있다.

여기서는 이러한 다양한 빈곤의 문제를 크게 사회경제적 문제, 자녀양육 문제, 주거문제로 구분하여 다음과 같이 살펴보기로 한다.

1) 사회경제적 문제

인간은 기본적인 생활을 유지하기 위해 최소한의 음식과 의복 및 잠자리가 필요하지만, 이는 재화가 있어야 가능한 것이다. 그러나 재화가 충분하지 못하여 가장 기본적인 생리적 욕구가 충족되지 못하였을 때는 생존 자체를 위협받게 되고 정상적인 성장·발달을 이루기가 어렵다.

즉, 빈곤으로 인해 전반적인 발달상의 지체를 야기하고 영양실조에 걸리거나 질병에 감염되기도 한다. 그 밖에도 저소득층은 불안정한 취업으로 인해 자녀교육, 가족원의 범죄, 일탈행동, 부부갈등, 건강문제 등과 같은 다양한 문제에도 노출되기 쉽다.

일반적으로 저소득층의 직업구성은 단순노동, 생산기능직 근로자, 영세자영업, 무직 등이며 가구주의 대부분이 비공식부문의 영세가내공업에 취업하고 있다. 따라서 이들이 종사하는 일은 대부분이 불안정하고 취약하기 때문에 가구주의 수입 이외에 배우자와 자녀를 소득획득에 동원하는 방식을 택하고 있다.

이처럼 고용불안·저임금·비정규직에 대한 차별·실업 등 불안정한 직업, 만성적인 건강질환, 열악한 주거환경, 자녀양육 및 교육문제 등 가족의 빈곤은 그들의 가족체계나 환경적인 문제와 같은 다양한 문제들과 연결되어 있다. 특히 불충분한 소득으로 인해 생활고에 시달리고 있으며 항상 불안해하며 긴장 속에 살고 있다.

빈곤가족은 부부갈등, 가족구성원에 대한 심리적 스트레스, 우울, 자존감 저하, 알코올에 의존하거나 가정폭력으로 이어지기도 한다.

2) 자녀양육 및 교육문제

빈곤가족의 문제로 경제적 어려움과 함께 자녀양육 및 교육문제를 들 수 있다. 자녀양육의 경우, 빈곤가족의 아동은 불충분한 소득으로 인하여 충분한 보호를 보장받기가 어렵다.

빈곤가족은 생계유지를 위해 맞벌이를 하는 경우가 많으나 보육시설을 활용할 수 없는 미취학자녀의 경우 돌보는 이가 없어 열악하고 위험한 주거환경에 방치되기 쉽다.

따라서 자녀유기는 빈곤가족에게서 더욱 많이 발생하는 현상으로 볼 수 있다. 그 밖에도 이들은 각종 교육 자료를 접할 수 있는 기회가 제한되어 있어서 아동의 문화적 접촉 부족 또는 학습부진을 경험하기 쉽다.

아울러 학비조달의 어려움 때문에 학업을 중단하거나 상급학교의 진학을 포기하는 경우가 발생하기도 한다. 결국 저소득층의 자녀는 적절한 교육수준에 미달하고 있기 때문에 안정된 취업의 기회가 현실적으로 제한되고 있다.

이러한 현상은 지적 능력 개발을 위한 주위환경으로부터의 자극결여, 성취동기의 빈약, 학습의 부적합한 분위기 등에 기인하고 있다. 특히 저소득층 자녀들은 지속적인 교육제한으로 인하여 사회적 부적응은 물론 생활의 좌절을 겪으면서 비행화되는 경향을 볼 수 있다.

따라서 빈곤가족의 경우 생계유지를 위해 맞벌이를 하거나 특히 야간에 일을 하는 경우가 많아 자녀방임·유기의 소지가 더 많이 발생하며, 아울러 학비조달의 어려움 때문에 학업을 중단하거나 상급학교의 진학을 포기하는 경우도 발생하므로 안정된 취업의 기회가 현실적으로 제한되어 있어 사회적 부적응, 생활의 좌절을 겪으면서 빈곤의 악순환을 가져온다고 볼 수 있다.

3) 열악한 주거환경

우리 헌법에 사회복지와 관련된 조문에서 인간다운 생활을 강조한 의미는 안락한 주거생활은 인간다운 삶을 위한 필수요건일 뿐 아니라 가족의 유지와 지역사회를 구성하는 사회통합적인 함의도 갖는다고 할 것이다.

사회적 측면에서의 주거복지 문제는 국민의 삶의 질 문제와 사회 안정에도 밀접한 관계가 있다고 볼 수 있다.

주거는 인간의 기본적인 욕구이며 반드시 충족되어야 할 기본 요건이기는 하지만 우리나라의 주거환경은 다른 선진국에 비해 저소득층의 주거욕구를 충족시키지 못하고 있는 실정이다.

실제로 외환위기 이후 소득의 격차가 증가하고 있고 공공임대주택 재고 비율이 선진국에 비해 낮아 빈부격차에 따른 주거수준의 격차는 점차적으로 증가하고 있다.

그 밖에도 주거환경의 경우 빈곤가구가 주로 위치해 있는 지역은 화장실과 상수도의 보급률이 떨어지고, 열악한 도로환경으로 인해 쓰레기 수거가 잘 이루어지지 않아 위생상의 문제가 발생하기도 한다.

또한 소방도로의 미비로 인해 화재 시 진화가 어렵고 난방시설이 불충분하다. 일반주택의 지하에 사는 빈곤가구의 경우에는 낮에도 볕이 들지 않아 건강에 나쁜 영향을 주어 질병의 원인이 되기도 한다.

| 제4절 | 빈곤가족을 위한 복지대책

1. 빈곤가족에 대한 복지서비스 현황

우리나라의 빈곤가족에 대한 제도적 복지서비스는 국민기초생활보장제도에 의해 실시되고 있는 생계급여 등과 자활지원 및 기초연금제도 · 의료급여제도 · 긴급복지지원제도 · 장애인연금제도 등을 들 수 있다.

국민기초생활보장제도는 빈곤선 이하의 빈곤가족에 대한 최저생활을 급여의 형태로 보장하는 사후적인 지원체계이다. 또한 자활지원을 통하여 빈곤예방이나 빈곤으로부터의 탈피를 목적으로 자립능력을 배양하는 예방적인 지원체계이다.

1) 생계보호의 급여지원

국민기초생활보장법에 의한 주요 급여내용은 생계급여 · 주거급여 · 의료급여 · 교육급여 · 해산급여 · 장제급여 · 자활급여로 구분되며, 모든 수급자에게는 생계급여를 기본으로 필요에 따라 여타의 급여를 전부 또는 일부를 제공하고 있다. 이것으로 인하여 공공부조가 저소득층의 의식주문제에 포괄적으로 대응하고 있다고 볼 수 있다.

(1) 생계급여

급여대상은 보장시설 수급자의 경우는 별도의 급여기준에 따라 지급하며, 노숙인 자활시설 및 청소년 쉼터 또는 한국법무보호공단시설 거주자, 하나원에 재원중인 북한이탈주민 등 타 법령에 따라 국가 또는 지방자치단체 등으로부터 생계를 보장받는 자를 제외한 모든 수급자가 대상이며, 급여내용은 의복 · 음식물 · 연료비 등 일상생활에 기본적으로 필요한 금품을 지급하고 있다.

급여는 수급자의 소득평가액과 가구별 최저생계비의 차액을 각종 급여로 지원하는 보충급여제를 기본으로 하고 있으며, 현금급여기준액[1]은 가구의 소득인정액을 차감하여 산정한 금액 중 주거급여액을 제외한 금액으로 한다.

생계급여액 = 생계급여 최저보장수준(대상자 선정기준) − 소득인정액

(2) 주거급여

급여대상자는 시설수급자와 의료・교육・자활급여 특례자 및 국가・지방자치단체・공공기관이 주거를 제공하는 곳에 거주하는 자를 제외한 모든 수급자를 대상으로 하며, 급여내용은 주거유형에 관계없이 일정 금액을 현금으로 지급하되, 가구원의 수에 따라서 차등지급을 원칙으로 하고 있다.

(3) 교육급여

교육급여는 수급자에게 입학금・수업료・학용품비 및 기타 수급품을 지원하는 것으로 하되, 학교의 종류・범위 등에 관하여 필요한 사항은 대통령령으로 정한다.

(4) 해산급여

해산급여는 수급자에게 조산 및 분만 전과 분만 후의 필요한 조치와 보호의 급여를 행하는 것으로 한다. 해산급여는 보건복지부령이 정하는 바에 따라 보장기관이 지정하는 의료기관에 위탁하여 행할 수 있으며, 해산급여에 필요한 수급품은 수급자나 그 세대주 또는 세대주에 준하는 자에게 지급한다.

---

1) 최저생계비에서 현물급여형태로 지급되는 의료비 교육비 및 타법 지원액(주민세, TV수신료 등)을 차감한 금액으로서, 소득이 없는 수급자가 받을 수 있는 최고액의 현금급여(생계 주거급여) 수준을 의미한다. 개별가구는 이 현금급여기준에서 해당 가구의 소득인정액을 차감한 금액을 매월 생계비 및 주거비로 지급받게 된다.

(5) 장제급여

장제급여는 수급자가 사망한 경우 사체의 검안·운반·화장 또는 매장 및 기타 장제조치를 행하는 것으로 한다. 장제급여는 보건복지부령이 정하는 바에 따라 실제로 장제를 행하는 자에게 장제에 필요한 비용을 지급함을 원칙으로 한다.

(6) 의료급여

의료급여는 수급자에게 건강한 생활을 유지하는 데 필요한 각종 검사 및 치료 등을 지급하는 것으로 한다. 의료급여수급자는 그 소득인정액이 중앙생활보장위원회의 심의·의결을 거쳐 결정하는 금액(의료급여선정기준) 이하인 사람으로 한다.

(7) 자활급여

자활급여는 수급자의 자활을 돕기 위하여 자활에 필요한 금품의 지급 또는 대여, 근로능력의 향상 및 기능습득의 지원, 취업알선 등 정보 제공, 자활을 위한 근로기회의 제공, 창업지원, 자활에 필요한 자산형성 지원, 그 밖에 대통령령으로 정하는 자활을 위한 각종 지원 등을 실시한다.

2) 자활지원

자활지원사업은 국민기초생활보장법상 자활사업을 통하여 근로능력이 있는 저소득층이 스스로의 힘으로 자활할 수 있도록 안정된 일자리를 제공하고 자활능력을 배양하는 데 있으며, 조건부 수급자뿐만 아니라 수급자와 차상위 저소득층에 대해서도 자활사업의 참여기회를 주고 있다.

3) 기초연금제도

기초연금제도는 생활이 어려운 노인에게 매월 기초연금을 지급함으로써 노인의 생활안정을 지원하고 복지 증진을 목적으로 하는 사회적 서비스이다. 수급대상은 65세 이상 노인으로 소득인정액이 보건복지부장관이 매년 결정·고시하는 금액 이하인 자에 해당되며, 수급을 희망하는 자에 한한다. 연금의 지급은 1인 수급과 2인 수급(부부수급자)에 따라 이루어지며, 급여액은 대통령령에 따른다.

4) 의료보장제도

의료보장제도는 생활유지능력이 없거나 경제능력을 상실한 사람들을 대상으로 정부가 의료서비스를 제공하는 공공부조제도로서 저소득층의 의료보장을 통한 건강증진과 복지향상을 목적으로 하고 있다.

연구결과에 의하면 질병은 소득상실과 함께 빈곤으로 추락하는 가장 주요한 요인 중 하나로 지목되고 있으며, 대부분의 선진국에서는 의료문제를 기본권 보장의 핵심으로 간주하고 있다.

따라서 우리나라에서도 의료급여와 건강보험을 통해 모든 국민의 의료보장체계를 마련하고 있으며, 최저생계비 이하의 빈곤계층 등을 의료급여수급권자로 선정하여 상대적으로 저렴한 비용으로 의료이용을 할 수 있도록 하고 있다. 이는 질병으로 인한 사회적 비용을 경감시키는 기능을 하기 위함이다.

의료급여 수급권자의 유형은 <표 8-1>에서의 1종과 2종으로 구분되며, 1종의 경우에는 급여비용범위 내 본인부담금을 책정하지 않는다.

〈표 8-1〉 수급권자 유형별 선정기준

유 형	선정기준
1종	국민기초생활보장법에 의한 수급자
2종	국민기초생활보장수급권자 중 의료급여 1종 수급권자 기준에 해당되지 않는 자

5) 긴급복지지원제도

갑작스러운 위기사유[2])로 인해 생계유지가 곤란한 저소득층에게 긴급한 지원을 통해 위기상황에서 벗어나 건강하고 인간다운 생활을 영위하게 하는 것을 목적으로 복지서비스를 신속하게 지원하는 제도이다. 긴급한 상황에서의 보다 신속한 처리를 위하여 다음과 같은 기본 원칙을 따른다.

(1) 선지원 후처리의 원칙

위기상황에 처한 자 등의 지원요청 또는 신고가 있는 경우 긴급지원 담당공무원의 현장확인을 통해 긴급한 지원의 필요성이 인정되면 우선 지원을 실시하고 나중에 소득·재산 등을 조사하여 지원의 적정성을 심사한다.

(2) 단기지원의 원칙

원칙적으로 1개월(의료·교육지원의 경우 1회)만 지원하고 예외적으로 연장지원을 인정하며, 이 경우에도 최대 6개월(의료·교육지원 2회)까지만 지원한다.

2. 빈곤탈출을 위한 복지대책

우리나라의 탈빈곤 복지대책은 크게 두 가지로 구분된다. 하나는 빈곤선 이하 빈곤가족의 최저생활을 보장하는 기초생활보장으로 직접적·사후적 대응이다. 다른 하나는 빈곤층을 대상으로 빈곤의 예방이나 빈곤으로부터의 탈피를 목적으로 하는 자활지원으로, 이는 생계보호에 비해 예방적이고 사전적이며 간접적인 대응책이라 할 수 있다. 따라서 이는 대상자의 노동능력 및 자립

---

2) • 주소득자의 사망, 가출, 행방불명, 구금시설 수용 등의 사유로 소득 상실의 경우
• 중한 질병 또는 부상을 당한 경우
• 가정폭력 또는 가구구성원으로부터 성폭력을 당한 경우
• 화재 등으로 거주하는 주택·건물에서 생활하기 곤란하게 된 경우
• 그 밖의 보건복지부가 정하여 고시하는 경우

의지 유무가 중요한 변수가 될 수 있다.

그 밖에도 빈곤가족을 위한 복지대책으로 의료보장제도의 정비, 아동과 가족관계 향상을 위한 제도적 지원 등을 들 수 있다.

KEY POINT

빈곤관

① 개인적 도덕적 빈곤관 : 개인책임 강조, 개인노력 중요
② 사회구조적 빈곤관(자본주의의 모순) : 국가책임 강조, 국가개입 확대 강조

빈민 분류

가치 있는 빈민	선량한 · 비의존적인 · 절약하는 · 자활성 빈민	민간구제
가치 없는 빈민	나태한 · 사기성의 · 낭비적인 · 의존성 빈민	정부구제

탈상품화 정책

① 국민이 일하지 않아도 국가가 도와주는 제도(복지국가 · 국가책임)
② 탈상품화를 강화할수록 복지국가가 발달

상품화 정책

① 시장 자유경쟁원리에 의한 생활 제도(야경국가 · 국가 개입 최소화)
② 상품화를 강화할수록 자유방임주의 발달

기초생활보장수급자

국민기초생활보장법에 따라 최저생계비를 지급받는 사람(공공부조의 대표적 수급자)

차상위계층

기초생활보장수급자의 바로 위의 계층으로 기초생활보장 대상자에서 제외된 빈곤층

수급자의 권리 · 의무

① 급여변경금지
② 압류금지
③ 양도금지
④ 신고의무

지니계수

① 지니계수란 소득분포의 불평등 정도를 측정하기 위한 계수
② 계수가 0에 가까울수록, 즉 지니계수의 값이 작을수록 소득분포가 평등하다는 관점
③ 반대로 1에 가까울수록, 즉 지니계수의 값이 클수록 소득분포가 불평등하다는 관점

엥겔계수

① 엥겔계수란 생활하는 데 총생계비 중 음식물비가 차지하는 비율
② 엥겔계수가 낮을수록 생활수준이 높고, 엥겔계수가 높을수록 생활수준이 낮다.
③ 엥겔계수 = 음식물비 ÷ 총생계비 × 100

역의 선택

정보의 불균형(비대칭적인 상황), 선택자의 유리함만을 고려하는 선택
(건강보험에 노약자나 질병자만 가입하려는 선택)

도덕적 해이

보험에 가입한 후 보험금을 믿고 사고예방에 최선을 다하지 않는 것
(수급권자가 일하지 않고 국가에만 의존하려는 현상)

빈곤의 함정(가난의 덫)

① 근로자보다 수급자에 대한 재정적 급여가 높을 경우 근로를 회피하는 현상
② 열등처우원칙 정책으로 빈곤의 함정을 방지

열등처우원칙 · 균등처우원칙

① 열등처우원칙 : 수급자는 비수급자(자력생활자)보다 낮은 생계비로 급부하여야 한다.
② 균등처우원칙 : 수급자의 급여 수준은 전국 어디에서나 균등하게 급부하여야 한다.

최저생계비(빈곤선) 측정방법

전물량 방식	예산기준방식	• 빈곤층 전체 소비지출을 감안 • 필수품과 소모량에 시장가격을 곱하는 방식
반물량 방식	음식물량방식	• 식품비 비중으로 빈곤선 측정 • 엥겔계수로 전체 생계비 계산 방식

Chapter 09

중독가족

09 Chapter 중독가족

|제1절| 중독의 개념 및 특성

1. 중독의 개념

인간에게는 무엇인가에 중독된다고 하는 것이 그리 특이하거나 낯선 일이 아니라 오히려 인간의 특성 중 하나가 아닐까 싶을 정도로 우리와 밀착되어 있다.

인류의 문명이 발달해 갈수록 더 자극적이고 큰 만족감을 주는 중독의 원인이 우리 주위에 점점 더 흔해져 가고 있다.

식사를 하면서 반주를 하고, 차를 마시면서 담배를 피우고, 스포츠경기를 보면서 내기를 하고, 인터넷으로 게임을 하고, 하루 종일 휴대폰을 손에 달고 다닌다. 이렇듯 현대를 살아가는 많은 사람들은 중독으로 어려움을 겪고 있으며, 우리 사회에서 심각한 문제를 야기하고 있는 것이 현실이다.

사이버중독·알코올중독·게임중독·마약중독·도박중독·쇼핑중독·종교중독·휴대폰중독 등 많은 부분에서 중독의 양상을 보여준다.

정신의학적으로 중독증이란 주로 약물중독을 의미하며, 동일한 효과를 얻기 위하여 지속적으로 그 약물사용량을 늘려 나가야 하는 '내성'과 그 약물의 체내 농도가 어느 수준 이하로 줄어들면 도저히 견딜 수 없는 불안, 초조, 식은땀, 그리고 각종의 신체증상이 발생하는 '금단현상'이라는 두 가지 '생리적 의존성'이 생기는 경우를 말한다.

내성과 금단증상이라는 무서운 생물학적 의존증상들은 대뇌의 신경세포들을 완벽한 포로로 사로잡아 그 약물을 얻기 위해서라면 어떠한 범죄적 행위라도 서슴지 않고 행동할 수 있도록 사람의 인격을 철저히 파괴한다.

중독과 관련된 용어들을 간략하게 정리하면 다음과 같다.

① 사용(use) : 물질을 특정한 목적을 위해서 활용하는 것을 뜻한다.

② 오용(misuse) : 물질을 규정된 목적을 위해 사용하나, 규정(예 처방)에 따르지 않고 임의로 사용하거나 지시대로 사용하지 않는 것을 뜻한다.

③ 남용(abuse) : 물질을 사용목적과 다르게 의도적으로 사용하는 비의학적인 행위이다.

④ 의존(dependence) : 남용에 더해서 의존성을 발달시킨 경우로, 내성과 금단증상이 핵심기준이 되며, 신체적 의존과 심리적 의존으로 나눌 수 있다. 약물이나 활동에 대한 강한 열망과 강박적 집착, 통제력 상실, 부정적인 결과가 초래되는 경우에도 계속적으로 사용하는 행동과 같은 특징을 보인다.

⑤ 내성(tolerance) : 같은 양을 계속하여 사용하였을 경우 그 효과가 감소하므로, 바라는 정도의 효과를 얻기 위해 필요한 물질의 양을 증가시켜야 하는 상태이다.

⑥ 금단현상(withdrawal symptoms) : 물질의 사용 혹은 습관적인 행위를 중단하거나 사용량을 줄였을 때 나타나는 증상이다.

⑦ 공동의존(co-dependence) : 가구구성원 중 1명이 중독되었을 때 다른 가족이 심각하게 영향을 받는 행동양상이다.

⑧ 재발(relapse) : 회복된 이후에 병의 증세가 다시 나타나는 것으로, 조절해 보려는 노력과 열망은 있지만 실패한 경우를 말한다.

⑨ 이중진단(dual diagnosis) : 중독환자가 한 가지 물질 혹은 행위중독 이외에 다른 정신과적인 문제를 가지고 있을 경우를 말한다.

중독(addiction)이라는 영어단어는 '~에 사로잡히다', '~의 노예가 되다'라는 의미의 라틴어 'Addicene'에서 유래했으며, 초기에는 물질사용과 특정한 관련 없이 사용되었다고 한다. 그러나 최근에는 인터넷, 섭식, 쇼핑, 성, 성형, 스포츠 스타나 연예인에 대한 열광 등의 행동까지 그 의미를 확장하여 사용하기도 한다.

2. 중독의 특성

중독은 근본적인 동기나 시작하는 속도, 신체적·정신적 손상의 정도, 사회가 수용하는 정도나 그 밖의 많은 요인들로 볼 때 그 원인이 매우 다양하다.

중독의 특성을 자세히 살펴보면 다음과 같다.

① 약물의 내성(tolerance)이다. 내성이란 약물을 반복적으로 복용했을 때 그 효과가 점차 감소하는 현상을 말한다. 약물은 반복적으로 섭취하면 인체의 간에서 약물에 대한 대사율을 증가시켜 효과를 이루는 지속기간을 단축시킨다.

그러므로 약물을 반복해서 사용하면 신체의존이 점점 강해지고 효과가 점차 감소해 동일한 효과를 얻으려면 약물의 사용량을 늘려야 한다.

② 중독은 강박성(compulsion)을 기반으로 한다. 강박성이란 중독자들에게 중단되어야 할 문제가 반복해서 발생하게 하고, 후유증이 계속됨에도 불구하고 자주 약물에 취하거나 약물을 지속적으로 사용하게 만든다.

약물을 사용하면 사회적·심리적·신체적 문제들이 더욱 나빠지는 사실을 알면서 계속 사용하는 것도 이에 해당한다.

③ 중독증에서 집착(pre-occupation)은 중요한 특성이다. 집착이란 대개 한 가지 생각이나 감정에 고정되는 행동적 특성으로 설명된다. 이런 집착은 집중과 비교하면 이해가 더 쉽다.

집중이 일정한 곳에 정신을 몰두해 긍정적인 효과를 올린다면, 집착은 여기에 지나치게 얽매여 올바른 효과를 올리지 못하는 부정적인 현상이다.

이처럼 중독자들은 누구나 중독이 자신의 힘으로 중단될 수 없는 질병이라는 사실을 인정하기가 매우 어렵다. 중독의 심리과정은 기분을 바꾸어 주는 물질을 취하는 것 자체를 훨씬 넘어선다.

이러한 이유를 전제로 중독을 두 가지 중요한 범주로 구분할 수 있다.

하나는 '물질중독'이고, 다른 하나는 '과정중독'이다. 물질이란 약물·술·니코틴·카페인 및 특정한 음식과 같은 외부물질에 중독되는 것을 말한다.

과정은 사람을 홀리게 만들거나 사람이 의존하게 되는 일련의 활동이나 상호작용을 의미한다. 일중독이나 성중독·종교중독과 같은 대부분의 '숨겨진 중독'은 과정의 범주로 구분된다.

| 제2절 | 알코올중독

1. 알코올중독의 개념

알코올중독(alcohol intoxication)은 가장 보편적인 물질관련장애라고 할 수 있다. 술을 마셨을 때의 단기적 영향은 일이나 사고 및 행동의 조정통합이 잘 안 되며 운동감각의 기능이 저하되는 것이다. 과음하면 기억상실, 의식의 상실, 그리고 사망까지도 초래할 수 있다.

알코올중독은 과도하게 알코올을 섭취하여 심하게 취한 상태에서 부적응적 행동이 나타나는 경우를 말한다. 즉, 부적절한 공격적 행동, 정서적 불안정, 판단력 장애, 사회적 또는 직업적 기능손상 현상을 의미한다.

알코올중독 상태에서는 불분명한 말투, 운동조정 장해, 불안정한 걸음, 안구 진탕, 집중력 및 기억력 손상, 혼미 또는 혼수 중 1개 이상의 증상이 나타난다. 이러한 알코올중독은 술에 만취되어 부적응적인 행동이나 신체·생리적인 변화가 나타나는 상태를 의미한다.

2. 알코올중독자의 특성

술을 오랫동안 마실 경우 알코올이 신체에 미치는 영향은 매우 심각하다. 거의 모든 신체의 조직과 기관이 지속적인 음주에 영향을 받는다.

알코올중독은 습관성 음주로 인하여 음주에 대한 조절능력을 상실함으로써 일상생활·대인관계·직업기능·수행능력 등이 손상되고, 가족에게도 주요생활기능장애를 일으키는 만성적인 질환이다.

알코올중독자의 심리적 특성을 보면, 알코올중독자는 자기중심적이면서 자신감이 없고, 의존적·공격적 성격을 보인다. 또한 매우 방어적이고 민감해서 타인의 충고와 비판을 받아들이지 못하고, 타인의 감정에 대해 배려하는 능력이 부족하며, 심한 자기연민에 빠져 좌절을 견디지 못하고 무엇이든 즉각적으로 만족되기만을 원하기도 한다.

그래서 마음은 원한과 분노로 가득차 있고, 현실을 수용하는 능력이 빈약하며, 두려움이 많고, 대부분 정직하지 못하다. 알코올중독자는 자신의 신체적 기능의 손상뿐 아니라 우울·불안 등과 같은 심리적 불안정을 경험하게 되고 스트레스를 해결하는 방법으로 음주를 선택하게 되는데, 이는 곧 알코올중독의 원인이 된다. 또한 음주로 인한 잦은 입·퇴원의 반복으로 가족갈등 및 직업적·사회적 부적응을 보이기도 한다.

3. 알코올중독의 원인

1) 생물학적 원인

알코올중독을 겪고 있는 사람의 가족이나 친척 중에 알코올중독자가 많다는 것은 이미 많은 연구보고서를 통해 자주 보고되었다. 예컨대, 알코올중독자의 아들이 알코올중독자가 되는 비율은 25%로서 일반인보다 4배나 높다고 한다.

세계보건기구(WHO)에서는 중독에 있어서 뇌의 역할에 관한 연구결과를 요약하여 발표하였는데, 그 내용에는 특정 종류의 뇌화학물질이 중독 및 기타 강박행동에 관여한다고 밝혔다. 예를 들어, 도파민 및 세로토닌과 같은 뇌화학물질(혹은 신경전달물질)은 다양한 방식으로 뇌에 관여되어 있는 것이다.

낮은 도파민 수준은 스트레스와 관련되고 높은 도파민 수준은 쾌감과 관련된다. 알코올은 일시적으로 도파민을 증가시켜서 기분을 좋게 만드는 경향이 있는데, 이러한 경험을 한 사람은 동일한 기분을 느끼기 위해 다시 알코올을 사용하게 된다. 이렇듯 반복적인 과음은 정상적인 뇌기능 및 뇌신경전달물질의 흐름을 방해하는 것으로 보인다.

2) 사회문화적 원인

가족구성원 모두가 술을 잘 마시거나 술에 대해 관대한 분위기일 때, 자녀들이 쉽게 접할 수 있게 되어 부모의 행동을 모방하게 되고 알코올중독이 될 가능성이 높다. 한국의 음주문화는 너그러운 편이다. 특히 남성들에게는 과음으로 인한 실수를 쉽게 용납하고 눈 감아 주는 관행이 오히려 알코올 사용횟수를 높이는 결과를 가져오는 것으로 보인다.

3) 심리적 원인

알코올중독은 흔히 우울증과 관련이 있다고 알려져 있다. 알코올중독 환자 중에 상당수가 자신의 주장을 쉽게 펴지 못하고 의존적인 성격유형으로 나타났다. 가족이나 친구와의 갈등국면에서 정면으로 돌파하지 못하고 알코올에 의지하여 열등감이나 긴장감을 해소한다는 주장이다.

4. 알코올중독의 실태 및 문제점

1) 알코올중독의 실태

국민건강보험공단이 건강보험진료비 지급자료를 분석한 결과 알코올성 정신장애환자가 계속 증가하는 것으로 나타났으며, 남성과 여성을 비교해 보면 남성이 여성보다 매년 몇 배 이상 많은 것으로 조사되었다.

알코올 의존자인 남편의 경우 가족역할로 복귀하는 데 발생되는 갈등과 단주 중에도 책임감 있는 배우자와 아버지의 역할을 할 수 없고 상호 신뢰할 수 있는 가족관계를 형성하기 어려운 것이 현실이다.

특히 알코올 중독자의 경우 대인관계에서 상호신뢰감 형성에 어려움을 갖기 때문에 자조 집단과 가지는 밀접한 관계 형성이 어렵다.

그리고 단주 후 의사소통에서의 문제로는 음주기간 동안 지속된 대화 부족으로 가족 간에 나눌 대화의 소재 또한 빈곤하고 의사소통 기법 면에서 많은 어려움들이 나타난다.

2) 알코올중독의 문제점

(1) 알코올중독자 가족의 특성

알코올중독을 가족질병이라 일컫는 이유는 알코올중독자 자신뿐만 아니라 가족구성원에게 미치는 부정적인 영향력이 크기 때문이다.

알코올중독으로 인해 더 이상 정상적으로 사회활동을 할 수 없게 되어 실직을 하게 될 경우, 가족의 전체적인 생활수준이 하락하게 되어 경제적인 불안정은 알코올중독자 배우자나 자녀에게 심리적인 갈등과 불안감을 갖게 한다.

또한 알코올중독자의 비정상적인 행동으로 인해 끊임없이 가족갈등이 발생하게 되고, 이로 인해 욕설·폭행·구타 등의 행위가 나타날 수 있다.

알코올중독자 가족의 특성을 비알코올중독자 가족과 비교해 보면 의사소통, 대인관계 상호작용 기술, 갈등의 측면에서 훨씬 더 역기능적이며, 사회 내에서 고립되고 지나치게 견고한 가족경계를 갖는 것으로 나타났다.

(2) 알코올중독자의 배우자

최근에는 알코올중독자와 지속적인 관계에서 건강하지 못한 삶의 방식을 발전시켜 나가는 것을 공동의존(co-dependency)이라는 용어로 설명하고 있다. 이것은 사회복지실천현장에서 알코올중독자의 부인을 대상으로 하는 교육에서 많이 인용되고 있다. 즉, 공동의존이란 가족구성원 중 한 명이 중독되었을 때 다른 가족이 심각하게 영향을 받는 행동양상이다.

여기에는 두 가지 형태가 있는데, 하나는 알코올중독자와 함께 생활한 결과로 적응장애가 생긴 '반응적 공동의존'이며, 다른 하나는 오랜 기간 동안 중독자와 파괴적인 관계를 유지·발전시키면서 갖게 된 '공동의존 인격장애'이다.

이러한 공동의존은 공동의존의 상태에 있는 사람들을 병들게 할 수도 있으며, 병든 상태에 머물도록 조장한다.

공동의존개념을 알코올중독자 가족 모두에게 일반화시키는 것은 무리이며, 역기능적으로 반응하는 배우자에게만 적용해야 한다는 주장이 있지만 중요한 것은 이들에게는 도움이 절실하다는 것이다.

(3) 알코올중독자의 자녀

부모의 알코올문제는 자녀들에게 스트레스로 작용하여 알코올중독자의 자녀는 다양한 정서적·행동적 문제를 유발하기도 한다. 알코올중독자의 자녀들은 알코올중독자 아버지와의 관계가 일관성이 없고 예측 불가능하기 때문에 정서적인 박탈감을 느낀다.

알코올중독자 아버지는 자녀에게 적절한 의사소통이나 애정 및 올바른 부모역할을 하지 못하여 정서적으로 방임을 하게 된다.

또한 알코올중독자 자녀들은 알코올중독자 아버지가 책임감이 모자라고 부모로서 적절하지 못한 것에 부끄러워한다. 부모를 사랑하고자 하는 욕구는 있지만 자신을 혼란스럽게 하는 부모에 대해 애정·열망·부끄러움·분노·미움·죄의식·외로움 등의 복잡한 양면감정을 가진다.

알코올중독 가정에서 양육되는 자녀들은 부모의 역할부재로 역기능적인 가정에 결여된 일관성과 질서를 얻기 위해서 전형적인 역할수행을 한다.

① 가족영웅(family hero) 유형

보통 장남이나 장녀로서 '부모 같은 아이'나 '슈퍼스타'라고 불린다. 성취지향적이고 능력이 많으며 책임감이 강하고 지속적으로 인정받기를 추구한다.

'가족영웅'은 옳은 일을 함으로써 가족의 긴장을 줄이고 가족의 자존심을 지켜주지만, 자신의 존재보다는 자신이 이루어 낸 일 때문에 사랑받는다고 느끼는 경향이 있다.

성공한 경우에도 내면적으로는 외롭고 상처받기 쉬우며 부적절감을 느끼고 낮은 자아존중감으로 고통받을 수 있다.

② 희생양(scapegoat) 유형

'희생양'의 역할은 흔히 두 번째 자녀의 몫으로서 비행소년으로 낙인이 찍히며, 폭력과 가출이나 문란한 성관계를 가지기도 하고, 대부분이 약물이나 술을 남용하여 비난받는다. 이들은 알코올중독 부모의 좌절과 분노가 그릇된 방향으로 표출되는 대상이기 때문에 '희생양'이라고 불린다.

그들 스스로가 역할을 자청하고 부정적 행동으로 가족의 주목을 받기도 하지만, 내면적으로는 외롭고 상처받기 쉬우며 분노로 가득 차 있다.

③ 잊혀진 아이(lost child) 유형

일반적으로 '잊혀진 아이'는 대부분 출생순위에서 중간이나 막내인 경우가 많고, 가족의 주의를 끌 만한 행동을 보이지 않는 특성을 지닌다. 이들은 어떠한 대가를 치르더라도 갈등을 피하고자 한다.

매우 조용하고 독립적으로 보이지만 외로움과 소외감을 느끼며 냉담하고 내면적으로 위축되어 있다.

'잊혀진 아이'는 역기능적 가족 가운데 가장 돕기 어려운 대상이며, 책임감 있고 성숙한 성인으로 성장하기 위해서는 자기표현과 문제상황에 대한 현실적 직면이 가능하도록 상당한 도움을 필요로 한다.

5. 알코올중독자 가족에 대한 서비스 현황과 대책

중독은 한 개인의 문제에 그치지 않고 가족체계의 전체에 심각한 영향을 미치며, 가족기능 역시 중독문제의 지속이나 악화 또는 치료나 회복에 중대한 영향을 미친다. 많은 경우의 중독자가족들은 자신이 가족구성원의 중독문제에 대한 책임을 지고 비난받아야 한다는 죄책감을 가지고 있다.

또한 낮은 자존감으로 고통받으며 반복되는 중독행동에 적개심과 수치심으로 사회적 접촉에서 위축·고립되고, 결국은 중독으로 야기된 문제를 부정하며 문제 자체에 대한 인식을 거절하는 경향이 높다.

1) 알코올중독자를 위한 자조모임

오늘날 AA(Alcoholics Anonymous meetings : 알콜중독자 모임)는 알코올중독자의 가족을 위한 알아논(Al-anon : 알코올중독자 가족 모임) 및 알아틴(Al-ateen : 알코올중독자 자녀 모임)과 같은 많은 파생모임을 낳았다. 또한 파생모임에는 약물사용자를 위한 약물중독자모임(NA : Narcotics Anonymous), 도박중독자모임(GA : Gamblers Anonymous), 그리고 자신을 성중독자·음식중독자 등이라고 생각하는 사람들을 위한 12단계 집단이 포함된다.

AA에는 보통 공개모임과 비공개모임의 두 가지 형태가 있다. 공개모임은 알코올중독자들과 그들의 가족 그리고 술문제 해결에 관심을 가지고 있는 개인과 타인을 도우려는 사람들을 위한 모임이다.

비공개모임은 알코올중독자에게만 해당된다. 그들은 음주로 인해 발생한 모든 행동과 공개모임에서 밝히지 못한 감추고 싶은 자신의 경험과 음주문제들에 대한 의견을 교환하고 맑은 정신으로 살 것을 다짐한다. 또한 회복 프로그램 안에서의 여러 가지 요소에 대해 보다 자세한 토의를 하기도 한다.

알코올중독자들의 재발을 방지하고 회복을 유지하기 위해 전국의 알코올상담센터·정신건강센터·알코올전문병원·정신과병원 및 여러 상담 장면에서 각 지역의 AA 모임에 알코올중독자들을 의뢰하고 있다.

2) 직업재활

회복 중인 중독자들에게 있어 직업은 자기존재의 가치를 부여받는 수단이며, 가족을 지지하고 친구관계를 비롯한 인간관계를 맺는 활동이다. 또한 직업재활은 가족 이외의 자원으로부터 의미 있고 즉각적인 도움을 받을 수 있는 서비스체계가 되기도 하며, 인간의 삶을 가치 있게 유지하기 위해서도 필요하다.

중독자들의 직업재활이 어려운 이유는 중독으로 인한 만성적 실업이 중독자의 사회적응을 저해하고 잦은 재발을 유발하기 때문이다. 중독자들이 회복하기 위해서는 많은 장애를 해소해야 하고, 이를 위해서는 직업을 갖게 하는 것이 매우 중요하다. 현재 지역사회에서는 알코올문제가 있는 중독자들에 대한 직업재활이 시도되고 있으나 여의치 않은 실정이다.

이제는 음주문제가 자신만의 문제가 아니라 가정과 사회가 함께 노력하여야 할 과제이다. 그리고 국가 전체가 함께 나서서 알코올 문제를 해결하기 위하여 노력하여 실효성이 있는 대책과 역할이 필요하다.

제3절 도박중독

1. 도박중독의 개념

도박의 정의는 학자마다 차이가 있겠지만, 일반적으로는 "돈이나 가치 있는 어떤 것을 예기치 못한 결과가 초래될 위험이 있어도 승산에 기대를 걸고 그 결과가 우연으로 결정되는 불확실한 사건에 내기를 거는 행위"라고 할 수 있다.

간단히 말하면 "돈이나 가치 있는 물건을 불확실한 사건에 내기를 거는 행위이며, 위험을 초래할 수도 있다"는 것이다.

병적 도박증(pathological gambling)은 노름이나 도박을 하고 싶은 충동으로 반복적인 도박을 하게 되는 경우로서 도박광이라고 하기도 한다.

행위중독인 병적 도박은 미국정신의학회(APA)에서 발행한 정신질환진단 및 통계편람(DSM-Ⅳ)에서 '물질관련 및 중독장애'로 분류되고 있으며, 세계보건기구(WHO)에서는 '정신 및 충동장애(F00~F99)' 속에 포함시키고 있다.

병적 도박자들은 도박을 하면서 엄청난 스트레스를 받기 때문에 스트레스로 인한 고혈압이나 소화성 궤양·편두통과 같은 질병을 나타내기도 한다. 이들 중에는 기분장애, 알코올남용이나 마약남용, 반사회성 성격장애, 자기애성 성격장애, 경계선 성격장애의 비율이 높다.

도박중독은 개인의 성품의 문제가 아니라, 일종의 '뇌 기능 장애'로서 치료가 필요한 질환이므로, 정부와 사회가 함께 질병치료의 시각에서 치료 인프라의 구축에 더 많은 투자와 노력이 필요하다.

병적 도박의 기준은 도박에 몰두하여 다른 일에 관심을 쏟지 못하고 사회적·직업적으로 중요한 생활기능영역의 손상, 동일한 만족을 얻기 위해서 점차 더 많은 돈을 걸게 되는 내성, 성마름이나 초조함 같은 금단현상, 도박을 줄이거나 끊으려는 시도의 지속적 실패 등이다.

미국중독의학협회(ASAM)는 중독을 '보상, 동기, 기억 그리고 이와 관련된 뇌 회로의 일차적이며 만성적인 질환'이라고 정의한다. 이처럼 중독은 약물이나 알코올, 니코틴 등 물질의 과도한 사용과 관련된 개념뿐 아니라 뇌의 보상, 동기, 기억 회로를 강화하는 다양한 물질과 행위들을 포함하는 개념으로 확장했다.

이처럼 중독이 다양하다는 것은 중독을 유발하는 대상으로의 접근이 쉽고, 한 가지 중독이 다른 중독을 초래하거나 다른 중독의 시발점이 될 수 있다는 차원에서 문제가 된다.

2. 도박중독의 특성

도박중독은 다양하고 복잡한 미지의 세계이면서 심각한 질병의 세계다. 도박중독은 세상을 살아가면서 가장 먼저 지키고 보호해야 할 자신과 가족 그리고 친구를 가장 먼저 공격한다. 경제적 고통은 말할 것도 없고, 심리적 고통으로 주변의 많은 사람이 우울증이나 불면증에 걸리기도 한다.

가족과 주변 사람은 도박자의 반복적인 거짓말과 부채 등의 문제야기에 항상 불안해하며, 무기력해지고 이러지도 저러지도 못하는 상황에서 모든 인연을 끊고 싶은 마음마저 생기게 된다. 지금 세상에는 도박과 도박성 게임이 너무나도 많다.

법으로 단속을 하지만, 그들은 여전히 이리저리 돌아다니면서 판을 벌이고 어리석은 사람들에게 접근해서 그들의 모든 것을 빼앗아 간다.

도박으로 부자된 사람이 없고, 도박하는 사람치고 빚 없는 사람이 없으며, 도박은 반 본전에 망한다고 하였음에도 꼬임에 넘어가는 사람들이 있는 것을 보면 도박의 중독성 자체가 무섭거나 혹은 다소의 편집증도 의심해 볼 수 있다.

정신분석자 에드문드 베르글러(Edmund Bergler)에 따르면, 도박중독자는 6가지 특성을 나타낸다.

① 도박중독자는 정기적으로 도박을 한다. 여기서 양적 요소가 중요하긴 하지만, 그 규모 역시 무시할 수 없다. 알코올중독과 마찬가지로 문제는 도박자가 과도하게 도박을 하는 시점을 아는 것이 중요하다.
② 도박이 모든 다른 흥미들 가운데 우위를 점한다.
③ 도박중독자는 연이은 패배경험에도 변치 않는 낙관주의를 보인다.
④ 도박중독자는 자신이 돈을 따는 한 결코 도박판을 떠나지 않는다.
⑤ 도박중독자는 신중하겠노라고 처음에 약속했음에도 불구하고 종국에는 지나친 위험을 감수한다.
⑥ 도박중독자는 도박의 단계에서 스릴(thrill : 전율, 흥분, 고통, 쾌감을 동시에 느끼게 하는 긴장감 같은 감각)에 대한 주관적 경험을 가지고 있다. 도박자가 계속해서 열광적으로 추구하는 것, 그것은 바로 이 감각, 즉 '스릴에 대한 갈망'이다.

로버트 커스터(Robert Custer)는 도박의 단계를 다음과 같이 설명하였다.

① 승리단계(winning phase) : 이 단계는 어쩌면 도박에서의 승리가 기존에 가지고 있는 문제들에 대한 해결책이 될 수 있을 것이라는 신념을 가지고 도박의 세계에 첫 발을 들이는 단계이다. 도박을 통해 금전적인 이득을 보거나 도피 등과 같은 심리적인 이득을 얻기도 하는데, 이와 같은 이득은 도박행위를 계속하는 데 충분한 동기를 부여한다.
② 손실단계(losing phase) : 도박판에서 계속해서 판돈이 올라가고, 가열된 도박판에서의 도박은 결국 패배로 이어진다. 이것이 바로 '추격매수(the chasing)'이다. 도박자는 '도박판에서의 손실을 만회하기 위해' 도박을 반복하게 된다. 오랜 기간에 걸쳐 도박자는 누적된 여러 가지 난관들을 타개할 방안을 다름 아닌 도박판에서 찾는다.
③ 절망단계(desperation phase) : 이 단계에서 문제성 도박자는 여러 문제로 인해 압도당하게 된다. 심각한 가정 문제와 금전뿐만 아니라 극한적인 정서적 문제, 심지어는 육체적인 고통에 시달리게 된다. 범죄행위를 저지르기도 하고, 종종 법적인 문제를 야기하기도 한다. 커스터(Custer)에 따르면, 절망에 빠진 도박 중독자는 다음의 네 가지 중 하나를 선택하게 된다 : 자살을 하거나, 감옥에 가거나, 도움을 청하거나, 도피하는 것.

1) 도박중독자의 비합리적 신념

문제성 도박을 하는 사람들은 다음과 같은 비합리적 신념을 가지고 있다.

① 자신에게 행운을 주는 사건이나 물건을 믿는 것, 즉 도박판에서는 특정한 옷을 입거나 특정한 테이블이나 기계에서만 하는 미신적 믿음
② 돈을 따는 것은 능력, 잃는 것은 운, 다음에는 딸 확률이 높다는 해석적 편향
③ 다른 사람에 비해 더 빨리 돈을 딸 수 있을 것 같은 시간적 망원경
④ 돈을 잃은 기억은 무시하고 딴 것만 기억하는 선택적 기억
⑤ 돈을 잃고 딴 것과는 상관없는 우연한 일이 자신의 도박결과와 관련이 있다고 믿는 착각적 상관 등의 인지적 오류

2) 도박중독의 진단

미국 정신의학계의 진단기준 「DSM-5」에 근거를 두고 개발된 것이다.

〈표 9-1〉 DSM-5에 근거한 도박중독의 진단

■ 병적 도박증은 다음 중 5개 이상의 항목에 해당하는 도박행동 시 지속적이고 반복적으로 일어나서 사회적 직업적 부적응을 초래할 때 진단된다.

문 항	예	아니요
1. 도박에 집착한다. 과거의 도박경험을 계속 떠올리고, 다음번에 돈을 걸었을 때 승산을 예상하거나 계획하고, 도박을 해서 돈을 벌 수 있는 방법에 집착한다.		
2. 돈의 액수가 커질수록 더 흥분감을 느낀다. 따라서 자신이 바라는 흥분감을 느끼기 위해 돈의 액수를 계속 늘리면서 도박하려고 하는 욕구가 있다.		
3. 스스로 도박행동을 조절하거나 줄이거나 중지시키려는 노력이 거듭 실패로 돌아간다.		
4. 도박행동을 줄이거나 그만두려고 시도할 때 안절부절못하거나 신경이 과민해진다.		
5. 무기력감 죄책감 불안감 우울감 등과 같은 정신적 문제에 부딪혔을 때 여기에서 탈출하기 위한 수단으로 도박을 하거나 불쾌한 기분을 가라앉히기 위한 수단으로 도박을 한다.		
6. 도박으로 돈을 잃고 나서 이를 만회하기 위해 다음날 다시 도박판으로 되돌아간다.		
7. 자신이 도박에 빠져 있는 정도를 숨기기 위해서 가족들, 치료자, 다른 사람들에게 거짓말을 한다.		
8. 도박자금을 대기 위해서 지폐를 위조하거나 사기 도둑질 공금횡령 등과 같은 불법행위를 저지른다.		
9. 도박으로 인해서 중요한 대인관계가 위태로워지거나, 직업상이나 교육상의 기회, 출세의 기회를 잃어 버리게 된다.		
10. 도박으로 인한 절망적인 경제상태에서 벗어나기 위해 다른 사람에게 돈을 빌린다.		

3. 도박중독의 원인

1) 심리적 행동적 요인

행동주의자들은 병적 도박의 원인을 학습된 비적응적 행동으로 이해하고 다음과 같이 설명하고 있다.

(1) 양적 강화

도박을 통해 우연히 돈을 따게 되면, 그 결과 도박행위를 다시 할 가능성이 높아진다. 여기서 도박행위 시 경험하는 쾌감과 돈을 따는 행위 자체가 긍정적 강화물(positive reinforcer)로 작용한다.

특히 도박행위에서는 간헐적 강화 개념이 중요한데, 돈을 따는 것이 언제일지 예측 불가능하다는 사실은 쉽게 기대를 포기하지 않게 만드는 중요한 요인이 된다.

돈을 따는 것 이외에도 다른 도박자들과 어울리는 사회적인 관계, 도박장에서의 시청각적 자극, 음료제공 같은 서비스 등도 도박행위를 증가시키는 강화물로 작용할 수 있다.

(2) 부적 강화

스트레스, 불안, 우울한 정서 등 불쾌한 감정으로부터 회피하거나 스스로 해결하기 위한 방법의 하나로 도박을 한다. 도박을 하게 되면 잠시 불쾌한 감정을 피할 수 있으나, 이러한 감정이 생길 때마다 도박행위를 반복하게 된다.

스트레스를 해결하기 위해서 도박을 했지만 도박의 결과로 생기는 경제적 문제, 가족이나 직장에서의 문제는 더 많은 스트레스와 불쾌한 감정을 낳게 되는데, 결국 또 도박행위를 통해 불쾌한 감정에서 도피하려는 악순환이 계속된다.

(3) 인지론

도박은 확률일 뿐이지만 종류에 따라서는 자신의 기술이 다소 필요한 경우도 있어서 이러한 경우 병적 도박자들은 자신의 능력이나 기술로 이 확률을 조절할 수 있다는 왜곡된 확신을 갖게 된다.

(4) 사회학습이론

친구들이나 직장동료 및 TV 같은 방송매체에서 도박행위를 관찰하거나 그러한 소식을 듣게 되면, 사람들은 그중에서 좋은 결과만 선택적으로 취하고 그것을 모방하게 된다.

2) 유전적 요인

병적 도박은 가족력이 있는 경우가 많다. 한 조사에서는 부모에게 도박문제가 있을 때 자녀에게도 도박문제가 생길 가능성이 3배 정도 높은 것으로 나타났으며, 쌍생아 연구를 통해 유전적 요인이 35~54%를 설명할 수 있다고 보고되었다.

다른 쌍생아연구에서는 자극추구 성향이 높고 고위험도박을 즐기는 유형의 남자도박자들이 유전적 성향이 높은 것으로 나타났다.

3) 신경생물학적 요인

병적 도박은 충동조절에 영향을 주는 세로토닌과 관련이 있는 것으로 보인다. 또 다른 한편으로는 보상회로와 관련하여 중독성 행위가 중피질변연계의 도파민 활성 증가에 따른 비정상적인 욕구와 이를 조절하는 전두엽의 조절기능 저하에 따른 행동으로 보고되고 있다.

신경전달물질과 관련된 연구 이외에도 최근 뇌영상 연구를 통해 병적 도박의 원인을 찾고자 하는 연구가 있었다. 기능적 MRI를 이용한 이 연구에서 병적 도박자들은 일반인들에 비해 주로 충동조절과 선택결정을 담당하는 배외측 전전두피질의 활성이 떨어지는 결과를 보였다.

4. 도박중독 예방 및 치료센터 운영현황

1) 단도박모임(GA)

환자들의 자발적인 모임인 단도박모임은 도박의 치료는 물론이고, 재발예방과 재활에 중요한 역할을 한다. 국내에서는 1984년에 결성되어 서울을 비롯하여 전국적으로 50여 군데 이상의 지역 모임이 활성화되어 있다(www.dandobak.co.kr; www.dandobak.or.kr).

가족들의 모임도 따로 결성되어 있어서 서로 경험을 공유하는 등의 중요한 역할을 한다. 따라서 치료자는 환자에게 초기부터 치료와 함께 단도박모임의 참여를 권유하는 것이 좋다.[1)]

2) 가족이 알아두어야 할 사항

가족 중 한 명이 문제성 도박자임을 확인하는 순간, 대부분의 가족은 도박빚 등의 문제해결을 하는 데에만 초점을 맞춘다. 사례에 따라 다소 다를 수는 있지만, 다음은 문제성 도박자의 가족이 반드시 알아두어야 할 사항이다.

① 초기부터 단호하게 대처해야 한다. 가족은 처음에는 도박자의 행동을 이해해 주고자 하고 소문이 나지 않게 하려고 노력하면서 앞으로 도박을 그만두기를 바라며 도박빚을 갚아준다. 또는 자신들이 혹시 잘못해서 이러한 문제가 생긴 것은 아닌가 하는 죄책감으로 환자를 감싸주려 한다. 그러나 이렇게 해서는 치료 예후가 좋아지기 어렵다. 모든 것을 도박자 자신의 책임으로 돌리고 철저하게 대응하도록 한다.

② 치료에 적극 협조해야 한다. 많은 중독행동을 조절하고 끊기 위해서는 물리적 환경 역시 중요하다. 도박중독 역시 정신적 질환이므로 가족의 적극적인 개입이 필요하며, 가족이 함께 문제를 개선하는 데 동참하여야 한다.

③ 도박중독자는 절대로 자기가 환자임을 인정하지 않는다. 그러므로 가족이나 친척은 조기에 강제로 치료를 시작하여야 한다. 무엇보다 중요한 것은 도박이 정신적 질환임을 아는 것이다. 특히 환자가 이를 인정하여야 치유의 가능성이 높다.

---

1) 또한 한국도박문제관리센터(www.kcgp.or.kr, 전화 1336)가 있다. 서울 종로구에 위치한 본부상담센터를 비롯해 서울남부, 경기북부, 경기남부, 인천, 강원, 강원센터 정선분소, 대전, 대구, 경남, 광주, 부산 등 11곳의 지역 센터를 방문하면 도박 문제 상담과 치료를 위한 재활 프로그램 이용이 가능하다.

〈표 9-2〉 도박중독치료센터

구 분	한국마사회	강원랜드	국민체육진흥공단
센터명	UCan센터	강원랜드 중독관리센터	희망길벗
설립일	1998. 9. 10.	2001. 9. 25.	2003. 7. 10. 2008. 3. 1. 토토상담방
형 태	직영	직영	국민체력센터에 위탁
기 능	상담 및 연구	상담 및 연구	의료와 상담 및 연구
홍 보	지하철 광고 캠페인 등	인근지역에 장기체류하여 고객에게 직접 접근하여 상담, 업장 내에 시계·거울 설치, 라디오 공익광고, 공중파 및 케이블 공익광고, 기획기사 보도 등	소식지 발간 등

| 제4절 | 인터넷중독

1. 인터넷중독의 개념

인터넷중독은 인터넷접속에 대한 강박적 집착이다. 일단 인터넷에 접속하면 인터넷을 계속 하려 하는 조절불능, 해로운 결과가 있으리라는 것을 알면서도 계속 접속하는 강박적 사용자가 많다.

그리고 이러한 증상들에 대한 자각 및 주위의 염려 등이 존재하는 상태, 또는 인터넷을 과다 사용하여 인터넷사용에 대한 금단과 내성을 지니고 있으며, 이로 인해 이용자의 일상생활에 장애가 유발되는 상태라고도 정의할 수 있다.

한국정보문화진흥원에서는 인터넷중독을 "인터넷사용이 지나쳐서 이용자의 일상생활에 심각한 신체적·정신적·경제적·직업적·사회 적응적 기능 손상을 초래하는 상태"라고 정의하였다.

정신의학적으로 중독은 원래 약물중독의 개념에서 출발하였다. 약물중독은 특정 약에 의하여 '내성'과 '금단증상'이라는 생리적 의존성이 생기는 것을 의미한다.

즉, 특정 약물에 중독되면 동일한 효과를 얻기 위하여 복용량이 지속적으로 증가하고, 약물의 체내 농도가 줄어들면 불안, 초조, 식은땀 등 견디기 어려운 신체적 증상(금단증상)이 나타나 다시 그 약물을 찾게 된다.

한편 약물복용과는 무관하게 특정 행동에 대하여 내성과 금단증상을 나타내는 사례들이 보고되고 있는데, 그 대표적인 예가 운동중독, TV중독, 충동성 도박, 비디오게임 중독, 컴퓨터중독 등이 있다. 이러한 중독들이 '행동중독'으로 지칭되면서 약물에만 국한되었던 것이 행동일반으로 확대되었다.

인터넷중독이라는 용어는 1996년에 정신과 의사인 골드버그(Goldberg)가 처음으로 사용하였다. 그것은 인터넷을 더 많이 사용해야 만족을 느끼게 되는 내성, 인터넷사용을 중단하거나 줄이면 정신운동성 초조나 불안 혹은 인터넷에 대한 강박적 사고나 환상과 같은 증상이 함께 일어나는 금단증상, 인터넷 사용으로 인해 사회적·직업적 활동이 손상되는 사태가 발생하는 경우로 정의된다.

2. 인터넷중독의 대처방안

청소년들의 인터넷중독을 예방 혹은 치료하고 인터넷사용을 통해 긍정적인 경험이나 발달효과를 얻기 위해서 어떻게 해야 할지 알아보기로 한다.

인터넷중독의 해결을 위한 궁극적인 목표는 현실세계에서의 즐거움을 되찾게 하는 것이다. 즉, 인터넷중독은 많은 부분 인터넷 자체가 가지고 있는 매력요인 때문이기도 하지만, 현실세계에서의 결핍이나 심리적·행동적 문제 때문에 발생한다.

다시 말해서 현실세계에서 충족시키지 못한 욕구를 대체하는 수단으로 인터넷에 과다 몰입하다 보면 중독으로 빠지게 된다고 이해할 수 있다. 따라서 청소년의 인터넷 중독문제를 해결하기 위해서는 인터넷중독에 대한 정확한 진단이 선행되어야 하고, 다음으로 인터넷 중독증상에 대한 직접적인 개입과 함께 청소년들이 현실세계에서 충족하지 못한 심리·환경적 결핍에 대한 중

재와 치료가 우선되어야 할 것이다. 무엇보다도 중요한 것은 인터넷사용이 생활화되어 있는 청소년들이 인터넷중독에 빠지지 않도록 예방에 신경을 쓰는 일이다. 인터넷중독에 빠질 위험성이 있는 심리·환경적 결핍을 파악하고 있다면 이러한 결핍을 경험하고 있는 청소년들에 대한 예방적 조치를 취함으로써 인터넷중독을 예방할 수 있을 것이다.

예를 들어, 충동성이 높고 자기조절능력이 부족한 청소년의 경우 인터넷 사용시간을 스스로 조절하지 못할 것을 예상하여 인터넷 이용시간을 조절하는 데 미리 신경을 쓸 수 있을 것이고, 우울성향이 있고 친구를 비롯한 대인관계에 어려움이 있는 청소년의 경우는 사이버상에서의 관계에 집착하지 않도록 현실세계의 인간관계문제 개선에 노력할 수 있을 것이다.

특히 인터넷·스마트폰 중복 중독 청소년 수가 증가함에 따라 두 문제를 함께 치유할 수 있는 통합적인 서비스를 확대하고, 중독 저연령화 추세에 대응하기 위해 부모가 자녀의 올바른 스마트폰 사용 습관을 지도할 수 있도록 부모교육을 강화하고, 가족치유캠프를 확대하는 등 청소년들이 건강하게 성장할 수 있는 환경을 조성하는 데 정부와 지역공동체가 함께 노력해야 한다.

1) 가정에서의 대처 노력

현대사회는 청소년들이 인터넷에 몰입하는 것을 병리적인 것으로만 볼 수 있는 시대는 아니다. 청소년들이 인터넷을 올바로 사용하고 인터넷중독에 빠지지 않도록 하기 위해서는 부모의 역할이 매우 중요하다. 그렇다면 청소년들이 인터넷을 올바로 사용할 수 있도록 부모들이 어떻게 지도할 수 있는지에 대해서 살펴보기로 한다.

① 부모가 통제적인 양육태도를 가지고 있고 지시적이며 자녀와 일방적인 의사소통을 하는 경우에 자녀가 인터넷중독에 빠질 위험성이 크다. 민주적이고 허용적인 양육을 할수록 자녀들은 인터넷을 이용하는 시간이 적고 게임을 적게 하며 인터넷을 어떤 용도로 이용하는지에 대해 부모에게 숨기지 않는다.

반면에 무조건적인 복종을 요구하는 독재형의 양육방식을 사용하는 경우 자녀들은 인터넷에서 메일을 주고받거나 대화방을 이용하는 일에 대해 부모에게 숨기는 경향이 있다. 그러므로 자녀의 인터넷 이용에 대한 일방적인 간섭이나 통제는 효과적이지 않다.

② 청소년들의 인터넷세상에 부모가 동참하여 자녀교육을 위한 장으로 적극 활용해야 한다. 이를 위해서는 무엇보다 청소년들이 왜 인터넷에 몰두하는지 부모들이 이해할 필요가 있다. 2010년 이후에 태어난 알파세대 청소년들은 부모세대의 발달환경과는 질적으로 다른 환경인 인터넷이라는 가상공간에서 활동하는 시간이 많으며, 이 공간을 자기성장의 장으로 활용하고 있다. 따라서 부모는 또 다른 자녀양육의 장으로 인터넷 공간을 인식해야 하며, 이러한 새로운 장에서 자녀를 양육하고 교육하려면 인터넷을 활용할 수 있어야 한다.

2) 사회적 차원에서의 대처 노력

① 무엇보다 청소년들을 위한 인터넷상에서의 건전한 콘텐츠의 개발과 보급이 이루어져야 할 것이다. 청소년들을 유해정보로부터 보호할 수 있는 음란물차단 소프트웨어의 개발, 청소년들의 해킹이나 바이러스 유포를 방지하기 위한 기술개발이 필요하다.

② 청소년과 부모 혹은 청소년교육을 담당하고 있는 사람들을 대상으로 적당한 인터넷 이용시간이나 효과적인 이용방법과 주의할 점들 및 인터넷중독에 대처하는 방법을 현실적이면서도 구체적으로 지도하는 인터넷교육 프로그램이 제공되어야 한다. 또한 인터넷중독으로 학교에 장기결석을 하는 청소년들이 자신의 진로를 찾을 수 있는 진로지도 프로그램 등을 학교나 청소년 관련기관에서 제공해야 할 필요성이 커졌다.

KEY POINT

중독

① 만성중독 : 해로운 것임을 알면서 중단하려고 노력하여도 통제력을 잃고 반복적인 행동
② 급성중독 : 알코올 등이 중추신경계에 영향을 미쳐 단기적으로 부적응적인 인지 및 행동

물질중독

약물・술・니코틴・카페인 및 유해냄새 등 특정한 음식과 같은 외부물질에 의한 중독

과정중독

일중독・성중독・종교중독 및 인간관계 등 무엇이든지 과도한 행위로 인한 과정중독

숨겨진 중독

논쟁・쇼핑・조깅・낚시 및 험담 등 일상생활로 생각하지만 과도하면 숨겨진 중독

도박중독자 가족 유의점

① 초기부터 단호하게 대처・적극적 치료 협조
② 병원치료 및 단도박 모임 적극 참여 권유
③ 치료제는 없고 완치도 어려움을 인식

게임과 도박의 차이

① 게임은 일상생활에서 다소 활력을 주는 건전성이 가미된 긍정적인 활동
② 도박은 돈이나 가치 있는 것을 얻기 위하여 내기를 거는 부정적인 활동

인터넷 중독자의 특징

① 인터넷 중단하면 우울 초조 및 공허감, 가상공간과 현실 모호
② 인터넷만 의존으로 수면시간 감소, 사회생활의 역할수행 저하

알코올로 인한 합병증

① 신체장애 : 심장과 혈관 및 위장, 내분비계, 면역기능 장애
② 정신장애 : 기억상실증과 기억력 장애, 알츠하이머병, 노인성치매
③ 심리적 증상 : 부인, 충동성, 도피, 의존성, 적개심, 혼돈, 낮은 자존감

아노미 현상

① 아(없다)+노미(규범)=무규범
② 사회적 혼란으로 인해 규범이 사라지고 인간성 소외 등의 몰가치 상황

복지카드(장애인카드)

① 장애의 정도에 따라 경증 및 중증 구분(시 · 군 · 구에서 복지카드 발급)
② 복지카드 소유자는 통신료 및 고속도로통행료 등 할인

1종 의료 수급권자(완전 무료)

국민기초생활보장법상 수급자 중 근로능력이 있는 자가 한 명도 없는 세대 (또는 행려환자, 국가유공자, 의사상자 등)

2종 의료 수급권자(일부 본인부담)

국민기초생활보장법상 수급자 중 1종 수급권자에 해당하지 않는 사람 (근로능력이 한 명 이상 있는 수급자 세대)

가족치료의 형태

합동치료	1명의 워커가 가족구성원 전원을 동시에 면접
협동치료	각각의 워커가 가족구성원과 개별적 면접 후 정기적인 합동 의견 교환
병행치료	합동면접 후 가족구성원에 대한 개별면접 병행
혼합치료	변화에 따라 적절한 치료법을 선택

Chapter 10

폭력가족

제1절 가정폭력의 개념

제2절 가정폭력의 발생원인

제3절 가정폭력의 유형

제4절 가정폭력 복지대책

10 Chapter 폭력가족

| 제1절 | 가정폭력의 개념

가정폭력(domestic violence, family violence)은 폭력현상 중에서 가해자와 피해자의 관계에 따라 가정이라는 하나의 범위를 개념화한 일반적인 개념정의와 「가정폭력범죄의 처벌 등에 관한 특례법」에서 정의한 법적 개념정의로 나누어 볼 수 있는데, 여기서는 일반적인 개념을 중심으로 살펴보기로 한다.

1. 가정폭력의 일반적 개념

폭력(violence)이란 여러 가지 목적으로 다른 사람에게 의도적으로 힘(force)을 사용하는 것을 말한다. 이러한 폭력이 1차 집단인 가정 내 구성원들 사이에서 발생하게 될 때 이것을 '가정폭력'이라 한다.

가정폭력은 1차 집단 내 구성원들 사이에서 발생하므로 고정된 대상에게 지속적이고 반복적인 형태로 행사되며, 가정이라는 테두리 안에서 묵인되고 있다는 점에서 문제의 심각성이 크다.

가정폭력은 배우자 · 부모자식 · 형제 · 동거가족 등 가족구성원 간에 발생하는 폭력으로 주로 가족구성원 중에서도 아내 · 아동 · 노인 등을 대상으로 발생되는 경우가 많으며, 사회의 기본 단위인 가정에서 일어나는 폭력이라는 점에서 사회에 미치는 영향이 매우 크다고 할 수 있다.

가정폭력 관련 문헌에서는 폭력에 대한 정의로 신체적 폭력과 성학대에 초점을 둔 협의의 개념 또는 정서적 폭력과 경제적 폭력을 포함하는 광의의 개념이 혼재되어 사용되고 있다.

폭력에 대한 정의에 있어서 학자들 사이의 합의는 아직까지 도출되지 않고 있지만, 최근 들어 피해자 관점이 강조되면서 신체적 폭력과 성학대뿐 아니라 정서적 폭력과 경제적 폭력 및 방임·통제 등을 포함한 광의의 개념으로 합의가 모아지고 있다. 특히 방임이나 통제는 우리나라의 가정폭력연구에서 덜 주목되어 온 유형이기는 하나, 가장 빈번하게 발생되는 폭력의 형태로 신체적 폭력과는 별도로 부정적인 영향을 미치는 것으로 보고되고 있다. 또한 스트리트와 아리아스(Street & Arias)는 정서적 폭력이 심각한 정신적 고통을 유발할 뿐만 아니라 신체건강을 위협하는 폭력유형임을 강조하고 있다.

최근 세계보건기구(WHO)는 11개 국가의 가정폭력 비교조사에서 정서적 폭력을 비중 있게 다룬 바 있다.

1997년에 「가정폭력범죄의 처벌 등에 관한 특례법」과 「가정폭력방지 및 피해자보호 등에 관한 법률」이 제정되고 나서 가정폭력에 관한 사회적 관심이 증가되고 있다. 관련법에 의한 가택긴급출입권으로 사람의 생명과 신체를 위협할 만한 범죄가 발생했다고 판단할 경우 공권력은 강제로 그 가택에 진입할 수 있으나 사후적 조치가 대부분이다.

가정에서의 폭력은 폭력 피해자에게 신체적·정신적 손상을 주어 심각한 후유증을 남기고, 그 자녀가 폭력에 노출됨으로써 폭력학습의 기회가 되어 또 다른 폭력을 낳는 악순환과 재생산이 이루어진다.

특히 이러한 재생산은 단순재생산이 아니라 확대재생산이 될 가능성이 크다는 점에서 더욱 중요한 사회문제가 된다. 따라서 행복하고 건강한 삶이 영위되어야 할 가정에서 폭력으로 인해 인간의 존엄성이 파괴되고, 인격적인 인간관계가 깨지며, 개인적인 생존을 위협하는 일이 일어난다.

결국에는 결혼관계와 가족관계의 붕괴 또는 가족해체로 이어지기도 하여 건강하고 안정된 사회의 발전을 저해하는 요인으로 작용하게 된다.

2. 가정폭력의 특성

카샤니(Kashani)는 가정폭력의 일반적 특성을 다음과 같이 제시하였다.

① 가정폭력은 장기적이고 반복적이다.
② 시간이 갈수록 폭력의 유형이 다양해지고 그 정도가 심화된다.
③ 아내에 대한 폭력은 자녀 혹은 처가식구에 대한 폭력으로 이어진다.
④ 지속적인 가정폭력으로 신체적 손상뿐 아니라 외상후 스트레스장애(PTSD : Post-Traumatic Stress Disorder) 등 정신질환에 시달리게 된다.
⑤ 폭력에 대한 공포와 학습된 무력감에 젖어 가정폭력으로부터 탈출하는 것이 불가능하다고 믿게 된다.
⑥ 가정폭력 피해자는 폭력으로 받는 정신적 스트레스를 해소하지 못하여 다른 범죄로써 문제를 해결하려 하는 경향을 보인다.

| 제2절 | 가정폭력의 발생원인

가정폭력을 연구함에 있어서 관련이론을 고찰하는 것은 가정폭력의 보편적인 요인을 도출하기 위한 적절한 준거틀을 마련할 수 있다는 점에서 중요한 의의를 지닌다. 사회학・심리학・정신분석학・여성학 등 여러 분야의 학자들은 다양한 이론에 의하여 가정폭력을 논의하고 있는데, 이는 가정폭력이 매우 복합적이고 여러 가지 측면에서 설명될 수 있음을 의미한다. 그러나 학계에서 널리 인정받고 있는 가정폭력에 관한 여러 이론들은 크게 세 가지로 요약될 수 있다.

① 선천적으로 공격적 성향을 가졌거나 술 또는 마약중독 등 개인적인 병리적 속성에서 비롯된다고 보는 정신병리학적 접근

② 사회환경 · 타인 · 집단 · 조직과 개인과의 상호작용에 의하여 가정폭력을 이해하려는 사회심리학적 접근
③ 폭력을 가치 · 제도 · 체계운영 등과 같은 사회적 구조나 질서 등 거시적 수준에서 설명하려는 사회문화적 접근

이 세 가지 유형의 접근방식은 다양한 세부이론으로 설명되는데, 여기서는 가정폭력의 발생원인을 규명하는 데 있어서 직접적으로 관련되는 주요 이론을 중심으로 살펴보고자 한다.

1. 정신병리학적 접근

가정폭력의 정신병리학적 접근은 비정상적 혹은 자기내적 결함에 의해 폭력이 야기된다고 가정하고 가정폭력의 원인을 가해자나 피해자의 정신적 또는 인격적인 장애로써 설명하려는 것이다.

이러한 접근유형은 가해자의 심리적 특질을 분석하는 관점과 피해자의 심리 자체에 폭력행위를 유발하는 측면이 있다고 보는 두 가지 관점이 있다.

예를 들면, 학대받는 아내의 특징으로 여성 자신이 무의식적으로 희생당하기를 원하기 때문에 자신들이 공격받게끔 허용하거나 폭행을 유도하기도 하며, 남성들은 아내가 심한 잔소리와 비여성적인 태도로 자극할 때, 혹은 자신들의 주체할 수 없는 가학적인 충동 때문에 폭력을 행사하게 된다는 것이다.

그래서 남편의 폭력은 부인의 피학성을 만족시켜 주고 남편의 가학성을 표출할 수 있게 해줌으로써 폭력의 문제를 부부문제로만 고립시킬 뿐 아니라, 이 행위 자체를 유용한 것으로조차 보려고 한 것이다.

그러나 여성의 피학성 및 남성의 가학성 문제는 해부학적 · 심리적 · 생물학적 특성에 따른 선천적 요인만을 연관시킬 수 없으며, 성장과정에 있어서의 문화적 · 사회적 요인에 의해 조건화되었음을 신중히 고려해야 한다.

아울러 가정폭력행위를 정신병리적 현상만으로 이해한다는 것은 정상적인

사람의 비정상적인 행동을 설명하지 못할 뿐만 아니라, 가해자의 입장에서 정신병 때문에 학대한다고 일반화하여 폭행을 합리화하는 오류를 범하게 되는 것이다.

2. 사회심리학적 접근

사회심리학적 접근은 사회환경 · 타인 · 집단 · 조직 및 개인과의 상호작용에 의하여 가정폭력을 이해하려는 관점이다. 즉, 특정 개인의 대인관계에서의 좌절이나 학습과정, 타인의 태도, 집단 및 조직에 반영되는 자신의 태도 등에서 가정폭력의 발생원인을 모색하는 특징을 지닌다.

1) 좌절－공격 이론(Frustration-Aggression Theory)

이 이론은 어떤 목적을 가진 행동이 좌절되었거나 방해를 받았을 때 개인은 폭력을 발생시키게 된다는 논리이다. 그러나 최근에는 개인적인 심리상태 차원뿐만 아니라 실직 · 빈곤 등 사회경제적 차원의 기회구조의 불평등 및 그 부당성에 대한 자학적 반응까지를 설명에 포함시킴으로써 문제영역을 확대시키고 있다.

가족 내 상황에 있어서 자녀양육에 대한 불확실성, 역할분담과 관심, 능력과 같은 요인보다는 다른 근거에서 오는 책임감, 가족갈등 등의 요인이 가족에게 좌절을 주기 때문에 좌절 · 공격이론이 가족상황에 더 적합하다고 보는 이론이다.

그러나 좌절－공격 이론은 공격적이 되게 하는 경우가 어떤 상황인지 정확히 설명할 수 없고, 어떤 사회에서는 좌절이 수동적이고 비공격적인 것으로 나타나는 경우도 있다는 점에서 한계를 지닌다.

아울러 여성, 자녀, 노인 등의 사회적 · 가족적 취약계층이 좌절감을 가졌음에도 불구하고 공격적 행위를 하지 못하는 상황에 대해서는 설득력을 갖지 못하는 것도 이 이론의 한계라 할 수 있다.

2) 사회학습 · 역할모형 이론(Social-Learning and Role-Modeling Theory)

사회학습 · 역할모형 이론은 '개인의 학습마당은 원래 백지상태'라는 가정에서 출발하여 폭력을 '타인의 폭력행위에 대한 학습된 현상'으로 이해하는 논리이다.

다시 말해 가족 내 폭력을 행사하는 가해자는 문제 해결을 위한 수단으로 부모가 폭력을 행사하는 것을 보고 경험하여 그들 자신이 부모가 되었을 때 이와 같은 폭력의 역할을 모형화하게 된다는 것이다.

폭력에 관한 사회학습이론에 대해 반두라(Bandura)는 다음과 같은 세 가지 측면으로 요약해서 설명하고 있다.

첫째, 폭력행동을 관찰하고 이를 모방함으로써 학습하는 과정을 고찰하는 측면이고, 둘째, 폭력경험과 폭력노출 정도가 폭력을 인정하는 학습된 기준으로 받아들이게 한다는 것을 고찰하는 것이며, 셋째, 역할 모델의 접근으로서 이는 적절한 역할 모델 내에서 폭력을 관찰함으로써 학습되는 것으로 본다.

가정폭력에 이를 적용하면, 가정은 폭력의 훈련장으로서 제공된다. 즉, 가족은 역할모형을 제공하며, 어린 시절의 경험은 장래에 적절한 부모 및 부부의 역할 개발에 이용된다는 의미이다.

결론적으로 이 이론은 가족 간, 세대 간 가정폭력의 전이에 강한 설득력을 갖는다. 하지만 이것을 성(gender)으로 구분하여 남성은 학대를 하고 여성은 학대를 받는 존재로 길들여지는 것을 설명하기에는 충분하지 않다.

아울러 폭력가정이었으나 폭력을 행사하지 않고 잘 살고 있는 가정이나 그렇지 않은 환경에서 성장하여 왔음에도 불구하고 폭력을 행사하는 사람들에 대해서는 설명하지 못하는 한계를 지니고 있다.

3) 자원교환 이론(Resource-Exchange Theory)

가정 내 구성원 간의 상호작용은 보상의 극대화 및 비용의 최소화에 의해 지속되므로 비용이 보상을 초과하는 것으로 판단될 때 분배적 공정성을 되찾기 위해 폭력을 사용한다는 것이 이 이론의 요지이다.

즉, 자신이 투자한 것에 대해 적절한 보상을 받고 있다고 지각할 때 공정성이 있다고 보는 것이다. 노력이나 기술·지위 등을 투자한 만큼 보상받고자 하는데, 기대한 보상을 받지 못하거나 기대와는 달리 벌을 받았을 때 화가 나고 공격적 행동이 나타나게 되는데 이것을 하나의 보상의 형태로 간주한다.

그 예로 자녀에 대한 부모의 투자 및 기대에 비해 자녀가 주는 정신적·물질적 보상이 적을 때 아동학대가 발생하고, 상처를 준 배우자에게 상처 입은 배우자가 폭력이라는 형태로 보상을 주는 것을 배우자 간 학대라 한다.

그러므로 폭력은 가족원 간의 교류관계가 실패하였을 때 발생하며, 지배적인 위치에 있는 사람이 자신의 권위가 위협받는다고 생각할 때 이를 회복하기 위한 방편으로, 또는 기대보상이 없을 때 폭력을 사용하게 된다는 것이다.

그 밖에도 가족 내에서 지배권을 가지려 하는데 이를 뒷받침할 자원을 가지고 있지 못한 경우 폭력에 의존하게 된다. 즉, 다른 자원(경제력, 사회적 지위, 대인관계기술 등)이 불충분하거나 부족할 때 자신을 충족시키기 위한 자원으로 폭력이 사용된다는 것이다.

이 이론은 가정폭력의 핵심을 가족원 간의 세력과 지배로 본 점에서 여권론적 이론과 일맥상통하며, 폭력사용의 동기가 남편뿐만 아니라 자원이 빈약한 가족원 누구에게나 생겨날 수 있고, 자원을 적게 가진 여성일수록 심각한 폭력을 행사하는 남편에게서 벗어나지 못한다는 주장은 여권론적 관점과 상이하다.

4) **스트레스 이론**(Stress Theory)

많은 연구에서 스트레스와 가정 내 폭력 간에 연관성이 있다는 것이 밝혀졌으며, 특히 재정적인 문제, 실직, 질투심, 음주, 자녀문제, 상대적인 사회적 지위의 차이 등의 특정한 스트레스 요인들은 폭력과 직접적인 연관성을 가지고 있다.

가정 내의 폭력은 한 개인이 스트레스를 받고 있거나 인격이 부족한 경우 이러한 갈등을 완화시킬 만한 적절한 대응책을 강구하지 못했을 때 야기되기 쉽다. 그러나 스트레스는 누구에게나 있으며, 남편이 스트레스가 쌓여 아내를 구타한다는 생각은 가해자들의 변명일 뿐, 이것은 외부의 자극과는 관계없이 자기내부에서 일어나는 심리적 현상에 불과하다.

스트레스이론은 문화적 차이나 개인 정신병리적인 관점의 한계를 극복할 수 있는 접근이기는 하나, 동일한 스트레스 상황에서도 폭력을 사용하지 않는 사람 간의 차이를 설명하지는 못하고 있다.

| 제3절 | 가정폭력의 유형

가족은 구성원이 여러 가지 관계로 연결된 집단이므로 가정폭력은 당사자 간의 관계에 따라 그 형태를 구분할 수 있다.

가정폭력의 유형으로는 우선 부부폭력, 부모의 자녀폭력, 형제자매의 폭력, 자녀의 부모폭력 등으로 나눌 수 있는데, 부부폭력은 그 주체에 따라 남편에 의한 아내학대, 아내에 의한 남편학대, 그리고 남편과 아내 모두 폭력을 행사하는 상호폭력으로 나눌 수 있다.

그 밖에도 부모가 아동이나 청소년인 자녀에게 상습적인 폭행과 학대를 가하는 자녀폭력 및 아동학대와 자녀가 부모를 폭행하는 부모폭력이 있는데, 이 중 부모가 노인일 경우 노인폭력 내지 노인학대라 지칭하기도 한다.

이러한 다양한 폭력의 유형 중 한국사회에서 발생빈도와 대중적 인지도가 가장 높은 가정폭력의 유형을 기본적 3대 유형이라 하는데 부부폭력 중 아내학대, 아동(자녀)학대, 노인학대가 여기에 해당된다.

여기서는 가정폭력의 이해를 돕기 위해 대표적 3대 유형의 기본적인 특성과 현대적 경향에 대해 다음과 같이 살펴보기로 한다.

1. 아내학대

부부간의 폭력을 지칭하는 용어로는 아내학대, 아내구타, 배우자학대, 부부폭력 등 여러 가지가 사용되고 있다. 그러나 우리나라 가정에서 남편의 아내에 대한 폭력의 비율이 아내에 의한 남편의 폭력 비율과 비교할 때 5배 정도 높다. 따라서 아내에 대한 것을 지칭하는 용어가 남편에 대한 것보다 일반인에게는 더욱 익숙하다 할 수 있다.

워커(Walker)는 아내학대를 "아내의 권리에 대한 고려 없이 남편이 원하는 것을 아내가 하도록 강요하기 위해 남편이 반복적으로 행하는 무력"으로 보고, "이 경우 적어도 폭력주기를 2회 이상 겪어야 한다"고 정의하였다.

한국사회에서의 아내학대는 다분히 고도의 산업화과정을 거치면서 변화된 성역할에 의한 부산물이라고 할 수 있다.

물론 과거 사회에서도 아내학대는 존재하였지만 폭력을 당하는 피해자의 입장 차이에서 현대적 개념의 아내학대는 많은 상이성을 보인다. 즉, 현대적 개념의 아내학대는 과거 유교적 가부장제하에서 절대적 우위를 누리던 남편의 위치가 산업사회에 이르러서는 각종 경제적 부담과 사회적 환경의 변화로 인해 그 가정에서의 위치가 급락하였고, 이에 따른 스트레스를 적절히 해소하지 못한 채 아내와의 갈등이 폭력의 형태로 발생하고 있다는 점에서 과거와는 많은 차별성을 가지고 있다.

또한 돈벌이에 몰두해 집안문제에 무심했던 가장은 아내와 자식 중심의 가족 내 네트워크로부터 철저히 배제되어 '있어도 그만, 없어도 그만'이라는 부재의식을 체감하게 된다.

이러한 가정 내 지위변화와 더불어 가족의 생활을 위해 취업전선에 뛰어들어 예전보다 가정의 중심에 서게 된 아내들은 기존의 불평등한 가정 내의 지위와 부당한 대우를 스스로 지각하게 되면서 부부의 갈등과 충돌이 불가피하게 되었다.

결과적으로 아내학대의 현대적 개념은 부권상실, 경제적 부담, 가족역할의 변화 등 변인에 대해 남편과 아내가 서로 적대적 인식을 갖게 되고, 이에 따라 부부갈등이 심화되어 보편적으로 물리적 힘이 강한 남편에 의해 아내가 구타를 당하고 학대받는 경우를 의미하는 것이다.

아내에 대한 남편의 폭력은 단지 신체적인 폭력뿐만 아니라 언어적·정서적·경제적·성적 폭력으로, 위협·협박·고립화·자녀이용협박 등 모든 폭력행위를 포함한다.

1) 신체적 폭력

신체적 폭력은 모든 폭력적인 행동을 포괄하여 지칭하는데 감금하기, 발로 차기, 질식시키기, 주먹으로 때리기, 밀치기, 꼬집기, 손바닥(슬리퍼) 등으로 때리기, 불로 지지기, 잡기, 무기사용 등이 여기에 해당된다.

신체적 폭력은 일반적으로 경미한 수준의 폭력으로 시작하지만 시간이 흐를수록 심각한 폭력의 형태로 바뀌어 가는 경향을 지니며, 폭력발생의 원인에 대해 남편과 아내가 각기 다른 견해를 가지고 있는 것은 주목할 만한 사실이라 할 수 있다.

즉, 남편은 아내 구타의 원인에 대해 남편에게 말대꾸를 하거나, 남편을 무시하거나, 남편의 행동을 간섭하는 등의 이유를 꼽고 있으나 아내는 남편의 권위적이고 가부장적인 사고방식으로 인해 아내를 통제하는 수단으로서 폭력을 사용하고 있다는 것이다.

이것은 남편의 폭력이 '결혼했기에 내 것이다'라는 아내에 대한 소유의식을 반영한 것으로, 자신의 소유물인 아내가 자신의 통제를 받아야 하는데, 이를 거부할 경우 이를 제지하고자 폭력을 사용하는 것으로 이해된다.

일반적으로 구타당하는 여성은 남편에게 거의 일방적으로 맞으며, 간혹 맞지 않기 위해 분노하여 맞서 싸우게 되더라도 결과적으로는 더욱 심한 피해를 입게 되고, 결국에는 폭력에 대해 무기력한 반응을 보이게 된다.

한국 여성의 전화 통계에 따르면, 남편이 말하는 폭력의 동기는 남편을 무시한다, 남편에게 말대꾸한다, 아내가 살림을 잘 하지 못한다, 남편의 행동을 간섭한다 등의 순으로 나타났으며 남편의 폭력에 대한 아내의 생각은 권위적인 사고방식, 열등감, 성격의 난폭, 폭력가정에서 자람 등의 순으로 나타났다.

2) 성적 학대

구타를 당하는 여성들 가운데 많은 수가 성적 학대를 당하는데, 여기서 성적 학대란 남편의 외도, 성적 의심(의처증), 성적 수치심을 유발하는 모든 성추행, 성적 폭력 등을 포함하여 지칭한다.

가장인 남편은 '집안의 모든 것을 소유할 수 있다'는 것에서 아내의 몸 역시 그 소유물 중 하나라고 생각하며, 바로 이것이 부부간 성학대의 근본 원인이 되는 것이다.

따라서 남편은 폭력을 행사하는 과정에서 노골적으로 외도를 드러내기도 하고, 아내를 비하하고 성적 수치심을 자극하여 모멸감을 느끼게 하기도 한다.

그러나 더욱 심각한 것은 폭력을 가한 후에 강제적으로 성관계를 요구하는 행위인데, 이것은 남편에게는 '부부싸움 후 화해'를 의미하지만 아내에게는 '구타 후 강간'이라는 의미가 부여된다.

3) 정서적 학대

폭력에 대한 협박 등 공포 분위기를 조성하며, 외출을 할 때는 물론 집안에서도 아내의 행동을 통제하고자 하는 모든 행위가 정서적 학대의 영역에 포함된다. 아내로 하여금 이웃·친지들과의 교류는 물론 사회적 활동을 하지 못하게 하며, 항상 다른 남자와의 관계를 의심한다.

아내에게 저주스러운 욕을 하고 소리치는 것, 아내를 반복적으로 괴롭히는 것, 아내의 자존심을 공격하고 모욕하는 것, 아내의 외출을 금지시키고 친구들과의 만남을 제한하는 것, 아내를 하녀처럼 대하거나 집안의 대소사를 결정하는 데 아랫사람처럼 취급하는 것, 아무런 이유 없이 아내에게 부정한 짓을 했다고 비난하는 것, 신체적 장애를 이용하여 아내를 괴롭히거나 무시하는 행위 등이 여기에 해당된다.

그러나 이러한 학대를 가하는 남편의 대부분은 그 원인을 아내가 제공하였다고 주장하여 책임과 비난을 아내에게 돌리고 있다.

2. 아동학대

자녀폭력이나 아동학대에 대한 명확한 개념은 아직 정립되어 있지 않지만, 1962년 헨리 켐프(Henry Kempe)에 의해 내려진 아동학대의 가장 고전적인 정의는 "보호자에 의해 가해지는 심각한 손상"이라 할 수 있다.

아동복지법에서 규정하는 '아동학대'라 함은 보호자를 포함한 가족성원에 의하여 아동의 건강·복지를 해치거나 정상적인 발달을 저해할 수 있는 신체적·정신적·성적 폭력과 가혹행위 및 보호자에 의해 이루어지는 유기나 방임으로 정의하고 있다.

실제로 아동학대는 가볍게 아동을 훈육하는 방법으로 매를 드는 것에서 구타에 의한 사망에 이르기까지 다양한 형태로 가해지고 있으며, 이러한 현상으로 인해 가정에서 학대받은 아동들의 학습된 폭력은 학교폭력과 사회폭력으로 연장되어 사회의 폭력지수를 높이게 된다.

즉, 학대받은 아동은 학대로 인한 심각한 신체장애·정서장애를 나타내거나 반사회적 행동을 하게 되고, 이러한 특성들이 누적되었을 때 비행으로 이어지거나 향후 그들이 학대를 가하는 부모가 되는 세대 간 악순환의 문제를 초래하게 되는 것이다.

따라서 아동학대의 문제는 단순히 가정 내의 문제가 아닌 사회가 보다 적극적으로 개입해야 할 심각한 사회문제로 인식하여야 하며, 이에 대한 적극적인 대처와 개입이 필요하다.

1) 신체적 학대

보호자를 포함한 성인이 아동에게 우발적 사고가 아닌 상황에서 신체손상을 입히거나 또는 신체손상을 입도록 한 모든 행위를 말한다. 일반인들이 아동학대라고 할 때 대부분 신체적 학대를 일컫는 경우가 많은데, 이는 신체적 학대가 가장 눈에 두드러지는 손상을 가져오며 발견하기도 쉽기 때문이다.

보통 보호자나 양육자가 체벌이라는 이름으로 가해지는 신체적 손상행위를 통틀어 신체적 학대라 한다. 신체적 손상에는 구타나 폭력에 의한 멍·화상·찢김·골절·장기파열 등이 있다. 그러나 생후 36개월 이하의 영아에게 가해진 체벌은 어떠한 상황에서도 심각한 신체적 학대로 간주한다.

2) 정서적 학대

정서적 학대란 보호자나 양육자가 아동을 대할 때 부정적인 태도로 임하며, 아동의 정서발달이나 사회성 발달에 심각한 손상, 경우에 따라서는 치명적인 손상을 가져올 수 있을 정도로 언어적·정신적·정서적으로 공격하는 것을 의미한다.

아동이 공포를 느낄 정도로 고립시켜 두거나 감당할 수 없는 모욕을 주는 것 등이 포함되는데, 이는 눈에 보이는 것도 아니고 당장 그 결과가 나타나지도 않기 때문에 일반사람들이 그 심각성을 잘 모른 채 지나칠 수도 있다는 점에서 더욱 각별한 주의가 필요하다.

3) 방 임

방임이란 음식·위생·난방·의복·감독·자극·안전주의·의료보호 등 아동의 건강과 안전과 행복을 위해 필요한 것들을 제공하지 않는 것을 의미한다. 여기에는 물리적 방임, 교육적 방임, 의료적 방임, 정서적 방임 등이 포함된다.

물리적 방임은 아동에게 의식주를 제공하지 않거나 아동을 장시간 위험하고 불결한 주거환경에 그대로 방치하는 것을 말한다.

교육적 방임은 학교에 무단결석하여도 고의적으로 방치하거나 취학연령이 되었음에도 불구하고 학교에 보내지 않는 행위, 저학년 아동의 숙제 및 준비물을 챙겨주지 않는 행위 등을 포함한다.

의료적 방임은 예방접종을 제때에 하지 않거나 필요한 의료적 처치를 소홀히 하는 것을 말한다.

정서적 방임은 아동과 대화를 하지 않거나 안아주지 않는 등 아동이 필요로 하는 애정표현과 적절한 정서적 지지를 제공하지 않는 것, 신체적 접촉을 피하는 것, 아동과의 약속에 무관심한 것, 정서적 결핍을 주는 행위 등을 말한다.

4) 성적 학대

성적 학대란 미성년의 미숙한 아동과 청소년을 그들이 동의할 수 없는, 가족 간의 사회적 금기를 어기는, 그리고 이해하지 못하는 성적 활동에 개입시키는 것을 의미한다. 가족 내 성학대는 가족 및 친인척 사이에서 발생하는 형태를 말하며, 가족 외부의 성학대는 아동과 안면이 있는 사람, 혹은 낯선 사람에게서 발생되는 형태를 말한다. 성학대의 유형으로는 아이의 음부(陰部)를 애무하거나 성교를 하는 짓, 근친상간, 남색(男色), 아이 앞에서의 성기노출, 성적 착취 등이 포함된다.

이러한 행위는 강압적인 힘이 들어가며, 사회적으로 부적절하기 때문에 피해 아동의 신체적·정신적 타격이 매우 심각하다.

더 큰 문제점은 성에 대한 언급을 금기시하는 사회 분위기로 인해 피해 아동과 가족이 이를 숨기거나 은폐하려고 하는 경향 때문에 조기에 발견되지 않거나 해결이 되지 않는 경우가 발생한다는 것이다.

성적 학대는 눈에 두드러지게 보이는 것도 아니고 당장 그 결과가 심각하게 나타나지 않기 때문에 그냥 지나칠 수도 있다는 점에서 더욱 각별한 유의가 필요하다.

5) 아동학대의 증후

아동학대의 원인을 살펴보면, 부모의 성격적인 특성이나 병력 및 빈곤, 실직, 가정 내 갈등 등 사회환경적인 요인들이 복합되어 일어난다. 아동학대의 행위자는 아동이 가장 믿고 의지하는 그 부모일 뿐만 아니라 대부분 정상적인 사람들이며, 단지 소수의 행위자들만이 성격장애나 정신장애를 가지고 있는 것으로 나타난다.

아동학대로 말미암아 나타나는 아동의 증후는 특별한 이유 없이 상처를 입었거나, 의기소침해 있거나, 성인을 두려워하거나, 새로운 행동문제를 나타내며 평소와 다른 모습을 보일 때 학대의 가능성을 고려할 필요가 있다. 그 외의 다양한 증후의 형태는 <표 10－1>과 같다.

〈표 10-1〉 아동학대의 증후

유형	신체적 증후	정서적·행동적 증후
신체학대	• 설명하기 어려운 상처 - 발생 및 회복에 시간차가 있는 상처 - 도구의 모양이 그대로 나타나는 상처 • 설명하기 어려운 화상 : 담뱃불 자국, 뜨거운 물에 데인 화상 • 설명하기 어려운 골절 - 시간차가 나는 골절 - 복합 및 나선형 골절 • 설명하기 어려운 절상 : 입, 입술, 치은, 눈, 외음부 상처	• 어른과의 접촉회피 • 다른 아동이 울 때 불안해함 • 공격적이거나 위축적인 행동 • 부모에 대한 두려움 • 집에 가는 것을 싫어하거나 두려워함 • 위험에 대해 지속적인 경계심을 보임
정서학대	• 성장장애 • 신체발달 저하 • 언어장애	• 특정 물건을 계속 빨고 있거나 물어 뜯음 • 행동장애(반사회적, 파괴적 행동장애) • 신경성 기질(수면장애, 놀이장애) • 정신신경성 반응(히스테리, 강박, 공포) • 극단행동, 과잉행동, 발달지연, 자살시도
성학대	• 신체적 지표 - 학령전 아동의 성병감염 임신 - 걷거나 앉는 데 어려움 • 생식기의 증거 - 아동의 질에 있는 정액 - 찢기거나 손실된 처녀막 - 질에 생긴 상처나 긁힌 자국 - 질의 홍진(紅疹) • 항문증후 - 항문괄약근 손상, 좁아진 항문 - 항문 주변의 멍이나 찰과상 - 항문 내장이 짧아지거나 뒤집힘 - 항문 입구에 생긴 열창 - 회음부의 동통과 가려움 • 구강증후 : 입천장의 손상, 인두(咽頭) 임질	• 신체적 지표 - 조숙한 성지식 - 명백하게 성적인 묘사를 한 그림들 - 타인과의 성적 상호관계 - 동물, 장난감을 대상으로 하는 성 상호관계 • 비성적 행동지표 - 수면장애, 유뇨증 유분증 - 위축, 환상, 유아적 행동(퇴행행동) - 자기파괴적 또는 위험스러운 모험적 행동 - 충동성, 산만함, 주의집중장애 - 혼자 남아 있는 것을 거부 - 특정 유형의 사람들 또는 성에 대한 두려움 - 방화, 동물에게 잔혹함(주로 남아의 특징) - 비행, 가출, 범죄행위 - 자기파괴적 행동(자살시도) - 우울, 사회관계 단절, 친구관계 문제
방임	• 지속적인 배고픔, 열악한 위생상태 • 계절에 맞지 않는 부적절한 옷차림 • 의학적 치료와 치과 치료의 부족 • 지속적인 피로, 불안정감 • 수업 중 조는 태도	• 음식을 구걸하거나 훔침 • 장기간에 걸친 감독 소홀 • 위험한 행동에 대한 감독 소홀 • 비행 또는 도둑질 • 학교에 일찍 등교하고 집으로 늦게 하교함

3. 노인학대

20~30년 전부터 사회적인 관심을 받아 오기 시작한 노인학대에 대한 개념 규정은 그 사회의 문화적인 차이에 따라 다양하게 내려지고 있으나, 학자들 사이의 합일된 개념은 아직까지 도출되지 못하고 있다.

그러나 보편적으로 노인학대는 자신 스스로 보호할 수 없는 65세 이상의 고령자에게 가해지는 외로움이나 고통으로 설명되는 경우가 대부분이다.

이러한 부당한 처우는 음식·의복, 혹은 거처에 대해 도움을 필요로 하는 사람들을 등한히 함으로써 일어나는 태만한 행위를 포함하여 신체적 고통, 심리적 괴로움, 혹은 비신체적 학대행위 등을 포괄한다.

다시 말해 신체적 학대뿐만 아니라 심리적이거나 정신적·언어적 학대 및 물질적 학대, 의료적 학대, 경제적 착취, 성적 학대 및 불충분한 주거환경까지 포함하고 있으며, 노인이 자신의 의지와 상관없이 타인의 강요에 의해 행해지는 인권침해의 영역까지 학대의 범주에 포함시키고 있는 것이다.

1) 신체적 학대

가해자가 자신의 신체나 물건을 이용하여 노인의 신체에 고통과 부상을 입히는 행위이다. 물건 던지기, 꼬집기, 밀기, 입으로 물기, 손이나 물건으로 구타하여 타박상·화상·찰과상·골절상을 입게 하는 행위 등이 여기에 포함된다. 또한 이러한 행동을 할 것 같은 동작을 취함으로써 노인이 신체적 위험을 느끼게 하는 미묘한 행위도 여기에 해당된다.

2) 경제적 학대

노인의 재산·금전·자원의 오용을 말하는 것으로 노인의 연금이나 현금·저축 등의 착취, 노인 자산의 매매, 노인의 물건을 함부로 처분하는 행위 등을 포함한다.

노인의 주소로 발송되던 거래은행의 통지서 발송 중지, 노인이 물질을 제공할 때 느끼는 즐거움의 현저한 감소, 노인 재정 상태에 대한 보호자의 지나친 관심, 노인과의 친분을 지나치게 과시하는 친지나 보호자 또는 노인과 평소 왕래해 오던 오랜 친구나 이웃과의 고립이 문제가 된다.

3) 방임 · 유기

방임은 무의식적 또는 의식적으로 노인을 부양하지 않거나 보호하지 않는 것을 의미하는 것으로, 거동이 불편한 노인의 일상생활 관련 보호, 노인의 생존을 위한 경제적 보호, 의료적 보호 등을 제공하지 않은 상태를 말한다. 또한 보호자 또는 부양의무자가 노인을 버리는 행위를 유기라 하며, 노인을 시설, 병원에 입원시키고 연락과 왕래를 두절하는 경우 등이 해당한다.

4) 노인학대의 증후

노인학대의 일반적인 증후는 특별한 이유 없이 쉽게 놀라거나 당황하고, 평소와는 다른 모습을 보이며, 수면이나 식욕에 있어서 예전과는 확연한 차이를 보이는 것 등을 꼽을 수 있다. 보다 다양한 증후의 형태는 <표 10-2>와 같다.

〈표 10-2〉 노인학대의 증후

보편적 증후	• 수면장애(정상인보다 매우 많거나 부족한 상태) • 섭식장애(식욕의 증가나 감소) • 의료원조요청의 지원, 빈번한 응급실 방문 • 쉽게 놀라거나 당황함 • 받아들이기 어렵거나 모호한 설명 • 고의적으로 남겨진 화상상처 • 골절, 염좌, 찢긴 상처, 찰과상
정서적 학대	• 불면, 수면장애 혹은 과다수면, 식욕변화 • 일상적이지 않은 체중변화(급격한 체중저하 혹은 체중증가) • 눈에 눈물이 가득 고임, 설명되지 않는 신경불안증세, 초조, 낮은 자기수용성 • 지나친 공포, 상반되는 감정의 교차, 혼돈, 주저함, 돌출행동

신체적 학대	• 긁히거나 멍든 상처, 골절, 타박상, 화상, 찰과상 등, 머리 쥐어 뜯긴 흔적(두피의 혈흔) • 영양실조, 탈수, 건조한 피부, 푹 꺼진 눈, 체중감소 • 더러운 옷, 침구류 • 체온저하, 과다약물복용의 흔적, 혹은 적절하지 못한 약물복용, 평소에 사용하던 보조도구(안경·의치·보청기 등)가 보이지 않음, 예상치 못했던 건강악화
방임의 신체적 증후	• 처방전과 불일치하는 혈액수준 • 야뇨증 • 창백한 피부, 눈동자의 함몰 • 안경·보청기 의료도구의 부족 • 비위생적이거나 열악한 주거환경
경제적 학대의 증후	• 은행계좌의 이상 • 노인의 집에 우송되는 은행통지서의 정지 • 노인 자신이 제공할 수 있는 원조 이하의 원조 제공 • 노인 재정 상태에 관한 보호제공자의 과도한 관심 • 최근 노인과 친분을 과시하는 친지의 행동 • 노인에 대하여 평생을 보장하는 보호에 대한 약속 • 집 혹은 주요 자산에 대한 양도의 요구 • 수표·문서 등 사인(sign)의 불일치

| 제4절 | 가정폭력 복지대책

가정폭력을 근절하고 예방하기 위한 복지대책으로는 크게 법·제도적 측면의 대책방안과 실천적 측면의 서비스대책으로 나누어 볼 수 있다. 여기서는 가정폭력에 관한 복지대책을 이러한 두 가지 측면으로 나누고, 그 방향성에 관해 다음과 같이 모색해 보기로 한다.

1. 가정폭력 예방을 위한 제도적 개선방안

언어폭력을 시작으로 물리력을 수반하는 가정폭력은 방치하면 끝내는 가정파괴로까지 이어진다. 가정폭력이 가정 내부의 문제라는 인식이 만연해 있는

데다가 피해자들이 주로 여성·아동·노인 등 사회·경제적 약자들이어서 가해자로부터 경제적으로 독립할 수 없거나, 가정이 깨질 수 있다는 이유로 폭력행위에 대해 묵인하고 체념한 채 살아가고 있는 경우가 많다.

무엇보다 가장 큰 이유는 가해자의 보복폭행과 가정파탄으로 이어질 것을 두려워한 나머지 신고를 꺼리게 되는 것이다. 이러한 가정폭력 피해자들은 가정구성원 내에서 일어난 폭력이기에 더 큰 상처를 가지고 있는 만큼 다른 범죄 피해자들보다 더 큰 관심과 보호가 필요하다.

그리고 가정폭력에 관한 현행법이 실효성 있게 시행되고 수사와 재판절차에 있어서도 합리적인 집행이 되기 위해서는 법·제도적 측면의 개선이 이루어져야 하겠다.[1)]

1) 가정폭력에 대한 통합적 시각 접근

가정폭력을 분석함에 있어 우리는 항상 개별적인 시각을 취하여 왔다. 부부폭력·아동학대·노인학대를 개별적으로 취급하여 온 것이다. 그러나 부부폭력과 아동학대가 연관되어 있고, 노인문제가 다른 가정폭력과 연관이 되어 있으며, 가정폭력을 목격한 경우와 가정폭력을 경험한 경우에 나타나는 가정폭력발생률의 연관성이 발견되었다.

즉, 가정폭력에 노출된 경우는 어떤 경우에도 두 가지가 없는 경우보다 높게 나타났다. 그러므로 성장 시의 가정폭력경험을 각각의 시각이 아닌 전체적인 시각으로 보아야 한다는 것이다. 따라서 가정폭력을 대함에 있어 개별적으로 접근하기보다는 연관된 문제로 바라보는 전체주의적이고 통합적인 시각을 가지고 접근하는 것이 정책적인 효과성을 극대화시킬 수 있다.

이에 경찰은(112 가정폭력 신고접수 시) 가정폭력이 더는 남의 일이 아니라는 것을 홍보하고 있으며, 가정폭력 신고 접수단계에서부터 집안에 강제 진입해 피해자 보호를 위한 폭력행위 저지와 피해자의 여성긴급전화(1366) 및 지역

---

1) 범죄피해자 보호, 지원제도(국민콜 110)는 큰 고통을 받고 있는 범죄피해자와 그 가족에게 경제적·의료적·법률적 지원정책 등을 펼쳐 범죄로 인한 피해를 회복하고 일상으로 하루빨리 돌아갈 수 있도록 도와주는 제도이다(경제·의료 지원, 신변보호, 형사절차상 지원, 법률적 지원 등).

가정폭력상담소, 보호시설, 의료기관 인도 등 응급조치를 하고 긴급 임시 조치권을 적극적으로 활용하고 있다. 가해자에 대해서는 피해자의 처벌 의사와 관계없이 형사처벌하고 있다.

이처럼 우리나라는 여전히 선진국에 비해 가정폭력 발생률이 높고, 특히 갈수록 흉악해지는 가정폭력으로 인해 피해자를 보호하기에는 제도적 한계가 있다.

이로 인해 가정폭력에 대해서는 국가와 사회의 보다 적극적인 대응과 피해자에 대한 실효성 있는 지원정책이 필요하며, 가정폭력 피해자의 특수성에 대한 고려와 피해자 자립·자활을 위한 실질적인 보호·지원 체계, 서비스 연계 업무 등 포괄적인 지원정책이 필요하다.

2) 입법구조의 일원화

경찰 및 검찰과 법원에서 가정폭력을 취급하는 과정에서 드러난 가해자의 처벌에 관한 법 규제가 두 가지로 나누어져 있는 것은 우리 법 제도상 맹점이라 하지 않을 수 없다.

「가정폭력범죄의 처벌 등에 관한 특례법」은 가정폭력범죄의 형사처벌 절차에 관한 특례를 정하고 가정폭력범죄를 범한 자에 대하여 환경의 조성과 폭력행위의 교정을 위한 보호처분을 행함으로써 실질적인 보호처분이 아닌 형식적 보호처분에 그쳐 가정폭력범죄를 줄이기보다는 오히려 조장하는 결과를 가져 왔다.

「가정폭력방지 및 피해자보호 등에 관한 법률」은 가정폭력을 예방하고 가정폭력 피해자를 보호함으로써 건전한 가정의 육성을 목적으로 하고 있다. 특히 예방에 주력을 두고 있는 상황에서 실질적으로 가정폭력범죄는 '경미한 폭력사건' 정도로 취급하는 결과를 가져 왔다. 아울러 가정폭력사건의 처리에 있어서도 적극적인 형사처벌을 회피하는 경향을 보이는 것으로 나타났다.

따라서 이원화된 가정폭력법이 일원화되어 예방과 처벌이 함께 이루어져야만 가정폭력을 줄일 수 있는 토대를 만들 수 있을 것이다. 이를 위해서는 법의 일원화를 통해 보호처분의 실질적인 실행이 담보되어야 하고, 피해자 보호명령제도를 도입하여 현행처벌법의 임시조치와 보호처분에 산재해 있던 피해자보호조치들을 통합하여 보호와 권한강화에 기여하도록 개편되어야 할 것이다.

2. 가정폭력 예방을 위한 실천적 서비스 개선

가정폭력을 근절하고 사전에 예방하기 위해서는 법·제도적 측면의 대책뿐 아니라 다양한 서비스의 보급과 개선이 필요하다. 가정폭력 예방을 위해서는 가족기능 회복을 통한 건강한 가정 구성이 중요하다.

이를 위해서는 각종 인프라를 활용, 맞춤형 예방교육을 확대해야 한다. 예방교육·의무기관 확대, 부모교육 강화, 행복가족캠프 운영, 4대 중독(알코올, 인터넷, 도박, 마약)의 조기발견 및 치료체계를 내실화하는 등 초기대응 강화 및 피해자지원 내실화, 건강한 가족가치가 정착할 수 있도록 정기적으로 이행 현황을 점검하고 현장에서의 문제점을 적극 발굴하여 미흡한 분야를 지속적으로 보완해 나가야 한다.

실천적 서비스 개선을 위한 방안은 매우 다양하게 거론될 수 있으나, 여기서는 다음과 같은 몇 가지 사항을 중심으로 살펴보기로 한다.

1) 가정폭력담당자의 전문성 향상

가정폭력은 단일전문직의 개입만으로 해결될 수 있는 단순한 문제가 아니다. 그러므로 가정폭력에 효과적으로 대응하기 위해서는 각 전문직의 적극적인 참여와 협조가 필요하다.

현재 가정폭력에 대한 초기대응을 위해 주로 경찰·상담원·공무원이 관여하고 있고, 의사와 교사 중에서는 극소수의 사람들만이 가정폭력에 관심을 보이고 있는 상태이다. 그러나 가정폭력의 조기발견과 개입을 위해서는 의사와 교사의 협조는 필수적이므로 향후 이들을 가정폭력 개입전문인으로 포함시키는 것이 필요하다.

그러나 무엇보다 시급한 것은 가정폭력담당자들을 대상으로 한 사전교육과 보수교육의 제도화라 할 수 있다. 현재는 많은 강사가 참여하는 백화점식 교육이 주로 실시되고 있는데, 이러한 교육은 강사들 간에 강의내용이 많이 겹치고, 기본적인 수준에서의 교육만이 실시될 가능성이 높다.

따라서 앞으로는 소수의 강사가 강의계획 수립단계부터 참여하고 사전에 미리 강의원고를 교환하도록 하여 집중적이고 심도 있는 교육이 가능하도록 하는 방법을 강구해야 한다.

아울러 가정폭력담당자의 전문성 향상을 위해서는 가정폭력담당자를 위한 사전교육과 지속적인 보수교육이 의무화되어야 하며, 상담원자격시험제도 도입과 보수교육 등급화 및 등급별 교육자료의 개발도 함께 이루어져야 할 것이다.

2) 효율적인 치료시스템의 정비

일차적인 대응조치로 인한 형사절차가 끝난 뒤에 이차적으로 가정폭력을 당한 피해자에 대한 직접적인 치료가 필요하다. 많은 사례에서 볼 수 있듯이 장기적으로 가정폭력을 당한 피해자의 신체에 가해진 폭력의 부분만이 아니라, 피해자가 가해자로부터 느끼게 되는 2차 피해인 공포심과 스트레스로 인한 외상후장애 등을 치료하기 위한 심리적인 치료도 포함되어야 한다.

또한 가해자에 대한 치료도 병행이 되어야 하는데, 가해자를 피해자와 분리하는 것에만 중점을 두었지 실제로는 가해자도 치료를 받아야 할 대상이라는 것을 인식하지 않고 있다. 따라서 병원이나 심리치료기관과의 유관관계를 개선하고 피해자에 대한 치료시스템을 일원화하여 이러한 치료가 효과적으로 이루어질 수 있도록 해야 할 것이다.

KEY POINT

인간의 존엄성

인간은 누구나 그 능력에 관계없이 존중받아야 한다는 천부적 가치에 대한 신념 (헌법 제10조 : 기본권)

가택긴급출입권

경찰관은 사람의 생명과 신체에 위협할 만한 범죄가 발생했다고 판단할 경우 가택 주인이 거부하더라도 영장 없이 강제로 진입 가능

가정폭력의 특징

① 장기적이고 반복적으로 행해짐
② 시간이 지날수록 폭력의 유형이 다양화되고 정도가 심화됨
③ 지속적인 폭력으로 인해 신체적 손상 및 외상 후 스트레스장애

양성평등

남녀 간 성적 차이를 존중하는 동시에, 사회참여 · 기회 · 권력 · 지위 등에서 차별을 받지 않는다는 의미

모성보호

임신, 출산, 양육 등으로 여성 고유의 생리적 및 신체적 본성에 근거한 모체보호인 동시에 건강한 출산을 위한 사회적 보호

페미니즘론

여성중심론, 여성지향적인 의식으로 남성중심적인 가부장제 이데올로기에 대항하는 여성주의에 바탕을 둔 이론

폭력가족 보호시설

구 분	시 설		근거법
가정폭력피해자 보호시설	• 단기보호시설 • 외국인보호시설	• 장기보호시설 • 장애인보호시설	가정폭력방지 및 피해자보호 등에 관한 법률
성매매피해자 지원시설	• 일반지원시설 • 외국인지원시설	• 청소년지원시설 • 자립지원공동시설	성매매방지 및 피해자보호 등에 관한 법률

가족센터의 주요 기능

① 다문화가족 포함 모든 가족 지원서비스
② 결혼이민자 교육상담 및 취업알선 지원
③ 가족생활 관련 정부정책 알선 및 정보제공
④ 지역사회 유관기관과의 연계 협력지원
⑤ 외국인 근로자 취업 알선 및 권익보호

비밀보장

전문적인 관계를 통해 밝혀지는 클라이언트에 관한 정보에 대해서 사회복지사의 누설 금지를 법으로 보장

클라이언트

복지서비스를 받거나 필요한 자로, 이 용어는 대상자, 수급자, 이용자 등으로 다양하게 해석되지만 일반적으로 클라이언트로 통칭

클라이언트의 욕구와 관계론의 7대 원칙(비스텍 : Biestek)

클라이언트의 욕구	관계론의 원칙
개인으로(한 인간으로) 처우받고 싶은 욕구	개별화
자신의 감정을 표현하고 싶은 욕구	의도적 감정표현
문제에 대해 공감적 이해와 반응을 얻고 싶은 욕구	통제된 정서적 관여
가치 있는 인간으로서 인정받고 싶은 욕구	수용
자신에 대해 심판·비난을 받고 싶어 하지 않는 욕구	비심판적 태도
자신의 생활에 관해 스스로 결정하고 싶은 욕구	자기결정
자신에 관한 비밀을 지켜주기를 바라는 욕구	비밀보장

Chapter 11

이혼가족 · 독신가족 · 노인가족

11
Chapter

이혼가족 · 독신가족 · 노인가족

|제1절| 이혼가족

1. 이혼가족의 개념

이혼이란 법률상 유효하게 성립한 혼인을 결혼당사자들이 모두 생존한 동안에 그 결합관계를 협의 또는 재판상 절차를 거쳐 소멸시키는 것을 말한다.

우리나라는 부부 가운데 어느 한쪽에 이혼의 책임이 있는 경우에만 다른 한쪽이 이혼을 청구할 수 있는 유책주의를 따르고 있다. 민법 제840조에서 재판상 이혼의 사유로 규정하고 있는 것은 다음과 같다.

① 배우자의 부정행위
② 배우자가 악의로 다른 일방을 유기할 때
③ 배우자 또는 그 직계존속으로부터 심히 부당한 대우를 받았을 때
④ 자기의 직계존속이 배우자로부터 심히 부당한 대우를 받았을 때
⑤ 배우자의 생사가 3년 이상 분명하지 않을 때
⑥ 기타 혼인을 계속하기 어려운 중대한 사유가 있을 때

그러나 협의이혼의 경우에는 부부가 함께 관할 가정법원에 가서 판사로부터 이혼의사 확인을 받아 호적법(가족관계의 등록 등에 관한 법률)에 따라 협의이혼 의사확인신청서를 제출함으로써 효력이 발생하는 이혼형태이다.

2. 이혼가족의 실태

최근 한국의 이혼율은 급격히 늘어나고 있으며, 이혼율의 증가와 함께 재혼가족이라는 형태의 가족유형이 적지 않은 관심을 불러일으키고 있다. 나날이 늘어가고 있는 이혼은 다시 재혼을 통한 또 다른 형태의 가족을 형성하는 길로 이어지고 있기 때문이다.

그러나 재혼가족은 가족관계의 특수성으로 인해 초혼가족과는 달리 가족해체와 새로운 가족구성원의 결합으로 말미암아 문제가 발생할 가능성을 많이 지니고 있다.

현재 이혼은 전 연령대에서 증가하고 있으며, 국제결혼의 이혼율 증가와 황혼기 이혼이 지속적으로 증가하고 있는 추세이지만, 여전히 30~40대가 절대다수를 차지하고 있다.

이혼종류별로 보면 재판이혼보다는 대부분 협의에 의하여 이혼을 하고 있는 것으로 나타났으며, 이혼의 주된 사유로는 성격차이, 경제문제, 가족 간 불화 등인 것으로 나타났다.

3. 이혼가족의 문제

1) 이혼이 부부에게 미치는 영향

(1) 경제적 문제

이혼자들의 경제적 어려움은 남녀 모두에게 나타나지만 여성들에게 더욱 심각하다. 대체로 이혼여성의 경제적 수준은 40~50%가 빈곤층이다.

이혼 후 여성이 자녀 양육을 맡은 경우에는 빈곤화가 가중된다. 반면 경제적인 이유 때문에 이혼을 하고 싶어도 못하는 여성이 상당히 많은 것으로 알려지고 있다.

남성의 경우도 이혼으로 인한 재산분할과 불규칙한 생활에서 오는 과다한 지출이 경제적인 어려움으로 이어진다.

(2) 역할상의 문제

결혼생활을 통하여 상호보완적 역할에 익숙해져 있던 부부들은 이혼 후 여러 가지 가사에 대한 부담감과 역할혼재에서 오는 어려움에 어떻게 해야 할지 당황하게 된다.

(3) 신체적 · 정서적 문제

이혼을 원하는 여성도 자식 때문에 망설이다가 어쩔 수 없이 이혼을 결심한다. 이혼 후 자녀와의 별거생활은 심리적인 고통을 안겨주는데, 이러한 감정을 해소하지 못할 때 엄청난 스트레스를 느낀다.

남성 또한 이혼으로 인한 충격을 표현하지 않을 뿐 심리적 고통을 당하기는 여성과 마찬가지다. 남성의 경우도 본인 스스로 챙겨야 하는 일상의 작은 부분들로 인해 많은 스트레스를 느낀다.

(4) 대인관계 문제

이혼 후에 겪는 문제 가운데 심각한 것은 가장 가까운 사람에게조차 자신의 처지를 이해받지 못하며 지지해 주는 사람이 드물다는 것이다. 친구들의 경우도 마찬가지다.

어려운 결정에 공감하고 격려하는 친구도 있지만, 대부분은 이혼을 지지하기보다는 말린다. 그들은 이혼자의 상황과 경험을 잘 이해하지 못한다. 설사 이해하고 공감하더라도 이혼한 친구를 부담스러워 하기는 마찬가지다.

이혼자는 친구에게조차 동정받는 처지가 되거나 호기심과 경계의 대상이 되기도 한다. 더구나 달라진 삶의 문제들은 친구 간의 이해와 공감의 폭을 제한하며 현실적인 교류를 어렵게 한다.

2) 자녀에게 미치는 영향

(1) 정서적 문제

부모의 이혼이 자신의 잘못이라고 생각하며 죄책감을 느끼는 경우가 많으며, 남아 있는 부모가 자신을 버리고 가버릴지도 모른다는 불안감과 상실감을 경험한다. 부모로부터 정서적인 상처와 거절당했다는 배반감은 반항적인 태도와 비행에 연루되도록 하기도 한다.

(2) 사회성 발달 문제

이혼한 부모 밑에서 성장한 자녀의 이혼율이 일반가정의 자녀보다 높다는 연구결과가 있다. 이혼은 부부간의 갈등관계를 법적으로 해소한다는 긍정적인 효과도 있지만, 자녀에게 분노·공격성·죄의식 등을 일으키고 부정적인 자아개념을 형성할 수 있다.

(3) 학업문제

이혼가족의 청소년과 이혼하지 않은 가족의 청소년은 사회경제적 지위에서의 차이를 통제하더라도 학업수행과 학업성취율에서 차이가 발견된다. 자녀들은 부모의 이혼 후 친부모와의 관계가 원만하지 못하거나 계속되는 갈등으로 스트레스와 긴장에 빠지고, 정서적으로 불안정하게 되면 심리적 에너지가 분실되어 학업에 전념할 수 없기 때문에 학업성적이 떨어진다.

4. 이혼가족을 위한 가족복지대책

1) 이혼예방대책

이혼예방을 위해서 일차적으로 결혼의 의미를 진지하게 생각해 보고 부부관계를 향상시킬 수 있는 결혼준비교육과 같은 가족생활교육 프로그램이 필요하다.

2) 이혼과정상의 대책

(1) 이혼숙려제도

결혼한 부부가 협의이혼을 신청했을 때 일정한 숙려기간이 지난 뒤 이혼이 허가되는 제도로서 2008년 6월부터 이혼숙려제도가 정식 시행되고 있다.

즉, 협의이혼을 하려는 부부는 일정 기간(미성년자가 있거나 임신 중인 경우 3개월, 그 밖의 경우 1개월)이 지난 후 법원의 이혼의사 확인을 받아야 한다. 또한 미성년자인 자녀가 있는 부부의 경우는 협의이혼확인신청을 위해 자녀의 양육과 친권자결정에 관한 협의사항을 의무적으로 제출해야 한다.

법원심사 결과 협의사항이 미성년자인 자녀의 복리에 반하는 경우 법원은 보정을 명할 수 있고, 부부가 보정명령에 따르지 않을 경우에는 협의이혼의사 확인을 거부할 수 있다.

이처럼 이혼의사가 있는 부부는 가정법원에서 이혼에 대한 안내를 받은 후 이혼 전까지 일정한 숙려기간을 거쳐야 한다. 이는 이혼 전에 서로 상대방에 대하여 고려할 기회를 줌으로써 경솔한 이혼을 막는다는 취지에서 도입되었다.

(2) 재산분할과 위자료

재산분할은 이혼할 부부 중 한 사람이 다른 배우자에게 재산을 나눌 것을 청구할 수 있는 권리이다. 만약 재산분할에 대해 부부간 합의가 이루어지지 않을 때에는 가정법원에서 재판을 통해 그 내용과 방법 등을 결정하며, 그 청구기간은 이혼 후 2년까지이다.

위자료는 혼인의 해소로 인해 정신적 고통을 받은 대가로 피해자가 가해자로부터 받는 손해배상의 일종이다. 위자료의 산정기준은 법으로 정해져 있는 것이 아니며, 법원이 여러 가지 요인을 참작하여 결정한다.

(3) 자녀양육비의 지급

자녀는 부모의 이혼에 상관없이 기본적 생활과 보육 및 교육을 안정적으로 보장받을 권리가 있다. 따라서 이혼을 하게 되어도 부부간의 혼인관계가 중단될 뿐, 부모-자녀 관계가 단절되는 것은 아니므로 동거하지 않는 아버지 혹은 어머니는 자녀양육비를 지급해야 할 의무를 지게 된다.

(4) 면접교섭권

양육비 지급이 자녀의 경제적 복지와 연결된다면, 면접교섭권은 자녀의 정서적 복지와 연관이 있다. 이혼 이후 함께 살지 않는 아버지나 어머니와 정기적이고 규칙적으로 만남으로써 자녀는 안전의 욕구에 대한 위협이나 유기의 두려움으로부터 벗어날 수 있다.

| 제2절 | 독신가족

1. 독신가족의 개념

개인의 삶이 가족에 의해 통제되고 규정되던 과거와는 달리 산업화에 따른 사회구조의 변화는 결혼과 가족의 생활양식도 스스로 선택할 수 있는 영역으로 변화시켰다. 또한 결혼에 얽매이지 않고 혼자만의 자유로운 삶과 여유를 즐기려는 독신이 새로운 삶의 형태가 되고 있다.

이렇게 독신가구가 증가하는 이유로는 가부장적인 가족주의에 대한 반발, 여성의 지위 향상, 경제적 자립, 자의식의 확대, 이혼의 증가, 고령화현상 등의 영향으로 보인다.

또한 다양성이 인정되고 개성이 존중되는 현대사회에서 점점 '나'의 중요성이 커지면서 '가정보다는 내 삶이 중요하다'는 생각과 결혼이 '필수가 아닌 선택'이며 결혼보다는 개인의 행복에 인생의 목표를 두는 개인주의적 · 자유주의적 사고에서 비롯된 새로운 생활양식이라 할 수 있을 것이다.

독신이란 일반적으로 '배우자가 없는 사람'을 지칭한다. '배우자가 없는 사람'은 아직 결혼하지 않고 혼자 사는 사람뿐만 아니라 이혼 · 사별까지 모두 포함한다.

따라서 독신이란 미혼 · 이혼 · 사별 등으로 현재 배우자가 없는 모든 상황을 포함함에도 불구하고 일반적으로 우리 사회에서 미혼독신만을 독신으로 인식하는 것은 사회적인 편견에서 비롯된 일반인들의 통념으로 보인다.

2. 독신가족의 문제점

독신자들이 겪는 일반적인 어려움은 배우자와 정서적으로 상호 의존하는 데서 얻을 수 있는 안정감과 배우자를 통해 사회적 관계를 형성할 수 있는 기회가 많지 않다는 것이다.

그 밖에도 독신가족은 경제적 문제, 건강문제, 사회적 편견, 심리 · 정서적 문제 등 다양한 문제를 겪고 있다. 이러한 문제점을 자세히 살펴보면 다음과 같다.

1) 경제적 문제

독신가족의 경제적인 어려움을 구체적으로 살펴보면 구직의 어려움, 현재 재직 중인 직장생활 지속에 대한 문제, 주거마련에 대한 어려움이다. 독신자들은 임대입주조건이 기혼자에 비해 까다로우며, 주택구입을 위한 대출금 규정도 매우 복잡하고 까다로워 주택마련이 경제적인 어려움을 더 가중시키게 된다는 것이다. 특히 노인독신가족의 경우 각종 만성 질병을 앓고 있고, 이를 치료하는 데 경제적으로 느끼는 부담감이 큰 것으로 나타났다.

2) 건강문제

독신가족의 건강문제는 미혼이나 이혼 독신가족의 경우보다 사별 독신가족의 경우 건강에 더 민감한 반응을 보였고, 염려하는 부분이 크게 나타났다. 노인이 되면서 자신을 돌봐줄 누군가가 있기를 기대하는데 노인독신가족은 그렇지 못한 현실 때문에 늙는 것에 대한 걱정과 불안감이 커 일차적인 관심사가 건강임을 알 수 있다.

이에 반해 미혼이나 이혼 독신가족은 자신들의 건강문제는 현재 직면한 문제이기보다는 앞으로 닥쳐올 미래의 상황이라고 생각하기에 불안감이 덜한 것으로 나타났다.

3) 사회적 편견

미혼독신자는 독신자의 원가족이나 주변 사람들이 갖는 독신에 대한 편견과 직장에서의 성희롱과 성적 농담으로 인해 어려움을 호소하는 반면, 이혼독신자는 이혼뿐만 아니라 독신에 대한 편견이 더해져 어려움을 가중시키고 있다.

과거에 비해 독신의 삶을 선택하는 경향이 높아지고 있음에도 불구하고 아직까지 사회적 분위기는 독신을 개인이 선택한 또 다른 형태의 삶으로 여기기보다는 부정적 편견을 가지고 있음을 알 수 있다.

4) 심리 · 정서적 문제

이혼 및 사별 독신가족은 그들이 독신이 되는 과정에서 미혼 독신가족보다는 준비되지 않은 상태에서 독신생활을 맞이하기 때문에 심리 · 정서적인 문제가 야기되기 쉽다.

즉, 자신을 돌봐줄 사람이 없는 것에 대한 두려움과 소외감 · 우울증 · 외로움 및 자신의 어려운 상황을 이야기할 상대의 부재 등으로 인해, 특히 독신노인의 경우 고독감과 소외감의 정도가 높아 이것이 사망률이나 정신건강에도 영향을 미친다는 것이다. 따라서 노년기에 배우자의 상실은 그 자체만으로도 생활만족도를 저해시킬 수 있는 원인이 된다.

3. 독신가족의 복지대책

전통가족은 가족의 문제를 스스로가 해결하고 유지할 수 있는 능력을 갖추어서 외부의 개입이나 도움을 최소화하였으나, 현대가족은 다양한 문제를 가지고 있음에도 불구하고 가족원들이 적절하게 대처할 수 있는 능력을 갖추지 못하고 있다.

독신이 반드시 바람직한 삶의 형태라고 할 수는 없지만, 결혼 또한 단지 우리 사회의 오래된 제도일 뿐 유일한 삶의 방식이라고도 할 수 없다. 독신가족을 위한 가족복지서비스가 나아가야 할 방향을 제시하면 다음과 같다.

① 독신가족은 자신이 경제적 능력이 있어야 독신생활을 제대로 유지할 수 있기 때문에 경제적인 지원책이 이루어져야 한다.

② 건강지원에 대한 적절한 서비스를 다양화해야 한다. 젊은 독신가족들은 미래의 노후보장을 위한 각종 대책이 마련되어야 하며, 노인독신가족은 독신생활을 안전하게 유지하기 위한 가정봉사원제도와 노인건강서비스제도 등을 마련하여 실시하도록 해야 한다.

③ 다양성이 강조되는 정보화사회에서 사회적 관계망의 축소와 연계된 심

리·정서적 문제에 대한 지원책으로, 독신에 대한 편견이나 선입견을 변화시킬 수 있는 사회인식 개선 프로그램을 개발하여 일반인들의 긍정적이고 수용적인 분위기를 형성할 수 있도록 해야 할 것이다.

인간은 누구나 인생주기의 한 시점에서는 독신생활을 하게 마련이다. 모든 사람에게 혜택이 제공되는 복지의 보편적 논리로 독신이라는 생활양식을 긍정적으로 바라볼 수 있는 시각이 필요하다.

제3절 노인단독가족

1. 노인단독가족의 개념

노인가족은 노인이 포함된 가족의 형태로서 노인 혼자 생활하는 노인독신, 노부부만 생활하는 노인부부, 그리고 노인부부와 미혼자녀, 또는 노인부부와 기혼자녀로 구성된 형태의 가족까지 모두 포함한다. 반면 노인단독가족이란 만 65세 이상의 노인이 자녀나 친척과 동거하지 않고 독신 또는 부부로서 독립된 가구형태로 생활하고 있는 가족을 말한다.

노년기는 생활범위가 가족에게로 축소되는 시기로 부부 또는 자녀나 손자녀 등 가족 간의 유대나 가족관계의 만족도가 노인의 심리적·정서적 안정에 영향이 큰 것으로 나타나고 있으나, 서구에서는 개인의 독립성과 자율성을 강조하므로 노인들이 가족에게 부담이 되지 않기 위하여 독립된 생활을 선호한다.

반면 우리나라 가족은 전통적으로 자녀들이 부모와 함께 생활하면서 효를 행하여 왔기 때문에, 우리나라 노인들이 가족에게 의존하는 비율은 서구의 노인들과 비교해 볼 때 상대적으로 높다고 할 수 있다.

그러나 최근 들어 출산율의 감소와 노인인구의 절대적인 증가, 가치관의 변화로 인해 가족의 생활과 구조에도 많은 변화가 나타났다.

노인문제 해결에 있어 경제적인 여유가 있는 노인들은 여가를 즐기고 건강을 돌보며 여유 있는 생활을 할 수 있지만, 빈곤한 노인의 경우는 인간다운 생활을 할 수 없는 것이 사회적 문제이다.

2. 노인단독가구의 문제

자녀와 동거하는 노인가족과는 달리 노인단독가족은 신체적인 불편함이나 정신적·경제적인 문제를 스스로 해결해야 한다. 그러나 일반적으로 노인에게 나타나는 욕구와 문제가 노인단독가족에게도 유사하게 존재하는 것으로 나타났다.

이와 같은 노인의 욕구와 문제는 일상생활과 관련된 신체적·정서적 안정을 줄 수 있는 건강과 주관적 행복, 경제적 안녕, 편안한 주거환경 등을 들 수 있다.

그러나 우리나라의 경우 다른 선진국에 비해 노인인구의 증가현상이 가속화되어 가고 있음에도 불구하고 노인가족을 위한 지원 정도는 매우 미흡한 실정이다. 21세기를 맞이한 한국사회에서 노인단독가족의 문제가 커다란 사회적 관심사로 부각되는 이유는 노인만으로 이루어지는 단독가구의 수가 더욱 가속화될 것으로 전망되며, 이것은 미래에 우리 사회가 염려하는 사회적 문제와 연결되기 때문이다.

1) 경제적 문제

노인들은 개인의 미비한 노후준비 및 열악한 사회복지제도로 경제적인 면에서 어려움을 겪는 것이 보편적인 현상이다. 노인단독가족은 자녀가 부모의 노후를 책임져야 한다는 인식은 남아 있으나 현실적으로 자녀의 보조와 같은 가족지원만으로는 해결하기 어렵다.

또한 공적 부조를 지원받는 가구의 비율은 매우 낮고 지원금액 또한 빈약한 실정이다. 경제력이 없으면 적극적인 사회적 관계를 유지할 수 없게 되고 생활의 장이 축소될 수밖에 없으며, 이에 따라 부정적인 자아상을 갖게 되고 또한 외로움을 겪게 된다.

2) 건강상의 문제

건강은 개인이 신체적인 독립을 유지하고 일상생활을 기능적으로 영위해 나가며 사회생활에서 기대되는 역할을 수행하기 위한 기본적인 조건이다. 노년기는 인생의 다른 어떤 시기보다 신체적 질병에 취약한 시기로 만성질환을 가지고 있다.

특히 노인단독가족의 경우 질병 시에도 치료비 부담이 두려워 병원 또는 의원을 찾는 것을 기피하는 실정이다. 단독가족 노인들의 건강은 단독가족 형성의 가장 기본적인 조건인 동시에, 해체의 원인이 되기도 한다.

3) 심리적인 문제

우울증은 일생 중 어느 시기에도 발생할 수 있지만, 특히 노년기에 가장 흔한 기능적 정신질환이다. 삶 속에서 발생하는 특정 사건들이 신체적·정신적으로 취약한 노인들을 힘들게 하는 원인이 된다.

예를 들어보면, 퇴직으로 말미암은 역할상실, 만성질환 때문에 신체적인 고통과 일상생활의 불편함, 가족이나 친구와의 다툼, 배우자나 친한 친구의 죽음, 지나온 생활에 대한 회한 등은 절망감과 무력감을 갖게 하여 심리적인 문제를 발생하게 한다.

3. 노인단독가족을 위한 대책

전반적으로 우리나라 노인단독가족은 독립된 가구를 형성하고 살더라도 자녀들과 물리적으로만 분리되어 있을 뿐 여전히 심리적으로나 경제적으로 상호 깊은 유대를 지속하는 경향이 있다. 즉, 단독가구 형태의 노인가족은 형태상으로는 핵가족이지만, 내용상으로는 여전히 전통가족의 성격을 띠고 있다고 할 수 있다.

1) 경제적 안정 지원

생활에 필요한 소득의 확보는 경제적 안정에 절대적인 영향을 미친다. 노인단독가구의 빈곤문제는 생존과 생활안전을 위협할 뿐 아니라 다른 모든 생활영역에서의 문제발생의 근본 원인으로 작용할 가능성이 매우 높다. 노인단독가구의 생존과 기본적 생활안전은 노인 개인이나 가족의 노력만으로는 해결이 불가능한 경우가 많으므로 국가가 우선적으로 개입하여 해결하기 위한 노력을 먼저 기울이는 것이 바람직하다.

단독가구로 생활하는 노인들에 있어서 근로소득은 중요한 수입원이다. 실질적 소득보완 효과를 지닌 좋은 일자리 공급이 확대되어야 한다. 그러므로 소득보완 효과가 낮은 공익형 노인일자리보다는 인력파견형 등과 같이 일정 수준 이상의 급여를 보장받을 수 있는 좋은 일자리를 보다 많이 공급해 나가는 것이 바람직할 것이다. 그리고 직업을 갖고 있지 않은 노인들 중에서 적당한 일거리가 없거나 일 자체가 힘들어 못하는 경우를 감안하여 고령자에게도 적합한 직종개발과 직업훈련 및 알선 등의 서비스를 제도화해야 할 것이다.

2) 일상생활의 지원

노인단독가구 노인들은 가족과 떨어져 생활하므로 실제적인 일상생활 면에서 많은 고충을 겪고 있다. 우선 가정봉사원 파견 서비스를 확대 실시하여 이들의 가사노동 수행에 도움을 주어야 한다.

또한 새로운 가전제품 보급에 따른 가사노동의 변화와 여가문화의 다양화 등 급변하는 소비 패턴과 생활양식은 오히려 노인들에게 직접 일상용품을 구매하고 독립적으로 소비욕구를 해결하는 데 불편과 부적응을 가져올 수 있다.

따라서 노인의 신변문제나 안전을 점검하고 사회적인 도움을 줄 수 있는 방안이 마련되어야 할 것이다.

| 제4절 | 치매노인가족

급속한 인구 고령화는 노인성 질환의 증가로 이어지는 또 다른 사회문제가 되고 있다. 이 중 가장 주목받고 있는 질환 중 하나가 치매이다. 건강한 삶을 기대하는 노인들에게 치매는 심각한 위험 질환으로 다가오고 있다.

치매는 노인의 독립성을 강조하는 현대사회에서 장애뿐 아니라 일상적인 생활의 상실을 가져오는 부담이 가장 큰 질환으로 개인뿐만 아니라 가족과 사회에 경제적 부담은 물론, 신체적, 심리적 고통을 예상할 수 있다.

최근 우리나라에서도 치매인구가 폭발적으로 증가해 가족해체 등 치매가족의 고통 및 치매로 인한 사회적 비용부담 등을 감소하기 위하여 전국 보건소에 치매안심센터가 설치되어 치매어르신과 가족에 대한 정보제공, 1 : 1 맞춤형 사례관리, 치매 핫라인 구축,[1] 장기요양확대 검토, 치매환자 의료지원 강화 및 의료비 부담 완화, 치매 친화적 환경조성 등 2017년부터 치매국가책임제를 실시하고 있다. 이미 고령사회로 진입한 우리나라를 비롯한 선진국에서는 치매노인을 위한 다양한 사회적 서비스를 제공하고 있다.

1. 치매의 개념 및 증상

치매관리법 제2조에서 치매란 퇴행성 뇌질환 또는 뇌혈관계 질환 등으로 인하여 기억력, 언어능력, 지남력, 판단력 및 수행능력 등의 기능이 저하됨으

1) 치매안심센터가 문을 닫는 야간에는 치매상담콜센터(1899-9988)

로써 일상생활에 지장을 초래하는 후천적인 다발성 장애로 정의된다.

그러나 치매라는 병명이 가지는 부정적 의미는 사회적 편견을 유발하여 본인과 가족들이 불필요한 고통을 겪고 있어 용어를 변경해야 한다는 지적이 꾸준히 제기되어 왔다.

치매의 대표적인 초기증상은 기억력장애이다. 그러나 나이가 들면서 예전 같지 않게 자녀의 집 전화번호가 잘 기억나지 않을 때가 있다고 해서 모두 치매의 시작을 의미하는 것은 아니다. 보통 '건망증'이라고 불리는 기억력감퇴는 정상적인 노화과정에 수반되어 나타나는 노령에 매우 흔한 현상이므로 초기치매환자들이 보이는 기억력장애와 구별해야 한다. 우선 건망증의 경우에는 사건이나 경험의 내용 중 일부분을 잘 기억하지 못하는 반면, 치매환자의 경우에는 그러한 사건이나 경험이 있었다는 사실 자체를 기억하지 못하는 경우가 많다.

치매는 건망증과는 달리 진행성 장애이기 때문에 기억력장애는 점점 더해져 직무수행이나 가정생활에 영향을 주게 된다. 따라서 기억력이 계속 조금씩 나빠진다면 건망증보다는 치매를 의심해 보아야 한다.

2. 치매노인가족의 문제점

치매는 누구나 걸리는 질환은 아니지만 고령일수록 발병 가능성이 증가되고, 일단 발병된 후에는 비가역적인 질병적 속성이 자리 잡고 있어 치매노인뿐만 아니라 가족에게도 고통을 초래한다.

장기간의 지속적인 보호와 돌봄을 필요로 하는 치매노인의 부양을 거의 전적으로 가족에게만 떠맡기고 있는 사회적 상황하에서, 치매노인의 주부양자를 비롯한 가족구성원들은 가족갈등과 재정적으로 어려움을 겪게 되며, 돌봄기간이 길수록 사회활동의 제약과 사회관계망 축소로 이어지는 등 치매로부터 자유롭지 못하다.

1) 경제적 문제

치매질환은 생명이 위급한 질환은 아니지만 장기간의 돌봄으로 인한 부양비용에 어려움이 있다. 치매는 진단을 내린 날로부터 평균 약 7년의 유병기간으로 부양비용 지출기간도 길다. 치매노인의 치료 및 보호비용에 따른 문제와 주부양자의 경제활동에 지장을 가져오게 되는 문제가 그것이다.

인지기능과 잔존능력 기능을 최대한 유지시켜야 하는 장기요양서비스가 필요한 복합 질환인 치매 환자들의 많은 비중이 여전히 장기요양서비스를 미이용하고 있는 상태이다. 다양한 노력에도 불구하고 치매의 진단, 치료, 요양에 있어서 개인 간의 불평등이 나타나고 있으며 이로 인해 여전히 높은 분포의 사각지대가 존재한다. 치매 질환의 특성상 여전히 가족 책임주의를 통해 해결되고 있는 부분이 크게 남아 있다.

2) 신체적 · 정신적 문제

치매노인의 부양은 신체적인 노동 강도가 높으며 장기적이라는 특성상 부양자의 신체적, 정신적 에너지를 고갈시키는 어려운 일이다. 치매노인 돌봄기간이 길어짐에 따라 치매노인 가족들의 부양부담은 종국에는 치매노인과의 동반자살, 간병살인 등의 비극적인 결말로 사회문제로까지 쟁점이 되고 있다.

치매노인 주부양자의 경우 치매노인을 부양한 이후로 신체질환이 나타나는 경우가 많다. 그리고 기존의 신체질환이 악화되기도 하고, 병원에 갈 시간적 · 경제적 여유가 없기 때문에 약물에 의존하는 경향이 일반인에 비해 높다.

부양으로 인한 신체질환과 피로 및 수면부족 이외에 주부양자가 느끼는 건강상의 부담요인으로 지적되고 있는 것은 건강유지 및 건강증진활동을 할 수 있는 시간의 부족, 건강에 대한 불안, 질병이환 등에 대한 염려 등이 있다. 치매는 정신건강 문제로도 이어져 가족돌봄제공자는 스트레스, 우울, 불안감이 증가하여 '보이지 않는 제2의 환자(invisible second patients)'로 언급될 만큼 정신건강 측면에서 낮은 삶의 질 상태를 보인다.

3) 가족과의 갈등문제

그동안 유지되었던 가족균형상태가 깨지면서 가장 흔히 나타나는 갈등은 형제 · 자매와의 갈등이다. 주부양자는 자신의 노력이나 희생을 인정받지 못하는 것과 적절한 도움은 주지 않고 지나치게 간섭한다고 느낄 때 형제 · 자매와의 갈등을 피할 수 없다.

또한 부부간의 갈등은 부양자 부부간에 필요한 시간을 함께하지 못할 때, 배우자의 무관심과 비협조적일 때 일어난다. 부모 · 자녀의 갈등은 부양자가 자녀양육 및 자녀욕구를 충족시켜 주지 못하는 데서 주로 발생한다.

3. 지역사회 치매대책

노인인구의 증가는 앞으로 국가의 의료비용 및 사회적 비용의 증대를 가져올 전망이다. 치매노인가족의 가장 큰 문제는 치매노인을 요양 · 보호하는 문제이며, 부양부담을 경감하고 부양욕구를 충족시킬 수 있는 사회적 지원과 대책 마련은 매우 중요하다.

1) 치매상담센터

현재 치매상담센터는 노인복지법상 규정되어 있으며, 동법에 의하여 업무내용과 설치 · 운영 및 인력 등의 제반 사항이 규정되어 있다.

치매상담센터는 지역사회 치매관리사업에 대한 원활한 수행과 치매노인등록에 따른 관리 및 이에 필요한 상담 · 지원 등의 서비스를 제공함으로써 치매노인이 보다 건강한 삶을 누릴 수 있게 하는 것을 목적으로 설치되었다. 물론 치매부양가족의 부양부담을 경감시키기 위한 관련사업도 수행하고 있다. 치매상담센터는 보건소 단위로 설치 · 운영되며, 그 주요 업무는 다음과 같다.

(1) 치매노인 등록 및 관리

치매노인이 있을 경우 '치매등록카드' 및 '치매환자상담대장'에 의거하여 노인상태에 따른 관리체계를 수립한다. 치매상담센터의 치매상담전문요원은 '치매선별검사(MMSE)'를 활용하여 노인의 인지기능감퇴 여부와 일상생활동작에 대한 평가 등을 실시하고, 필요한 경우 전문의에게 의뢰한다.

(2) 치매노인 및 그 보호자에 대한 상담 지원

가정에서의 치매노인 간호와 치매가족원 간의 역할분담 등의 상담・지원 등을 통해 치매가정의 간호부담을 완화하거나 양질의 서비스를 제공할 수 있도록 한다.

또한 홍보용 책자를 보급하며, 치매노인 가족・보호자의 올바른 치매간호요령 습득을 위해 보건복지부에서 발행하는 「치매노인간호요령(가족용)」 등 보급용 책자를 배포하고 있다. 그리고 배회가능 어르신 인식표를 보급하는데, 가정을 떠나 배회할 염려가 있는 치매노인에게 신원확인용 명찰을 보급하기도 한다.

(3) 치매예방 및 치매노인 간병요령 등에 관한 교육 실시

치매의 예방과 치료에 관한 사회적 인식을 제고하기 위하여 '치매극복의 날(매년 9월 21일)' 기념행사 등을 실시한다.

치매노인 및 그 가족이 치매질환과 치매노인을 올바르게 이해하고 치매의 치료관리 등을 돕기 위하여 국가와 지방자치단체는 치매와 치매예방에 관한 국민의 이해를 높이기 위하여 교육・홍보 등 『치매상담매뉴얼(상담요원용)』, 『치매노인간호요령(가족용)』 등 각종 홍보물을 이용하여 교육을 실시한다.

(4) 재가치매노인에 대한 방문 관리

시설보호 위주의 사후치료적 서비스제공에서 가족 및 지역사회의 예방적 보건 서비스체계로 전환하는 차원에서 재가치매노인에 대한 방문・관리사업을 적극적으로 실시한다. 요양보호사 파견시설, 주·단기보호시설, 지역 내 자원봉사자 및 자원봉사단체 등과 연계하여 서비스를 제공하도록 노력한다.

(5) 치매노인 노인전문요양시설 등의 입소안내

치매노인의 상태에 따라 주간보호시설과 관내 복지관 재활 프로그램 이용, 전문요양시설·치매전문요양시설·노인전문병원 등의 입소 등을 안내한다.

2) 노인장기요양운영센터

2008년 7월부터 시행된 노인장기요양보험제도에 의하여 장기요양인정을 받고자 하는 자는 장기요양인정신청서를 국민건강보험공단에 제출해야 한다. 국민건강보험공단은 해당 직원이 장기요양인정 신청인의 심신상태, 필요한 장기요양급여의 종류와 내용 등을 조사하게 한다.

장기요양등급판정위원회는 6개월 이상의 기간 동안 타인의 도움 없이 일상생활을 수행하기 어렵다고 인정되는 경우 수급자로 결정하고, 심신상태와 장기요양이 필요한 정도에 따라 장기요양등급을 판정한다.

이에 고령이나 노인성 질병으로 독립적인 일상생활의 영위가 불가능한 노인 등에게 신체활동과 가사지원서비스를 제공하여 가족의 부담을 완화하고 노인의 삶의 질을 향상시키려는 데 목적을 두고 있다.

신청자는 장기요양인정신청서를 제출한 날부터 30일 이내에 등급판정을 받게 되는데, 등급판정결과에 따라 수급자는 요양시설이나 재가복지시설에서 서비스를 받을 수 있다.

장기요양급여에는 재가급여, 시설급여, 특별현금급여가 있다. 재가급여비용의 경우 15%, 시설급여비용의 경우는 20%를 이용자가 부담하여야 한다. 의료급여수급권자나 소득 및 재산이 일정 금액 이하인 자 등은 부담금을 감경받는다.

노인장기요양보험제도는 65세 이상의 노인이나 노인성 질병을 가진 64세 이하의 자도 신청이 가능하며 장기요양보험료율 등의 사항을 심의하기 위해 보건복지부장관 소속으로 장기요양위원회를 둔다. 이를 근거로 장기요양 지정 기관에 대해 살펴보면 다음과 같다.

〈표 11-1〉 치매노인을 위한 서비스 유형

구 분	서비스 형태
재가노인복지시설	재가노인을 대상으로 한 의료・복지 서비스를 제공하는 시설을 말하며, 노인이 일상생활에 관련된 물질적・비물질적・사회적 서비스를 포함. 세부유형으로는 주・야간보호, 단기보호, 방문요양, 방문목욕이 있음
그룹홈	소규모 시설에서 공동으로 생활하는 형태로 집단활동을 통한 치료에 의미를 두는 유형과 개인공간을 통하여 과거의 기억을 되살리는 자극으로 증상의 진행을 늦추려는 유형으로 구분, 양로시설/노인공동생활가정/노인복지주택
장기요양시설	주로 만성질환자나 정신적・신체적 장애가 심화되어 정신착란과 더불어 거의 혼자서 생활할 수 없는 노인환자 및 치매환자를 보호하고 치료하기 위한 시설로서 의료 및 간호 서비스 제공, 노인요양시설/노인요양공동생활가정
치매전문요양병원	치매노인을 주 대상으로 운영하는 요양병원의 일반적 명칭. 치매환자에 대한 전문적 치매요양 서비스를 제공하여 치매질환의 악화 방지 및 치매환자가족의 고통 경감이 목적, 치매안심병원으로 공립요양병원의 유형

KEY POINT

부부간의 의무 · 권리

① 혼인 전의 각자 재산은 혼인 전에 등기해야 유효하다.
② 일상가사는 배우자 승인 없이 서로의 책임이다.
③ 별거 및 사실혼의 배우자에게는 상속권이 없을 수 있다.

협의이혼

부부가 이혼할 것을 서로 협의한 이혼

재판이혼

부부 중 한쪽 당사자의 의사만으로 이혼
① 배우자의 부정행위
② 배우자 또는 그 직계존속으로부터 심히 부당한 대우
③ 배우자의 생사가 3년 이상 분명하지 않을 때

재산분할 청구권

① 이혼 시 청구권(시효 2년)
② 결혼 시점부터의 증가된 재산은 분할 대상
③ 결혼 전의 재산은 분할 대상이 아님

양육비이행 원스톱 서비스

① 한부모가족(조손가족)이 원활하게 양육비를 지급받기 위한 무료법률구조사업
② 1회 신청으로 성인이 될 때까지 상담, 협의, 소송 등 맞춤형 종합서비스

분할 연금

① 연금납입기간 중 5년 이상 결혼생활 후 이혼한 배우자에게 수급권 발생
② 재혼 여부와 관계없이 평생 지급
③ 국민연금, 공무원연금, 군인연금, 사학연금, 별정우체국연금 모두 시행
④ 배우자 모두 수급권 발생 시 지급

통크(TONK)족

'Two Only No Kids'의 머리글자를 따서 만든 신조어로 자녀에게 부양받기를 거부하고 부부끼리 독립적인 가족

포스트모던 가족

산업화의 영향으로 가족유형이 다양해지면서 현대의 가족은 근대적 핵가족과는 구분되는 특징의 가족을 포스트모던 가족

빈 둥지 증후군

자녀들이 성장해 부모의 곁을 떠난 시기에 중년주부들이 느끼는 허전한 심리를 '빈 둥지 증후군'이라고 지칭함

자기결정

클라이언트가 모든 의사결정 과정에 참여하여 스스로 선택하고 결정할 수 있는 자유로운 결정권

고령사회 분류

① 고령화 사회 : 65세 이상의 노인 인구의 비율이 7% 이상인 사회
② 고령사회 : 65세 이상의 노인 인구의 비율이 14% 이상인 사회
③ 초고령사회 : 65세 이상의 노인 인구의 비율이 20% 이상인 사회

기초연금

65세 이상의 저소득 노인에게 인간다운 생활을 보장하기 위하여 세금으로 일정액을 매월 지급하는 공공부조성 연금

국민연금 · 기초연금

구 분	국민연금	기초연금
제 도	사회보험	공공부조
재 원	보험료	세금
대 상	가입자	65세 이상 노인
성 격	보편주의	선별주의

12
Chapter

한부모가족 · 조손가족 · 다문화가족

12
Chapter

한부모가족 · 조손가족 · 다문화가족

| 제1절 | 한부모가족

1. 한부모가족의 개념

한부모가족은 일반적으로 아버지나 어머니 중의 한 사람이 단독으로 부모의 역할을 수행하며 자녀와 동거하는 가족형태를 의미한다.

한부모라는 용어는 1997년 한국여성민우회에서 '편부모' 대신 '한부모'라는 용어를 사용하고 한부모사업을 전개하면서 보편화되었다. 그리고 한부모라는 용어는 우리말의 '한(하나이며, 동시에 하나로도 충분하며 온전하다)'의 의미를 포함한 것으로 결손을 나타내는 '편부모'라는 용어보다 긍정적인 의미이다.

한부모가족은 "부모 중의 한쪽의 사망 · 이혼 · 유기 · 별거로 인하여 부 혹은 모와 자녀로 이루어진 가족"으로 정의하고 있다. 현대사회에서는 한부모의 발생 원인이 부모사별보다 이혼이나 사고 · 재해로 발생하는 경우가 증가하고 있는 것이 현실이다.

이에 따라 다양한 가족의 한 축이라 할 수 있는 한부모가족도 증가하고 있는데, 우리나라에서 한부모가족의 정책대상에는 여성 한부모가족과 남성 한부모가족 외에도 소년소녀가정(새싹가장가구), 조손가족 그리고 과거 미혼모 · 부가족으로 불리던 청소년기 한부모가족이 포함되고 있다.

2. 한부모가족의 문제

1) 경제적 문제

한부모가족의 경제적인 문제는 모자가족이 부자가족보다 더 심각하게 나타나고 있다. 모자가족이 겪는 경제적인 문제는 취업이 쉽지 않고 전의 배우자로부터 양육비를 제대로 받지 못하는 경우가 많으며, 취업한 경우에도 일반여성취업자에 비해 서비스업 종사자 및 저임금의 직종에 종사하는 비율이 높기 때문에 경제적 문제가 심각하게 나타나고 있다. 모자가족의 주거형태 중 가장 많은 비율을 차지하는 것은 월세이고, 그 다음은 전세로서 주택문제 역시 심각한 것으로 나타나고 있다.

2) 사회적인 편견과 차별

편견이나 차별의 문제는 한부모에게만 그치지 않고 자녀들에게도 영향을 주고 있다. 정상가족 이데올로기는 부모와 자녀로 구성된 가족만을 정상적인 가족으로 간주함으로써 그 외의 가족형태를 비정상적 혹은 건강하지 못한 가족으로 낙인찍는다. 또한 사회적인 편견은 직장뿐 아니라 원가족과 친구관계에도 영향을 미쳐 가족 간의 관계도 소원해지는 것으로 나타났다.

3) 심리·사회적 문제

한부모가족은 부나 모의 부재로 인한 가족 내에서의 역할과 지위의 변화에 새롭게 적응해야 하는 문제를 수반한다. 부의 부재는 남아에게는 동일시되는 대상이 없음으로 인해 역할에 대한 갈등이나 혼란을 경험할 수 있으며, 여아에게는 부를 통해 이성을 배울 기회가 없어 대인관계에서 문제를 발생시킬 수 있다.

한부모가족의 부와 모는 가정의 책임자로서 생계부양 및 보호자로서의 역할을 해야 하며, 자녀에게는 부와 모의 역할수행을 동시에 해야 하는 스트레스를 경험하게 한다.

4) 자녀양육의 문제

한부모가족의 부모가 이혼이나 사별의 충격에서 벗어나지 못한 상태일 경우 자녀를 돌봄에 있어 신체적 · 정서적 학대가 발생할 가능성이 높다. 또한 자녀들도 학교생활에 잘 적응하지 못하고, 주의가 산만하거나 자신감이 없고 위축된 행동을 보이기도 한다.

모자가정의 경우는 낮은 학업성취도와 학교부적응 · 이상행동 등으로 어려움을 겪는 반면, 부자가정의 경우는 빨래 · 청소 등 가사 부분에 대한 불편, 학교준비물 챙기기, 자녀 머리손질, 목욕시키기 등의 문제로 어려움을 겪는다.

3. 한부모가족을 위한 자립지원정책

1) 주거지원

국가나 지방자치단체는 저소득 한부모가족의 주거지원을 위해서는 무주택자에 한해 국민주택을 분양하거나 임대할 때에는 한부모가족에게 일정 비율이 우선 분양될 수 있도록 노력하여야 한다. 임대 아파트의 경우 수요대비 공급이 부족하여 장기간 대기를 해야 하는 어려움이 있다.

2) 취 · 창업 및 직업훈련지원

창업지원을 위한 복지자금은 저소득 한부모가족의 근로능력 및 자립 · 자활 의지가 뚜렷하고, 현실성 있는 사업계획을 제시할 경우에만 지원이 이루어진다. 그러나 선정기준이 까다롭고 대출이 쉽지 않아 실질적으로 혜택을 받기에는 한계가 많다.

또한 직업훈련 중에 생계비가 지원되고 있기는 하나 그 액수가 적어서 직업훈련을 받으면서 자녀와 생활을 유지하기가 어렵다. 따라서 취업지원 및 고용보장을 위해서는 전문직종의 교육이 확대되어야 하고, 한부모가 아이를 양육할 수 있도록 안정적인 근로보장이 요구된다.

아울러 한부모가족에 대한 사회적인 편견으로 인해 취업이 어려운 경우가 여전히 존재하고 있으므로 취업지원과 함께 인식개선의 홍보가 강화되어야 한다.

3) 양육비 지원 및 이행지원

홀로 아이를 키우다 보면 어려움이 많은데 양육비 지원은 한줄기 희망이 될 수 있다.

한부모가족지원서비스는 저소득 한부모가족 또는 조손가족의 가족기능 유지와 생활안정을 위해 아동양육비, 학용품비, 생활보조금을 지급하는 복지제도로서, 저소득 한부모가족 및 조손가족 또는 청소년한부모가족이 해당되며, 신청방법은 거주지 관할 읍・면・동(행정복지센터)에 방문 또는 우편으로 신청하면 된다.

대상자로 선정되면 양육비 지원을 받을 수 있다. 또한 한부모가족은 기초생활제도와 한부모가족지원을 통해 아주 기본적인 생활을 유지할 수 있는 소득지원을 받고 있으나 수급권자보다 차상위층에 해당하는 비수급한부모가족의 생계지원은 상당히 열악한 편이다.

4) 복지서비스 지원

한부모가족은 계속 늘어나고 있다. 모・부자 가족과 조손가족의 증가로 아동의 교육과 양육에 대한 지원이 절실하고, 특히 저소득 모・부자 가족과 조손가족의 양육도우미와 경제적 지원은 더 절실하다.

한부모가족 형성과정을 통해 발생한 심리적・정서적인 어려움을 해결하기 위한 상담의 중요성을 인식하고 초기에 집중적이고 적극적인 지원이 이루어져야 할 것이다.

한부모가족은 모·부자 가정의 발생 배경에 따라 다르므로 각 가정의 특성에 맞는 지원이 필요하다.

따라서 한부모가족에 대한 우리 사회의 다양한 가족 형태를 인정하고 이들에 대한 사회적 관심 확대와 조례 제정이 반드시 이루어져야 한다.

따라서 한부모가정의 건강한 삶을 위해 한부모가족의 자립과 빈곤방지를 위해 종합적으로 지원하는 통합지원시스템 구축이 필요하고, 직업교육기회와 취업 연계를 확대하고 직업훈련기간 동안 최저생계비를 지원해야 한다.

무엇보다도 실질적인 도움이 될 수 있는 한부모가족과 조손가족 등에 대한 가족상담, 정서지원 등 가족역량강화 사업과 부모역할 이해교육 확대 등 체계적인 가족지원서비스 제도가 필요하다.

또한 1366 상담전화, 가족센터, 한부모가족지원센터 등 공공 또는 민간기관을 통한 한부모가족상담사업이 수요에 맞게 지원되어야 한다.

한부모가족상담사업은 다음과 같다.

① 생활의 안정과 자립 촉진을 위한 사업에 필요한 자금, 의료비, 주택자금, 아동교육비 등 장기저리로 지원
② 생계비, 아동교육비 지원, 아동양육비 지원
③ 한부모가족의 모 또는 부, 아동의 직업능력개발을 위한 훈련 제공, 고용지원 연계, 공공시설 매점설치 시 우선 제공
④ 아동의 양육 및 지원서비스, 장애인·노인·만성질환자 등의 부양서비스, 취사·청소·세탁 서비스, 교육·상담 등 가족관계증진서비스, 법률상담 등 제공

4. 한부모가족을 위한 서비스대책

한부모가족은 가정폭력가족이나 비행청소년가족처럼 특정 문제를 기준으로 구분된 것이 아니라 가족의 구조를 기준으로 구분한 것이기 때문에 문제를 중심으로 한 일관성 있는 실천적 접근을 모색하는 것은 모호하고 어려운 일이다.

즉, 한부모가족은 모자가족의 형태를 띠면서 비행청소년가족이 될 수 있고, 부자가족의 형태를 띠면서 폭력가족이 될 수도 있다. 이러한 점을 보완하기 위해서는 우선 한부모가족에 대한 개입을 한부모가족의 욕구에 대한 구체적 사정에 근거하여 이루어지도록 해야 한다.

한부모가족에 대한 사정은 일반적으로 가족의 경제적 욕구 정도, 가족성원의 친밀성에 대한 욕구, 가족 전반의 지지체계, 가족 간의 의사소통을 비롯한 가족관계 등을 대상으로 할 수 있다.

| 제2절 | 조손가족

1. 조손가족의 개념

조손가족은 조부모와 손자녀로 이루어진 가족을 통칭하지만 법으로는 조부모와 부모로부터 부양을 받지 못하는 만 18세 미만(취학 시 만 22세 미만)의 손자녀만으로 이루어진 가족으로 규정하고 있다. 정책의 목적으로 규정된 법적 개념과는 별개로 학자들은 조손가족에 대한 개념을 다음과 같이 다양하게 정의하고 있다.

조손가족을 분석하면 첫째, 조손가족을 '자녀 세대의 가족해체로 그들이 자신의 자녀를 양육할 수 없는 경우 조부모가 손자녀와 한 가정에서 6개월 이상 동거하면서 손자녀의 기본적인 의식주 및 생활 전반에 일차적 책임을 지고 있는 가족'으로 규정함으로써 자녀세대의 가족해체로 인한 조손가족이 형성되는 점을 강조하였다.

둘째, 조손가족을 '성인 자녀가 가구 내에 구조적으로 부재하거나 또는 가구 내에 존재한다 하더라도 부모로서의 기능을 적절히 수행하지 못해 성인 자녀의 기능적 부재를 경험하는 가족'이라고 강조하였다. 즉, 부모가 가구 내 존재하더라도 부모 기능을 수행하지 못하고 조부모가 일차적인 양육 책임을 지고 있는 경우도 조손가족에 포함하였다.

따라서 조부모가 손자녀를 양육하는 가족에는 조부모와 부모가 있는 경우와 조부모는 있으나 부모는 없는 경우 모두가 포함되는 것으로 이해할 수 있다.

2. 조손가족의 어려움과 욕구

조손가족은 전반적으로 경제적 · 사회적 · 정서적 자원이 부족함에 따라 다른 가족형태와 구분되는 다양한 어려움을 겪는다. 조손가족 조부모는 무엇보다 손자녀 양육비에 대한 부담을 포함한 경제적 어려움을 가장 크게 경험하고, 이 밖에도 양육 부담과 스트레스, 건강 문제, 손자녀 교육과 훈육의 문제, 사회적 소외와 지원 부족 등의 어려움을 겪는다.

이와 같은 어려움에 따라 조손가족의 사회적 지원 욕구 역시 다양하다. 조손가족의 복지 욕구를 분류하면 다음과 같다.

① 손자녀 양육비 등 경제적 지원에 관한 욕구
② 조부모 지지집단, 손자녀 지지집단활동 등을 포함하는 심리적 욕구
③ 가사지원서비스 등을 포함하는 일상생활 지원에 대한 욕구
④ 임대아파트 분양 혜택, 전세금 지원 등을 포함하는 주거 안정 욕구
⑤ 가족관계 증진 상담, 가정문제 상담 및 해결 욕구
⑥ 방과 후 교육 서비스 등을 포함하는 교육에 대한 욕구

⑦ 조부모와 손자녀를 위한 의료서비스 등 보건에 대한 욕구
⑧ 법적·제도적 정보 및 법적 보호에 대한 욕구이다.

1) 조부모의 건강 및 양육 부담과 스트레스

조손가족 조부모는 자신도 노인으로서 가족으로부터 신체적·정서적·경제적 부양을 받아야 할 상황에서 손자녀의 주 양육자 역할을 수행하는 것이다. 이에 따라 양육 부담과 스트레스뿐 아니라 건강 악화, 여가생활의 제약, 사회적 고립감 등을 경험하게 된다.

조손가족 조부모의 신체적·정신적 건강의 취약함은 국내외 연구자들에 의해 많이 보고되고 있다. 손자녀를 양육한 경험이 없는 조부모에 비해 조손가족 조부모의 신체적 건강과 기능 수준은 낮은 편이며, 조손가족 조부모가 주로 호소하는 건강문제는 고혈압, 심장질환, 당뇨, 관절염 등 지속적 관리가 필요한 만성질환들이다.

조부모는 손자녀 양육으로 자신의 건강을 돌볼 여유가 없을 뿐 아니라 손자녀 양육은 과도한 노동으로 이어지고 많은 조부모는 그로 인해 건강이 악화되거나 정신적 스트레스를 받는다.

또한 조부모는 손자녀 양육 활동으로 인해 사회 활동에 제한을 받거나 심지어 고립감을 느낀다. 이런 상황에서 조부모는 대리부모 역할에 대해 양면감정을 가지기도 한다. 즉, 손자녀 양육에 대해 감사함과 가치를 부여하는 동시에 자신의 처지를 비관하며 우울해하거나 소진되기도 한다. 특히 손자녀를 전담 양육하는 저소득층 조부모의 정서적 고통과 우울은 우려할 만한 수준이며, 경제적 곤란이 심각할수록, 집안일 부담이 클수록, 사회적 제약이 심할수록, 우울 정도가 심각한 것으로 나타났다.

조부모의 양육 스트레스는 자신은 전혀 원하지 않았으나 자녀의 가족해체 때문에 선택의 여지 없이 손자녀를 책임지게 되는 경우에 더욱 심하다. 자녀가 손자녀를 데리고 가거나 결국 자신이 생을 마감할 때까지 손자녀를 양육해야 하는 상황에서 손자녀가 성인이 될 때까지 자신이 오래 살지 못할 것이라

는 걱정과 자신이 세상에 없을 경우 누가 손자녀를 돌볼 것인가에 관한 불확실감이 스트레스가 되기도 한다.

실제로 조손가족 조부모 사후에 아동에게 발생할 수 있는 상황을 생각하면 조부모의 사후에 대한 염려를 이해할 수 있다.

2) 아동의 심리, 사회, 학교 적응문제

일반적으로 가족해체를 경험한 아동은 그렇지 않은 아동에 비해 우울, 불안, 사회적 철회 등의 심리 · 정서적 문제를 보이는 경우가 많고, 부모에 대한 배신감과 미움, 원망이 있는 경우도 흔하다.

나아가 인지적 · 사회적 능력과 자아존중감이 낮거나 비행과 일탈, 반사회적 행동 문제 또는 높은 공격성, 학교생활 부적응을 나타내기도 한다. 사회적 상호작용의 단절 · 감소로 인해 대인관계상의 문제, 친구 부족, 사회기술 부족을 나타내는 경우도 있다.

조손가족의 아동 역시 가족해체를 경험한 아동이라는 점에서 같은 적응의 문제가 있을 수 있다. 조부모로 양육이 이양되기 이전에 아동은 이미 부정적인 가족생활을 경험한 경우이다. 즉, 부모의 죽음, 이혼, 가출, 질병, 약물문제, 학대, 경제적 파산, 빈곤 등과 같은 부정적인 가족사를 경험하고, 이와 관련된 해결되지 않은 다양한 문제를 가지고 있을 수 있다.

이에 따라 조손가족 아동은 우울, 긴장, 불안 등의 심리 · 정서적 부적응, 친구 관계에서의 어려움, 충동적 · 반사회적 행동, 비행 등과 같은 행동 문제, 학교 부적응 등의 문제를 나타낼 수 있다. 또한 부모가 함께 살지 않는다는 이유로 친구에게 따돌림을 당하거나 차별을 받기도 하고, 부모가 학교행사에 참여하지 못함으로써 학교에서 곤란을 겪기도 한다.

학습 능력이나 학습 욕구가 부족한 경우에는 교육과정이 올라갈수록 양친부모가족 아동과 학업 성취에서 격차가 확대되고, 고등교육의 기회가 제한되면서 목표를 상실하기도 한다.

많은 조손가족 아동은 부모에 대한 양면감정을 가지는데, 부모를 그리워하며 만나고 싶어 하거나 부모와의 친밀한 관계를 상상하기도 하지만, 자신을 만나러 오지 않는 부모에 대한 분노와 원망의 마음도 함께 가진다. 이들은 이런 복잡한 심경에서 자신의 감정을 잘 드러내려 하지 않는다.

3. 조손가족에 대한 대책

우리 사회에서 조손가족은 지속적으로 증가할 것으로 예측된다. 조손가족의 증가는 이혼율과 재혼율의 증가, 맞벌이 부부의 증가, 노동시장의 유연성으로 안정적인 직장 유지의 어려움 증가, 의료서비스의 발달로 평균 수명의 증가 등의 요인들과 연관되기 때문이다.

따라서 조손가족을 일탈적인 가족유형으로 보기보다는 사회 구조적으로 등장하게 되는 새로운 가족유형으로 받아들일 필요가 있으며, 조손가족의 성원들이 보다 나은 생활을 영위하기 위해 적극적인 복지정책을 수립할 필요가 있다. 조손가족을 위한 대안을 다음과 같이 제시해 본다.

1) 정책적 대안

국민기초생활보장제도, 한부모가족지원제도 등 현재 조손가족을 지원하는 정책과 제도는 조손가족의 특성과 욕구를 충분히 반영하지 못하고 있다. 조손가족은 가족구조상 경제적 자활능력이 없을 뿐만 아니라 세대 차이가 심한 조부모와 손자녀로 가족이 형성되기에 일반 저소득 가족이나 한부모 가족과는 다른 상황에 처해 있다.

따라서 조손가족의 특수성을 반영한 독자적인 법령을 설치하여 현실적인 보호 차원의 지원이 가능하도록 해야 할 것이다. 조손가족을 위한 별도의 지원체계를 통해 조부모의 대리양육자로서의 법적 권한을 분명하게 명시하고, 건강가정지원센터, 지역사회복지관, 노인복지관, 민간단체 등에서 조손가족지원프로그램과 서비스를 제도적·체계적으로 시행하기 위한 정책으로서 재정적 지원을 강화해야 한다.

조손가족을 지원하는 별도의 법과 제도를 구축하기 이전에는 기존 제도를 보완할 필요가 있다. 무엇보다 조손가족의 소득 안정에 대한 욕구를 충족시킬 수 있도록 생활비 지원, 손자녀 양육비와 교육비 지원 등을 현실화할 필요가 있다.

2) 실천적 대안

조손가족을 위한 실천 대안으로서 강점 기반 사례관리가 필요하다. 조손가족은 욕구가 매우 다양하다. 다양한 욕구를 충족시키기 위한 자원 연계와 조정이 중요하며, 지속적인 관심과 보호가 필요하다. 따라서 조손가족을 사례관리 측면에서 단계별로 보면 다음과 같다.

① 신뢰의 단계(서비스 환경조성 단계)로 사회복지사는 조손가족과 신뢰 관계를 형성하는 것이 중요하다. 조손가족의 어려움을 전반적으로 이해하고, 가족이 제시하는 문제와 욕구의 우선순위를 정한다. 가족의 문제와 욕구뿐만 아니라 가족의 강점도 파악한다.

② 서비스계획 단계로, 사회복지사는 가족과 함께 목적과 목표를 수립하고, 그것을 달성하기 위한 자원 활용과 그 과정에서 직면하게 될 어려움에 대한 대안을 모색해 본다.

③ 서비스 제공 및 자원연결 단계로, 사회복지사는 이전 단계에서 계획한 자원과 서비스를 조손가족에게 연결한다.

④ 점검 및 조정의 단계로, 사회복지사는 서비스가 효과적이고 효율적으로 제공되고 있는지를 파악한다. 가족과 서비스 제공자 간의 갈등 혹은 서비스 제공자 간의 갈등을 확인한다.

⑤ 평가 및 재 사정 단계로, 사회복지사는 서비스 중개, 조정, 협상, 옹호 등의 활동이 조손가족에게 유용했는가를 점검한다.

(1) 조기 개입

조손가족이 형성되는 초기에 조부모와 손자녀 모두 새로운 가족구조와 환경 변화에 적응하도록 지원하는 조기 개입이 필요하다. 최소한의 준비도 없이 손자녀 양육을 떠안기도 하는 등 조손가족 형성 시기에는 많은 도움이 필요하지만, 필요한 지원이나 서비스에 대한 정확한 정보가 부족한 경우가 많다.

지역사회 내 공공 및 민간 사회복지기관은 사례발굴자가 되어 새로 형성된 조손가족을 신속하고 체계적으로 찾아 지원할 수 있어야 한다.

(2) 조부모 양육부담 경감

조부모의 손자녀 양육 및 교육에 대한 책임과 부담을 완화하기 위한 다양한 프로그램과 서비스의 개발이 필요하다. 구체적으로 조부모 양육 스트레스에 개입하기 위한 프로그램, 손자녀 양육과정에서 나타나는 세대 차이를 극복하고 세대 간 이해를 도모할 수 있는 프로그램, 적절한 양육 기술과 태도를 습득하기 위한 조부모 부모교육 프로그램 등을 개발하여야 한다.

조부모는 부모와는 달리 손자녀에게 지나치게 허용적이거나 일관적이지 못한 양육 태도를 보이는 경우가 있으므로 부모교육 프로그램을 통해 조부모가 적절한 양육기술을 습득하고, 가족 내 규칙과 한계를 정할 수 있도록 지원해야 한다.

이 밖에도 가사도우미 서비스, 조부모 여가 프로그램, 손자녀의 일시보호 서비스 등의 제공이 필요하다.

| 제3절 | 다문화가족

1. 다문화가족의 개념

전국의 기초지방자치단체에 가족센터가 설치되어 다문화가족에 대해서도 지원하고 있지만 실질적으로 다문화가족에 대한 도움은 미흡한 실정이다.

다문화가족은 국제결혼을 통해 형성된 가족으로서 국적을 달리하는 남녀가 결혼을 하여 가정을 형성하는 것을 의미한다. 광의의 개념이 자국 내에 거주하는 모든 외국인가족을 포함한다면, 협의의 개념은 단순히 '거주'하는 것이 아니라 가족 중의 한 명이 국적을 취득해 구성된 가족을 의미한다.

그러나 최근 들어 다문화가족의 개념은 한국남성과 결혼한 이주여성가족, 한국여성과 결혼한 이주남성가족, 이주민가족(이주노동자 · 유학생 · 북한이탈주민 등)을 포함하여 그 범위를 확대하여 사용하고 있다.

여기서는 한국인과 외국인이 결혼한 경우로 범위를 한정하여 다문화가족을 살펴보고자 한다.

우리나라의 다문화가족은 지금까지 혈연을 중요시해 온 가족 가치관 때문에 환영받지 못해 왔으나 한국의 국제적 지위 향상, 인터넷 통신의 발달, 외국과의 빈번한 교류 왕래, 농촌총각의 결혼문제 등과 관련하여 최근에는 대체로 국제결혼에 대한 부정적 정서가 점차 감소하고 있다.

2. 다문화가족의 구성과정과 실태

1) 다문화가족 구성과정

여성가족부에 따르면 결혼이민자·귀화자의 규모는 2007년 대비 2.8배 증가했으며, 국내 출생 외국인 주민의 자녀는 6.3배 증가한 것으로 나타났다. 또한 이러한 상황을 반영하듯 일반 국민 10명 중 8명은 '우리나라는 다문화 사회에 속한다.'라고 인식하고 있는 것으로 나타났다.

세계화와 이주화의 영향으로 우리 사회는 이미 다문화사회로 진입하였고, 이는 국제결혼의 증가, 다문화가족 자녀의 증가, 외국인 가족의 대두 등 가족 영역에서도 그대로 재현되어 다문화가족이 증가하고 있는 것으로 보인다.

근대 이후 한국의 다문화가족은 1950년 한국전쟁 이후 생겨난 미군 병사와 한국여성으로 구성된 가족, 1980년대 중반 이후 외국으로부터 유입된 이주 노동자를 중심으로 구성된 가족, 그리고 1990년대 후반 이후 결혼이민자와 한국인 배우자로 이루어진 가족을 다문화가족의 주체로 포함하고 있다.

따라서 다문화가족이란 관련법인 「다문화가족지원법」에서의 대한민국 국민과 혼인관계(또는 혼인 경험이 있는)에 있는 재한외국인과 대한민국 국적을 가진 한국인으로 이루어진 가족, 또는 「국적법」에 의해 귀화 허가를 받은 자와 출생 시부터 대한민국 국적을 취득한 자로 이루어진 가족으로 정의하고, 「재한외국인처우기본법」에 의해 대한민국 국민과 혼인한 적이 있거나 혼인관계에 있는 재한외국인인 결혼이민자를 모두 포함하고 있다.

2) 다문화가족의 인권과 사회보장

(1) 인권

결혼이주여성이 남편으로부터 심한 폭력으로 피해를 당해도 도움을 구하거나 신고조차 못하는 경우도 많다. 체류 자격이 남편에게 달려 있기 때문이다.

현재 결혼이주여성의 체류비자는 남편의 협조에 따라 체류 자격을 유지할 수 있다. 자녀가 없이 협의이혼을 하는 것도 쉽지 않다. 연장 시 배우자의 행정 서류나 동행이 필요한데, 배우자가 응하지 않을 경우 사실상 체류 연장이 대부분 불가능하다.

결혼이주여성들을 위한 시설도 부족하다. 폭력피해 이주여성들의 생활공간을 지원하고 자립을 돕는 시설은 접근이 어려운 상황이다.

그리고 한국의 이주노동자정책의 근간은 산업기술연수제도였다. 이 제도의 핵심은 이주노동자를 근로자가 아니라 연수생으로 인정하고 국내체류기간을 3년으로 제한한다는 것이다. 이주노동자는 근로자가 아니라 연수생이기 때문에 일반근로자에게 보장된 노동3권을 가질 수가 없었고, 더 많은 돈을 벌기 위해 체류기간을 넘겨 불법체류를 할 수밖에 없다.

여성이주노동자들의 근무조건과 인권실태는 더욱 열악해서 한국사회의 하층계층으로서의 경제적 빈곤과 외국인으로서의 차별대우, 그리고 여성으로서의 성희롱의 대상이라는 삼중고에 시달리고 있다.

(2) 사회보장

전국의 지역 가족센터에서는 사회보장 차원에서 여러 형태의 프로그램으로 다문화 가족을 지원하고 있다.

이 프로그램은 외국어 민원 서비스, 다국어 영유아 건강검진 안내 서비스, 국제결혼피해 상담전화 서비스, 다문화가족 자녀성장 지원 서비스, 한국어 교육 서비스, 다문화가족지원 외부자원 연계 서비스 등으로 다문화가족에 관한 사회보장 서비스가 있다.

그러나 이주노동자에 관하여는 복지 사각지대에 있는 경우가 많아 사회보장에 있어서 매우 취약하다.

이주노동자의 생활과 관련하여 특히 중요한 것은 산재보험과 건강보험이다. 재해를 입거나 질병에 걸리면 의료비 부담이 크며, 일을 하지 못하는 기간 동안 국내에서 다른 소득원을 가질 수 없기 때문이다.

그럼에도 불구하고 이주노동자들의 사회보험가입률은 매우 낮다. 이주노동자들이 산재사고가 비교적 빈발하는 영세 작업장에서 일하는 반면에 산재보험 가입은 크게 제한되어 있어 많은 경우 산재사고로 인해 생활상의 곤란을 겪는다.

3. 다문화가족의 문제점

1) 의사소통의 불편함과 문화의 이질성

결혼을 하고 한국에 정착한 외국인 배우자의 경우 가장 먼저 부딪히는 어려움은 언어를 통한 의사소통문제이다.

언어소통의 문제는 생활 전반에서 오는 문화적 차이를 극복할 수 있는 통로를 원천적으로 가로막는데, 함께 생활하는 가족뿐 아니라 배우자와도 언어소통이 원활하지 못하다 보니 사소한 오해가 더 큰 부부문제로 이어질 수 있을뿐더러 언어단절이 정서적 단절로까지 이어지기도 한다.

또한 오랫동안 다른 환경과 문화권에서 생활을 해 온 다문화가족원들은 이런 문화적 차이에서 비롯된 오해와 갈등을 경험하기도 한다.

부부 및 친인척 관계에서의 정서적 갈등은 물론, 자녀 양육방법・교육방법 등에서 이질적인 문화적 배경은 생활습관이나 가치관의 차이로 인한 가족 간 공동생활에 혼란과 어려움을 초래한다.

이처럼 다문화가족의 양상은 자녀양육 문제, 한국인 남편과 가족에 의한 가정폭력 문제, 문화적 차이에 의한 이혼 및 고령인 남편의 사별에 따른 다문화가족의 한부모가족화 등 점차 다변화하는 문제가 있다.

2) 사회의 편견과 차별

가부장적 혈연중심의 사회가치관과 인종 및 저개발국가에 대한 문화적 편견은 외국인배우자의 국적이 선진국이냐 또는 후진국이냐에 따라 사회적 시각을 달리하고, 이들 외국인배우자에 대한 한국사회로의 문화적 흡수를 더디게 한다.

특히 외국인배우자의 국적에 대한 편견은 외국인배우자뿐 아니라 이들 부부의 자녀에게도 차별적으로 나타나는데, 선진국의 경우는 부러움과 배려의 대상이 되지만, 후진국이나 개발도상국인 경우는 이들에 대해 우월의식을 가지고 냉대하거나 차별하는 경향이 있다.

이러한 사회적 분위기 속에서 외국인배우자는 이웃 · 직장 등 지역사회에서 따돌림을 당하여 소외감과 정신적 긴장감에 놓이게 될 뿐 아니라, 가족형성 및 적응과정에서 많은 문제를 초래할 수 있다.

이러한 사회적 차별은 다문화가족의 2세대에게 더욱 심각하게 나타난다. 혼혈이라는 이유로 또래집단 · 교육제도 등에서 소외되고 상처받을 가능성이 높으며, 더욱이 제도권 밖에 있는 외국인근로자 자녀의 경우 교육기회조차 제대로 제공되지 않아 기본적인 교육권과 사회통합의 기회가 보장되지 못하고 있다.

4. 다문화가족의 복지대책 및 서비스 홍보

1) 복지대책

① 결혼이민자의 사회적응 지원을 위한 기초적인 서비스 외에 취업과 일자리 지원, 지역 내 자조모임, 결혼이민자의 자원봉사 활성화 등을 통해 결혼이민자의 사회경제적 자립역량 강화가 필요하다.

② 다문화가족 자녀가 우리 사회의 건강하고 유능한 인재로 성장할 수 있도록 학습과 돌봄 지원, 정체감 향상과 역량강화를 위한 사업을 집중적으로 개발해야 한다.

특히 아동 · 청소년기에 접어든 다문화가족 자녀들은 가정에 따라 편차는 있으나 언어발달 · 인지능력 · 학습 등에서 어려움을 겪는 경우가 많아 이에 따른 대책이 시급하다.

③ 외국인 근로자들이 지속적으로 유입되었으나 이들은 언어와 문화적 장벽 등으로 인해 상대적으로 여러 형태의 위험에 노출되어 있다. 그러므로 외국인 근로자의 열악한 근로조건 등은 우리나라의 경제 규모와 품격에 맞도록 개선이 필요하다.

2) 서비스 홍보

사회서비스의 전달을 위해서는 '서비스'에 관한 적극적인 홍보가 필요하다. 다양한 경제・문화적 배경을 가지고 있는 다문화가족의 욕구와 필요에 근거해 다양한 서비스제공이 필요하지만, 현재 시행되는 복지서비스는 언어적 의사소통의 부족 등으로 정보에 대한 비대칭성이 가장 큰 문제로 여겨진다.

기존에 있는 자원의 효용성을 극대화하고 통합적 서비스를 전달하기 위해서는 홍보를 강화한 전달체계 구축이 다문화가족을 위하여 절실히 필요하며, 또한 취약・위기 상황에 놓인 다문화가족의 사회안전망 편입을 위해 가족센터 사례관리기능을 강화하고, 일하는 한부모의 근로・사업소득 공제 도입 등 한부모・다문화가족의 자녀양육과 자립의욕 고취를 위한 지원강화가 필요하다.

KEY POINT

한부모가족

부모의 한쪽만 있는 가정에서 만 18세 미만의 미성년 자녀로 구성된 가정(과거 편부모)

한부모가족 지원서비스

국가나 지방자치단체의 서비스
① 아동의 양육 및 교육 서비스
② 장애인 · 노인 · 만성질환자 등의 부양 서비스
③ 취사 · 청소 · 세탁 등 가사 서비스
④ 교육 · 상담 등 가족관계 증진 서비스

조손가족

부모의 한쪽 또는 양쪽의 부재로 조부모와 만 18세 미만의 손자녀로 구성된 가족

조부모의 재산 증여

① 부모가 자녀에게 증여하는 경우 받는 자녀가 성년일 경우 5천만 원 이하 비과세
② 조부모가 손자녀에게 증여하는 경우 일정 기준 할증과세로 세금이 더 많음

조부모의 재산 상속

① 상속세는 돌아가신 부모의 총 재산 5억 원 이하 비과세
② 조부모의 재산을 손자녀가 상속할 경우 부모의 재산 상속과 동일

다문화가족

① 결혼이민자 + 한국인(출생)
② 귀화 + 한국인(출생)인 경우 다문화가족
(외국인가족 등은 현행법의 다문화가족에서 제외)

가정위탁보호사업

① 18세 미만의 아동 지원
② 부모의 질병, 가출, 실직, 수감, 사망 등으로 보호가 필요한 아동 지원
③ 아동학대로 인하여 격리 보호가 필요한 아동 지원

아동수당

① 8세 미만 모든 아동에게 아동수당 지급(보편주의 제도)
② 부모의 소득과 재산에 관계 없이 신청하면 지급

65세 이상 노인 복지 제도

① 지하철 무료
② 기차, KTX 등 할인(주말·공휴일 제외)
③ 항공권 및 선박이용 할인
④ 박물관, 공원(산), 미술관, 고궁 무료
⑤ 기초연금 수급자 통신비 할인
⑥ 경로공제 및 상속세 할인

건강보험 임의계속가입

① 1년 이상 직장에 근무하고 퇴직 후 건강보험공단에서 가입
② 종전 직장건강보험료 본인부담액 정도로 3년간 유지 가능
③ 지역보험료와 비교하여 가입자가 판단으로 임의가입 가능

임의계속가입제도(비교)

① 국민연금 임의가입 : 국민연금 가입자가 고액수령을 목적으로 만기 이후에도 계속 가입하는 제도
② 건강보험 임의가입 : 근로자가 퇴직 후 종전 직장건강보험료 납입액 정도로 3년간 가입하는 제도

의료비 지원 제도

① 수급자 : 병원 규모에 관계없이 세금으로 의료급여법에 관한 기준으로 지원
② 비수급자 : 일정 규모 이상의 병원 소속 의료사회복지사의 상담 결과로 지원

참고문헌

1. 국내문헌

강마리아 외(2020). 가족복지론. 대영문화사.

강라현(2020). 지역사회 거주 양육 미혼모의 삶의 경험에 관한 연구. 인제대학교 대학원 박사학위논문.

고용노동부(2020). 여성, 경력단절 예방 및 재취업 지원.

고정자(2006). 현대가족문제론. 동아대학교출판부.

국토교통부(2020). 주거복지로드맵 2.0.

권도훈 외(2011). 중독재활총론. 학지사.

권석만(2010). 현대이상심리학. 학지사.

권수영 외(2020). 한국 가족을 중심으로 한 부부 · 가족상담 핸드북. 학지사.

권안나(2021). 1인가구의 일 · 여가 유형에 따른 행복수준. 가족자원경영과 정책.

김금래(2010). 한부모가족 지원정책 현황과 과제. 한국한부모가정사랑회.

김상균 외(2001). 사회복지개론. 나남.

김성천 외(2000). 가족복지증진을 위한 정책대안 연구. 보건복지부.

김수환(2009). 가족복지론. 공동체.

김영모(1999). 한국가족정책 연구. 한국복지정책연구소출판부.

김영순(2005). 어머니에서 노동자로? 블레어정부 이후 영국 여성의 사회권 변화. 2005년도 한국산업사회학회 추계학술대회 자료집.

김영종(2007). 사회복지조사론. 학지사.

김영학(2022). 노인의 빈곤이 우울에 미치는 영향. 한국산학기술학회 논문지.

김익균(2009). 가족복지론. 동문사.

김일순 외(2008). 음주로 인한 사회경제적 비용. 대한가정의학회.

김충렬(2010). 알코올중독과 상담치료. 한국상담치료연구소.

김태성(2003). 사회복지정책입문. 청목출판사.

김혜경 외(2020). 가족복지론(제6판). 공동체.

김혜란 외(2005). 사회복지실천기술론. 나남.

김혜영 외(2020). 사회복지실천론(제3판). 공동체.

김혜영 외(2021). 사회복지와 문화다양성. 학지사.

류종훈(2005). 가정상담학의 이해. 청목출판사.

문혁준 외(2010). 가족복지. 창지사.

박귀영(2008). 최신가족복지론. 은혜출판사.

박미라(2008). 보웬의 이론으로 본 야곱의 가족. 장로회신학대학교.

박미은 외(2020). 가족복지론(제3판). 공동체.

박성석 외(2010). 가족복지론. 양서원.

박은미 외(2016). 가족복지론. 공동체.

박옥임 외(2017). 가족복지론. 공동체.

서혜석 외(2015). 가족복지론. 공동체.

성정현 외(2020). 가족복지론. 양서원.

성정현 외(2020). 사회복지와 문화다양성. 공동체.

손병덕(2008). 가족복지론. 학지사.

송정애 외(2020). 가족복지론. 양서원.

신윤정(2022). 합계 출산율 1.8명 강국을 만든 프랑스의 가족수당정책. 저출산고령사회 위원회.

양옥경(2008). 가족복지의 정책과 실천. 공동체.

유종훈(2006). 가족복지론. 학현사.

이소희 외(2005). 현대가족복지론. 양서원.

이신영 외(2015). 가족복지론. 공동체.

이영실 외(2010). 가족복지론. 양서원.

이윤정 외(2021). 가족복지론(제2판). 공동체.

이장희 외(2009). 가족복지론. 대왕사.

이진숙 외(2009). 사회복지정책론. 양서원.

이찬진(2009). 경제위기하의 국민기초생활보장제도의 사각지대 해소방안. 복지동향.

이한나(2020). 1인가구의 사회서비스 수요와 시사점. 보건복지포럼.

정 은(2006). 가족치료 이론과 실제. 창지사.

정성란(2020). 가족상담 및 가족치료. 양서원.

조근호 외(2011). 중독재활총론. 학지사.

조맹제 외(2008). 치매노인 유병률 조사. 보건복지부.

조성희 외(2021). 가족복지론. 창지사.

조추용 외(2010). 가족복지론. 창지사.

조흥식 외(2007). 가족복지론. 학지사.

조흥식 외(2017). 가족복지학. 학지사.

최경석 외(2008). 한국 가족복지의 이해. 인간과 복지.

최규련(2007). 가족관계론. 공동체.

최덕경(2010). 가족복지론. 파란마음.

최성재 외(2000). 사회복지행정론. 나남.

최옥채 외(2007). 인간행동과 사회환경. 양서원.

최일섭 외(1995). 사회문제와 사회복지. 나남.

최정숙 외(2020). 가족복지론. 학지사.

최현미 외(2010). 다문화가족복지론. 양서원.

최현숙(2009). 한국가족복지정책. 청주대학교.

홍봉수 외(2022). 가족복지론. 공동체.

홍봉수 외(2022). 사회복지학개론. 공동체.

홍봉수 외(2022). 지역사회복지론. 공동체.

홍봉수 외(2023). 사회복지조사론. 공동체.

홍봉수 외(2023). 사회복지행정론. 공동체.

홍봉수 외(2023). 사회복지정책론. 공동체.

홍봉수 외(2024). 사회복지실천론. 공동체.

2. 국외문헌

Adsera, A.(2004). Changing Fertility Rates in Developed Countries : The Impact of Labor Market Institutions. *Journal of Population Economics, 17*, 17-43.

Bruning, G., & J. Plantenga(1999). Parental Leva and Equal Opportunities : Experiences in Eight European Countries. *Journal of European Social Policy*, *9*(3), 195-209.

Charles, N.(2000). *Feminism, the Sate and Social Policy.* Great Britain : MacMillan Press LTD.

Childcare Commission(2001). *Looking to the Future for Children and Families.* Childcare Commission.

Dusay, J.(1977). *Egograms.* New York : Harper and Row.

Edwards, R. L.(1995). *Encyclopedia of Social Work*(19th ed.), Vol. 13. Washington, DC : NASW Press.

Esping-Andersen, G.(2002). A New Gender Contract. In G. Esping-Andersen, G. Duncan, A. Hemerijck & J. Myles(Eds.), *Why We Need a New Welfare State.* New York : Oxford University Press.

Family Support America(2004). *National Family Support Mapping Project-family Support Program Survey.* Adopted from www.familysupportamerica.org.

Finch, N.(2003). Family Policy in the UK. *Social Policy Research Unit.* York. http://www.york.ac.uk/inst/spru/research/summs/welempfc.htm, 2002/2001.

Hantrais, L.(2004). *Family Policy Matters : Responding to Family Change in Europe.* Longman New York.

Hellinger, B.(2002). *Farewell Family Constellations with Descendants of Victims and Perpetrators,* Translated by Colleen Beaumont. English edition of "Der Abschied." Paperback, appr. Carl-Auer-Systeme Verlag.

Hochschild, A. R.(2003). *Commercialization of Intimate Life.* University of California Press.

Lister, R.(2000). Dilimmas in Engerndering Citizenship. In B. Hobson(Ed.), *Gender and Citizenship in Transition.* Routledge.

Mahon, R.(2002). Gender and Welfare State Restructuring : Through the Lens of Child Care. In S. Michael & R. Mahon(Eds.), *Child Care Policy at the Crossroads : Gender and Welfare State Restructuring.* New York : Routledge.

Ragan, M.(2003). *Building Better Human Service Systems : Integrating Services for Income Support and Related Programs.* The Nelson A. Rockefeller Institute of Government.

Sharry, J.(2005). Solution-focused Parent Training. In S. Palmer(Ed.), *Handbook of Solutionfocused Therapy.* Sage.

Skolnick, A.(2000). *A Time of Transition : Work, Family and Community in the Information Age.* Families and Work Institute.

Sleebos, J.(2003). Low Fertility Rates in OECD Countries : Facts and Policy Responses. OECD Social, Employment and Migration Working Paper.

Statham, J., & S. Holtermann(2004). Families on the Brink : the Effectiveness of Family Support Services. *Child and Family Social Work, 9*, 153-166.

Teachman, J. D., L. M. Tedrow & K. D. Crowder(2000). The Changing Demography of America's Families. *Journal of Marriage and the Families, 62*, 1234-1246.

Walsh, J.(2006). *Theories for Social Work Practice.* Belmont, CA : Thomson Brooks/Cole.

3. 인터넷 사이트

가족센터 www.familynet.or.kr

교육부 www.moe.go.kr

교육부 국립특수교육원 www.nise.go.kr

국가인권위원회 www.humanrights.go.kr

국가통계포털 www.kosis.kr

국민건강보험공단 www.nhis.or.kr

국민연금공단 www.nps.or.kr

국세청 www.nts.go.kr

국토교통부 www.molit.go.kr

국회예산정책처 www.nabo.go.kr

다누리(한국다문화가족지원) www.liveinkorea.kr

보건복지부 www.mohw.go.kr

여성가족부 www.mogef.go.kr

한국가정법률상담소 lawhome.or.kr

찾아보기

인명

내용

저/자/소/개

■ **홍봉수**
동덕여자대학교 뉴에듀케이션 칼리지 교수

■ **길태영**
중부대학교 사회복지학전공 교수

■ **박영애**
동원대학교 사회복지학과 교수

■ **송운용**
전북과학대학교 사회복지과 교수

■ **최윤선**
연성대학교 사회복지경영과 교수

■ **황지현**
서정대학교 글로벌융합복지학과 외래교수

가족복지론

|**공저자**| 홍봉수
길태영 · 박영애 · 송운용 · 최윤선 · 황지현

|**1판 1쇄**| 발행 2020년 7월 27일
|**2판 1쇄**| 발행 2022년 8월 21일
|**3판 1쇄**| 발행 2024년 2월 11일
|**4판 1쇄**| 발행 2025년 1월 23일
|**5판 1쇄**| 발행 2025년 7월 31일
|**5판 2쇄**| 발행 2026년 2월 20일

|**발행인**| 김동훈
|**발행처**| **공동체**

|**주소**| 경기도 고양시 일산동구 호수로 358-39, 동문타워 1차 905호(백석동)
|**전화**| 031)814-3000(대표)
|**팩스**| 031)814-3100
|**홈페이지**| http://www.compub.co.kr
|**전자우편**| compub@naver.com
|**출판등록**| 2005년 10월 6일
|**등록번호**| 제396-2005-36호

|ISBN| 979-11-6725-957-8
정가 21,000원

MEMO

MEMO

MEMO